한국의 미래정부

박재창의 국정평론

지구화 시대에 한국이 선도해야 할 사회책임은 무엇인가

FUTURE GOVERNMENT

한국의

박재창의  국정평론

미래정부

박재창 지음

IN KOREA

HU:iNE

서문 한국 공행정의 회고와 전망: 우리의 미래를 말한다

최근 미국의 「유에스 뉴스 앤드 월드 리포트(US News and World Report)」지는 우리나라를 세계에서 6번째로 강한 나라로 자리매김했다. 이는 프랑스(7위)와 일본(8위)보다 앞서는 순위이다. 참으로 자랑스러운 소식이 아닐 수 없다. 인고의 지난 세월을 뒤돌아보면 격세지감도 이 정도면 이만저만이 아니다. 지금은 세계의 선도국으로 평가되지만 불과 60년~70년 전만 하더라도 우리나라는 지구촌의 최저 빈곤국 가운데 하나였다. 초등학생들이 긴 줄을 이뤄 미국이 대외 원조 사업의 하나로 제공하는 분유를 타 마시고 시장기를 가셔야 했다. 그런 나라가 이제는 외국에 원조 물품을 제공한다. 지구촌 역사상 대외 원조 수혜국이 공여국으로 변한 경우는 우리가 유일하다. 저개발국에서 지구촌 선도국이 되었으며 국제사회의 종속변수에서 독립변수로 나라의 위상을 바꿨다. 이런 변화를 이끌어 내는 데에는 실로 다양한 요인이 작용한 탓이겠지만 그 가운데에서도 공행정이 기여한 바는 결코 무시할 수 없다. 아니 가장 큰 변수라고 해야 보다 더 정확한 설명이 된다.

따라서 공행정이 걸어온 길을 회고해 본다는 것은 앞으로 우리가 나아가야 할 길을 밝히는 데 있어 핵심적인 열쇠 가운데 하나가 아닐 수 없다. 오늘은 어제의 연장이고 내일은 오늘의 연속선상에서 구체화되어 나타날 것이기 때문이다. 이를 위해서는 먼저 우리의 역사문화적 배경을 검토해 보지 않을 수 없다. 그 가운데에서도 성리학은 우리의 사고와 인식 프레임을 지배해 온 사회문화적 가치관의 원류에 해당된다. 공공과제를 말하는 경우 흔히 "수신제가 치국평천하(修身濟家 治國平天下)"를 떠올리게 되는 이유다. 이는 국가를 가족의 연장체로 이해한다는 점을 전제하는 것에 다름 아니다. 따라서 공적 영역으로서의 국가와 사적 공간으로서의 가족 간 경계가 불분명한 만큼 이를 기화로 부패가 만연하거나 공권력에 의한 사생활 침해가 비교적 손쉽게 용인되는 사회 환경의 근인이 되었다. 나아가 국가로 하여금 스스로를 엄혹한 통치자가 아니라 교화와 훈육의 주례자로 인식하게 만드는 빌미가 되기도 했다. 여기에는 우리가 다른 나라들과는 달리 봉건제를 경험하거나 시민혁명을 겪지 않았다는 사실도 영향을 미쳤다. 서구의 여러 나라들은 물론이고 동북아 지역에서 이웃하고 있는 중국과 일본만 하더라도 봉건제 내지는 최소한 유사 봉건제를 거쳤다. 이로 인해 제후와 영주, 영주와 농노 사이에서 엄격한 상하 질서 내지는 계약 관계를 유지하고 학습할 수 있게 되었다. 이에 반해 우리는 그런 경험을 지닐 기회가 없었다. 이는 오늘날 우리 사회가 법규의 집행력 내지는 국가 공권력의 시민사회에 대한 침투력이 상대적으로 취약하다고 평가되는 이유 가운데 하나다. 조선왕조 5백 년 동안 단일 왕조 체제가 유지되었지만 전통적으로 봉건 국가들에서 나타나는 바와 같이 국가 권력이 주도하는 대규모 토목 공사나 수리 사업의 흔적을 찾아보기 어려운 이유도 여기에 있다. 어둠이 짙어야 아침 해가 밝다는 말이 있지만 이런 탓에 우리는 시민혁명 없이 근대로 들어서게 되었다. 시민혁명이 없었던 만큼 단단한 결속력과 연대력을 자랑하는 시민계급이 형성되어 있을 리 없다. 이는 근대에 들어서서도 사실상 시민 개인을 단위로 세상을 바라보는 개인주의 사고가 자리잡기 어려웠던 원인(遠因) 가운데 하나다.

이렇듯 취약한 시민의식을 간직한 가운데 일제에 의한 식민 지배가 끝나자 해방을 맞이하게 되었다. 그런데 이 해방은 우리의 손으로 이뤄진 것이 아니라 미국이 문을 열어 준 결과였다. 그런 만큼 전근대적인 사고와 식민적 유제가 계속되는 가운데 새로운 국가 권력의 주체로 미군정을 맞이해야 했다. 그런데 신생국가의 산파역으로 등장한 미군정은 행정권 편애의 불균형 발전정책을 선호했다. 해방 공간에서 맹위를 떨치는 사회적 혼란을 잠재우기 위해서는 집행권 강화가 최우선적 과제라고 판단한 결과다. 반면에 의회나 정당 같은 정책형성 기관을 바라보는 시선은 곱지 않았다. 이는 제2차 세계대전 이후 미국이 견지해 온 대외정책 기조에서 크게 벗어나지 않는 일이기도 했다. 정책형성 기관이 강화되는 경우 공산주의 확산의 요람으로 변화할 위험성이 크다거나 민족주의를 촉진하는 정치적 토대로 작용하면서 외국 군인 정권에 대한 반감을 재촉하게 될 것이라는 우려가 깔려 있었던 셈이다. 무엇보다도 우리 사회가 직면한 가난과 궁핍에서 벗어나기 위해서는 경제개발을 촉진하는 일이 최우선적 과제이고 이를 위해서는 행정권 강화가 필수적, 선결적 의제라고 판단한 결과이기도 했다. 따라서 밖으로는 민주주의의 우월성과 당위성을 강조하면서도 정작 미군정이 이 땅에 소개한 초기 정부의 형태는 결코 민주적인 것이라고 말하기 어려운 형태가 되었다. 입법기구인 '남조선과도입법의원'만 하더라도 과반을 미군정이 지명하고 나머지 과반도 중 · 대 선거구를 중심으로 간접선거를 통해 선출했다. 여기에는 한국 사회가 아직 민주주의를 실시할 만한 사회적 준비가 갖추어져 있지 않다는 판단이 깔려 있었을 것임에 틀림없다. 그러나 이로 인해 불행하게도 이 땅에 최초로 소개되는 민주정의 형태가 왜곡되는 결과를 가져왔고, 이런 왜곡된 형태의 정부 형태를 이후 우리 사회가 큰 저항이나 거부감 없이 복제하거나 수용하게 되는 출발점이 되었다. 이유야 어쨌건 민주주의의 수월성과 정당성을 강조해 온 미군정이 왜곡된 민주주의의 토대를 스스로 깔아준 셈이니 이는 실로 역사의 아이러니가 아닐 수 없다.

이런 환경 속에서 등장한 이승만 정부는 가부장적 권위주의 체제(patriarchic authoritarian system)에 다름 아니었다. 국민국가 건설 초기의 사회적 혼란과 사회주의 세력의 확산을 효율적으로 차단하고 국가적 통일성, 국민적 일체성, 사회적 결속성을 제고하기 위해서는 행정권의 강화가 필수적 과제라고 보고 이를 정당화하고자 했던 결과다. 미국의 대외 기술 원조 정책이 이런 기조를 지지하고 후원했을 것도 물론이다. 더 나아가서는 적산 재산의 처리, 원조 물자의 처분, 특히 한국 전쟁으로 인한 전시 비상 동원 체제의 발동 과정을 거치면서 행정권의 비대화가 거듭되었다. 효율적인 견제 장치의 배양 없이 일방적인 팽창을 거듭하던 행정권은 결국 사적 권위의 집행 도구로 전락하면서 권력을 사유화하는 일을 견인하는 결과를 낳았다. 이런 현상은 행정력을 동원한 3·15 부정선거가 정점을 찍었다. 그 결과 전국적으로 반정부 학생 시위가 일어나고 종당에는 장면 정부에게 권력을 넘겨주고 말았다.

문제는 장면 정부가 자유주의의 철학적 원리를 주창하면서 등장했으나 이를 구현하는 데에 는 참으로 허약하기 짝이 없었다는 데에 있다. 무엇보다도 국정 상황을 장악하고 체제를 정당화하며 위기에 대처하는 능력이 취약하기 이를 데 없었다. 정치적 엘리트 사이의 갈등과 대립으로 인해 행정권을 장악하고 집행력을 발동하는 데에 실패를 거듭하자 사회적 혼란이 가중되었다. 이런 혼란과 무질서 속에서 박정희 소장이 이끄는 군부 쿠데타가 등장했다.

이는 헌정사 이래 처음으로 군부 권위주의 체제가 등장하게 되었음을 뜻한다. 체제 등장 과정의 정통성 부족을 보충하기라도 하려는 듯 가용 자원을 총동원하는 가운데 압축적으로 산업화를 촉진하고, 최소 자립 경제를 추구하면서 절대빈곤으로부터의 탈출을 기도했다. 관료와 전문가가 주도하는 발전행정의 시대를 열고자 한 것이다. 국가 경제의 기획과 관리가 강조되고 행정의 경제 관리 기능에 주목했다. 성과를 중시하고 능률성을 강조하는 가운데 불균형 발전 정책의 정당성에 매료되었다. 최초로 국가가 지향하는 가치가 무엇인지를 강력하고 명료한 양식으로 범정부적으로 공유하고자 했으며 행정 관료는 물론 일반 시민들의 가슴 속에 이를 심는 데에도 성공했다. 경제 발전 또는 "잘 살아보세!"가 일상의 지배적인 패러다임으로 자리 잡게 된 이유다. 현대 행정 관리 기술과 정보가 범정부적으로 공유되는 변화를 낳은 것도 이때다. 특히 군 관료를 대상으로 전수된 미국의 현대 행정 기술과 기법이 전체 행정부서에 파견된 유신사무관제를 통해 급속히 범정부적으로 확산되었다. 전(全) 정부적으로 통일된 행정 문서 양식이 도입된 것도 이때다.

문제는 이 과정에서 행정 관료가 점유하는 좌표 또는 역할이 모순적이었다는 데에 있다. 관료적 권위주의 체제의 이론 모형에 따르면 이런 체제 아래의 행정 관료는 군 관료 및 프티부르주아와 함께 삼신일체의 지배 권력을 구성하는 일원으로 활동하기 마련이다. 그러나 동시에 이런 연합 지배 세력이 추구하는 목적 가치를 구현하는 수단적 방편으로 활동해야 한다는 역할 기대 아래 놓여지기도 한다. 이로 인해 관료적 권위주의 체제 아래에서의 행정 관료는 갈등적 모순에 빠지지 않을 수 없다. 특히 국민과의 관계에서 경제 발전에 따른 체제의 누수 효과를 매개하면서 다른 한편으로는 연합 지배 세력의 이익 확장을 위해 국민에 대한 배려를 외면하거나 오히려 수탈하는 역할을 대행하게 된다. 이런 모순적 역할 기댓값을 더 이상 수렴하기가 곤란한 지경에 이르게 되자 체제 전복에 대한 사회적인 수요가 팽대했다. 혁명적 폭발의 파열음을 낳게 된 이유다.

이런 권력적 긴장의 한가운데에서 전두환 정부의 시대가 열렸다. 그러나 전 정부와 비교해 볼 때 기본적인 국정운용 전략에는 그리 큰 변화가 없었다. 다만 보다 더 국정운영상의 경제성과 효율성을 강조하고자 했으며 이로 인해 국정 규모의 축소에 나서고자 했다. 이런 국정운영상의 일반적 특성 내지는 가치지향성을 이어받은 것이 노태우 정부다. 그러나 "보통 사람의 시대"를 주창하고 나선 것처럼 적어도 명목상으로는 권위주의 체제에서 벗어나고자 했다는 데에 결정적인 차이가 있었다. 대통령 직선제 개헌에 대한 국민적 요구를 받아들였고, 신공공관리론의 도입을 통해 작은 정부를 구현하고자 했다. 무엇보다도 대국민 서비스 시스템의 개선에 주력하고자 했다. 그러나 기본적으로 공행정을 국가권력의 도구로 인식하고 행정과 국민 간의 유리를 당연시하는 등 권위주의 체제의 고식적인 인식 프레임에서 벗어나지는 못했다. 이는 민주화에 대한 국민적 여망에 시동이 걸려있는 상태에서 행정 권력의 불안정을 낳는 요인으로 작용하지 않을 수 없었다.

이런 상황 속에서 3당 합당을 통해 평화적인 양식으로 군부 권위주의 체제의 종식에 나서고자 한다는 명분을 등에 업고 등장한 것이 김영삼 정부다. 3당 합당은 집권 세력에 대한 지지와 반대를 지역 대결 구조로 치환함으로써 성사되었다. 이로 인해 정치적 지역감정을 순화할 것이라는 기대가 있었으나 현실은 오히려 이를 자극하는 결과를 낳았다. 무엇보다도 집권 이데올로기 차원에서 신자유주의를 주창했으나 시장의 탄력을 조성하고 활성화하기보다는 오히려 국가 개입의 정당성을 훼손하는 결과가 되어 "외환위기"라는 초유의 사태를 초래하고 말았다. 이때 권력의 사유화와 부패가 확산되었다는 점도 문제다. 권위주의 체제의 부당성과 자신들의 도덕적 우월성을 강조해 온 시민사회 세력이 국정운영을 담당했으나 정작 집권 능력에 있어서는 취약하기 짝이 없다는 사실을 실증해 준 것이나 다름없다. 국정 운영 경험의 부족으로 인해 구체제의 유제 극복에 나섰으나 실패했으며 그렇다고 해서 자신에 의한 신질서 창출에 성공한 것도 아니었다는 뜻이다.

김영삼 정부를 군부 권위주의 체제의 연장선상에서 인식한 김대중 정부는 당연히 권위주의 체제의 청산과 그에 따른 정권 교체를 지향하는 가운데 등장했다. 지역 연합 공동 정부의 탄생을 통해 정권이 교체되는 만큼 지역감정의 순화에 기여할 것이라는 기대가 컸다. 그러나 현실은 오히려 지역적 편향성을 심화시키는 결과로 나타났다. 무엇보다도 집권당이 국회에서 겪는 수적 열세로 인해 국정운영의 안정성을 유지하기가 어려웠다. 권력형 비리와 부패가 확산된 것도 권력의 정당성 확보에 실패하게 되는 또 다른 차원의 요인으로 작용했다. 신자유주의를 강조하면서 공기업의 민영화에 박차를 가하기도 했으나 수사로서의 시장주의와 성과주의에 지나지 않는다는 평가를 받았다. 작은 정부를 제창하면서 실제로는 권력의 사유화를 통해 행정권의 집중과 강화가 이뤄졌다는 점도 외면하기 어려운 한계점 가운데 하나였다.

연이어 등장한 노무현 정부는 헌정사 이래 최초로 우리 사회의 주류와 비주류 간 권력 교체를 통해 집권했다는 점에서 주목되었다. 권력의 중추도 보다 더 시민사회 쪽으로 하향 이동하면서 느슨한 형태나마 일종의 조합주의적 연대체를 구성하고자 했다. 이로 인해 NGO의 국정운영 동반자화가 진행되었다. 단순히 정책 형성 과정에서 시민사회가 의견을 개진하거나 회의에 참여할 수 있는 기회가 열리는 정도가 아니라 여러 NGO 단체의 실무 활동가들을 대거 충원해서 직접 국정운영 과정에 참여시키는 변화를 불러왔다. 그러나 이는 국정운영에 대한 경험이나 전문성이 결여된 이들이 국정을 주도하는 결과가 되어 행정 능력이 급속히 저하되는 결과를 낳았다. 다른 한편으로는 지방자치를 강화하고 국토의 균형 발전을 모색하는 가운데 행정 수도 이전을 도모하는 등 분권정책을 집권 이데올로기 수준으로 끌어올렸다. 그러나 지역 공동체의 형성을 위한 적극적 노력을 경주하는 것과 같이 지방분권을 지역사회의 내재적 가치로까지 승화시키지는 못했다. 사실상 중앙정부의 권한이나 재정 자원의 지방 분산이 적극적으로 추진되지 않았다는 점에서는 분권정책이 외화내빈에 머물렀다는 평가를 받아 마땅한 일이기도 했다. 시장과의 관계에서도 작은 정부 대신 '좋은 정부'를 지향함으로써 국가의 개입 범위를 축소할 의사가 없음을 적나라하게 노정했다. 문제는 정부 자체 내부에서의 수평적 협업 체제의 구축과 운영도 부진했다는 점이다. 협력적 거버넌스를 추구한다고 했으나 실질적으로는 국정운영 과정의 민주성 제고 내지는 시민참여 공간의 확장을 통해 이를 내실화하는 데에는 무력했다.

이에 대한 반동으로 이명박 정부는 선진화와 시장주의(marketization)를 주창하며 등장했다. 그러나 정작 국정을 운영하는 데에 있어서는 신공공관리론을 내세우면서 다른 한편으로는 계획 경제를 강조하는 등 정책 지향점의 충돌과 모순이 작지 않았다. 작은 정부를 강조하면서 케인즈식 관리주의(Keynesian managerialism)를 도입하고자 한 것도 같다. 무엇보다도 자원 외교, 방위산업, 원전 수주 등을 통해 보는 바와 같이 기업 정부의 역할을 강조했으나 운영 실제는 정부 부채와 공기업의 부실화를 초래하는 결과로 나타났다. 이 과정에서 부정부패와 공직 비리가 확산되었다는 점도 문제다. 무엇보다도 집권 초반에 단행한 정보통신부의 해체로 인해 정보통신기술(ICT: Information and Communication Technologies)의 경쟁력이 약화되고 과학기술 정책의 실패가 거듭되면서 미래 성장 동력에 대한 대비가 부실하게 되었다는 점은 뼈아픈 실착점이 아닐 수 없다. 보편적 복지의 축소로 인해 사회적 약자에 대한 배려가 취약했다는 사실도 한계점으로 지적된다.

이런 가운데 박근혜 정부가 등장했다. 집권 기회를 놓고 이명박과 경쟁한 바 있었던 만큼 이명박 정부의 한계를 개선하는 데에 기여할 것이라는 기대가 작지 않았다. 최소한 청렴 정부 구현에 나설 것이라는 관측이 지배적이었다. 그러나 집권 초반부터 정교한 집권 메시지의 개발에 실패하고 유약한 집행권 장악력으로 인해 국정운영상의 혼란을 거듭했다. 성과연봉제를 도입하는 등 신공공관리를 강화할 것이라고 했으나 권한과 지위의 남용, 국정운영에 대한 사적 간여, 공금 횡령과 뇌물 수수 등의 추문에 휘말리면서 오히려 사회 갈등을 심화시키는 결과를 불러왔다. 이런 가운데 헌법재판소가 국회 등 헌법 기관에 대한 권한의 침해, 국민 기본권의 위반, 권리 행사 방해, 전방위적인 블랙리스트 작성 등을 이유로 탄핵을 의결함으로써 탄핵을 통해 현직에서 물러나는 헌정사 이래 최초의 대통령이 되었다.

이어 등장한 문재인 정부는 이념 대립과 함께 국정운영상의 형용 모순을 심화시켰다는 평가를 받는다. 관념적 진보를 표방하면서 실제로는 진보 가치의 역전을 추구하는 정책을 개발하거나, 사회경제적 불평등 시정과 양극화 해소를 주창했으나 실제로는 부동산 폭등으로 인해 사회적으로 자산의 불균형을 심화시켰고, 친환경을 강조하면서 실제로는 예비 타당성 면제를 남발하는 등 반환경적인 조치를 거듭했기 때문이다. 포용국가, 복지국가, 소득 주도

성장 등을 제창했으나 추진력의 취약성으로 인해 정책 역량의 부실이 고스란히 노정되기도 했다. 무엇보다도 이념 대결을 심화시킴으로써 통합적 리더십의 창출에 실패했다는 점을 지적하지 않을 수 없다. 적폐 청산을 주창하고 나섰으나 스스로가 적폐 청산의 대상이 되었다는 사실은 뼈아픈 한계점 가운데 하나가 아닐 수 없다.

이렇듯 해방 공간이 열린 이후 전개되어 온 현대 한국의 행정 과정은 실로 다양한 모습으로 진화를 거듭하지만 그 가운데에서도 국가중심주의로부터 민주화 내지는 의사결정권의 수직적 하향 분산을 거듭해 왔다는 사실은 가장 크게 주목해 보지 않을 수 없는 변화다. 이로 인해 국가와 시민사회의 관계에서는 시민에 의한 정치적 간여의 증대, 의회 정치의 활성화, 행정권의 일방주의 내지는 독과점 축소가 진행되어 왔다. 이렇듯 국가의 의사결정 중추가 하방 이동하면서 국가의 시민사회에 대한 개입의 정도가 축소 조정되고 이는 나아가 행정권의 반응성 제고에 기여하는 변화를 가져왔다. 그러나 이로 인해 시민참여의 기회와 강도가 제고되자 시민사회 내부에서는 다수결주의의 횡포 내지는 소수자 배제의 문제가 심화되어 나타나게 되었다. 사회의 갈등과 분열이 격화되면서 보수와 진보 사이의 대립이 고조되는 변화도 나타났다. 이에 대한 대안으로는 국가 중심의 협력적 거버넌스에 대한 수요가 제고되었다. 국가와 시민사회가 협력적 공조를 통해 사회 문제 해결에 나서지만 국가의 수월성 내지는 전문성을 존중하는 가운데 협력과 공조의 길을 모색하자는 것이었다. 다른 한편으로는 국가권력의 수평적 분산을 통해 국가의 시장에 대한 개입 범위를 조정하고자 하는 전략이 전개되었다. 신자유주의와 신공공관리론의 도입이 대표적인 사례다. 공직사회에 시장의 원리를 도입함으로써 관료의 규모를 축소하거나 행정부 의사결정의 효율성과 경제성을 제고하고자 한 것이다. 면적국가의 축소를 통해 국가 개입의 범위를 조정하려 한 것이기도 했다. 대표적으로 김대중 정부의 작고 효율적인 정부나 이명박 정부의 민영화 전략에서 찾아 볼 수 있다. 그러나 이렇듯 국정 과제의 범위를 축소하고 이를 시장으로 편입시키려는 노력에도 불구하고 공행정 자체의 효율성이나 경제성 제고를 위한 적극적 노력이 병행되었다고는 보기 어렵다. 민영화 전략 내지는 시장화 전략이 공행정이 지향하는 가치로서 행정 과정에 내재화되지는 못했다는 평가를 받는 이유다. 오늘날 공행정이 당면한 또 다른 과제 가운데 하나는 이렇듯 수직적 분권과 수평적 분권 모두가 그들이 지향하는 가치를 관련 시민사회 내지는 시장에 내재화하는 데에 실패한 만큼 어떻게 하면 이를 구현할 수 있을 것인가에 대한 해답을 찾아야 한다는 점이다.

이뿐만이 아니다. 행정 환경이 급진적인 변화를 거듭하고 있는 만큼 이에 조응해야 하는 과제가 제기되어 있다. 정보사회의 구조가 심화되면서 인공지능(AI: Artificial Intelligence)이 빚어내는 새로운 행정 환경에 대응해야 하는 숙제를 풀어내야 한다. AI 활용에 합당한 양식으로 행정 과정을 개편하거나 관련 지적재산권을 보호하는 윤리적 과제에도 조응해 나가야 한다. 행정 과정의 즉응성과 반응성, 회복력과 조응력이 제고되면서 그에 따른 관리 기술상의 문제도 보다 더 체계적으로 검토되어야 마땅한 과제다. 국제적으로는 지구촌 중심국가로서 미국이 차지하는 위상이 여전한 가운데 중국이 급부상하자 미·중 간 경쟁이 심화되고 있다. 특히 우리가 놓여 있는 동북아 지역에서의 긴장이 예사롭지 않게 되었다. 지정학적 이유로 인해 균형외교를 지향해야 하는 우리로서는 특히 행정의 대외 관계 설정에 있어 보다 더 세심한 주의를 필요로 하게 되었다. 더 나아가 지구촌 전역에서 펼쳐지는 기후 변화와 그에 따른 기아와 기근의 확산도 새로운 차원의 도전 과제가 아닐 수 없다. 특히 저개발 국가의 빈곤과 기아의 문제가 심각성을 더하고 있는 만큼 지구촌 선도국으로서의 책무를 과거 그 어느 때보다도 무겁게 느껴야 하는 때다. 보다 긍정적, 전향적 대응을 필요로 하는 과제도 있다. 한류에 대한 지구촌의 러브콜이 기대 이상이다. 단순히 대중문화 차원만의 일이 아니다. 우리의 말과 글 심지어 미술품이나 드라마에 대한 인기도 높다. 우리에게 쏟아지는 지구촌 선도국가로서의 역할 기대가 날로 새롭게 제기되고 있는 셈이다. 우리의 일거수일투족을 지켜보는 지구촌 거류민의 눈길이 예사롭지 않게 되어 있는 만큼 단순히 다른 나라를 모방하거나 복사하는 것만으로는 이제 더 이상 유효적절하게 대응할 수 없게 되었다. 우리 스스로 지구촌의 다음 질서가 무엇인지 또는 추구해야 하는 목적 가치는 어떤 것인지를 묻고 답해야 하는 지점에 서게 되었다. 보다 더 획기적이고 창조적인 대안 모색에 나서야 하는 이유다.

이 책은 삶의 일상 속에서 이런 현실 인식을 토대로 그동안 우리의 행정 현상과 국정운영 전반에 대해 언론에 발표하거나 생각하고 느꼈던 단상들을 모아 본 것이다. 그때그때 생각나는 아이디어를 메모한 것이라고도 말할 수 있겠다. 보다 체계에 맞추어 정련할 경우 학술논문이 되기도 하겠지만 그 이전에 생것 그대로의 의견과 느낌을 교환하는 것이 범사회적 관계에서 보면 보다 더 호소력이 크다고 보았다. 무엇보다도 형식의 구애에서 벗어나는 자유와 경제, 나아가서는 거기에서 비롯되는 직접적인 설명력과 호소력의 이점을 취하고자 했다. 일종의 전문가 수필 내지는 국정평론을 지향한 셈이다. 이런 생각으로 그동안 『의회와 민중』(1989), 『열린 세상, 막힌 정치』(1991), 『까

마워 우는 곳에 백로가 가야 한다』(1991), 『오늘의 정치, 내일의 정치』(1992), 『이렇게 바꿔야 나라가 산다』(1998), 『혼돈의 시대, 개혁의 논리』(2001), 『국가와 시민』(2009), 『한국의 국정개혁』(2017), 『한국의 시대정신』(2017)을 발간해 왔다. 그의 연장선상에서 이제 다시 새로운 국정평론집을 세상에 내놓게 되었다. 독자제현께서는 일독 후 가차 없는 비평에 나서 주시기를 고대한다. 우리 모두는 더 나은 세상을 향해 어깨동무해 왔고 또 그렇게 살아가기를 소망할 것이라고 믿기 때문이다. 시간을 내어 이 책을 읽어 주신 독자들에게 미리 감사의 인사를 전한다.

2024년 6월

분당 우거에서

박재창

차례

제 2 장

지구화 시대의 민주주의

제 3 장

정치 개혁과 민주시민교육

제 4 장
행정 개혁과 시민참여

제 1 장

코로나 시대의 국정관리

인터뷰

학술상 수상한 박재창 교수

박재창 숙대 명예교수가 최근 서울대학교에서 열린 2023년도 한국정책학회 정기총회에서 2022년에 출판한 『코로나-19 시대의 국가와 시민사회』로 학술상(저술상 부문)을 받았다. 그는 2019년에도 『옴부즈만: 제4부』로 한국행정학회로부터 학술상(저술상 부문)을 수상한 바 있다. 두 곳 모두로부터 저술상을 수상한 경우는 박 교수가 유일하다. 박 교수를 만나 근황을 물었다.

1. 우선 『코로나-19 시대의 국가와 시민사회』의 책 내용에 대해 간단한 소개를 부탁드립니다.

이 책의 서문에서 밝히고 있듯이 코로나-19의 확산은 먼저 의과학적인 차원에서 볼 때 인류 역사 이래 최고의 과학 문명 시대에 산다는 지구촌 거류민으로 하여금 예방약과 치료약을 구하지 못해 암중모색해야 하는 고통 속에 빠지게 했습니다. 감염병의 확산을 막고 국민의 건강을 지키기 위해 국가가 나서지만 국가개입주의의 정당화로 인해 개인의 자유와 권리가 훼손될 위험성이 그 어느 때보다도 커지게 되었습니다. 효율적인 방역과 치료를 위해서는 국가 간 협력과 공조가 불가피한 일이지만 위기일수록 자국민 우선주의라는 종족주의 가치관에 대한 수요는 훨씬 더 커지기 마련입니다. 신속한 대응을 위해서는 중앙집권적이고 일원론적인 대응을 필요로 하지만 개별 현장의 특성과 수요를 반영해야 하는 방역행정의 특성상 임기응변적, 현장조응적, 분권적 조치가 불가피한 과제로 제기됩니다. 행정의 효율성을 높이기 위해서는 국민의 호응과 협력을 얻어야 하고 이를 위해서는 개별적 이해관계의 조정과 타협이라는 정치적 다원주의의 수요를 외면할 수는 없는 일이기도 합니다.

이런 국가 중심의 위기 관리 체계가 지니는 한계로 인해 시민사회의 협력과 공조가 필수적 과제로 제기됩니다. 시민이 감염의 출발점이자 매개의 숙주이며 치료의 현장이기도 한 다층적, 복합적, 자기 회복적 성질을 함축하는 탓입니다. 정부의 일방적인 조치로 인해 사회경제적 부담을 져야 하는 비정규 노동자, 자영업자, 여성, 어린이, 소수인종, 장애인, 원격지 거주자, 정보처리기술 미숙자 등 사회경제적 약자의 의견과 요구를 보다 더 정교하고 신속하게 반영하기 위해서도 시민사회와의 협력적 공조는 불가피한 과제입니다. 사회적 위기 상황에서 사회경제적 약자를 보호하고 지원하는 데에는 정부 혼자만의 자원이나 의지만으로는 충분치 않고 시민사회의 공감과 자원봉사 및 재정 자원의 지원 같은 보조적, 보완적 조치가 요청되기 마련이기도 합니다. 정부의 방역행정 과정에서 발생하는 인권침해, 오류, 권력남용, 부패, 역기능,

예산낭비 등을 감시하고 안전성, 포용성, 평등성, 책임성, 투명성, 등을 제고하기 위해서도 시민사회와의 협력은 불가역적인 과제입니다. 방역행정이 감염현장의 불확실성, 불명확성 가운데 이뤄지는 만큼 시민사회와의 교류를 통한 점진적, 부분적 수정과 보완이 불가피하게 제기될 것도 물론입니다. 정부가 아무리 좋은 방역 대책을 내놓는다고 하더라도 이를 최종적으로 구현하는 현장은 시민사회이기 때문입니다.

이렇듯 시민사회와의 협력적 공조를 통해 재난에 대응하는 경우 당면하게 되는 우선적인 과제는 시민참여가 국가를 매개로 투입 자원의 전환 과정을 거치는 동안 시간의 지체와 추가적인 비용의 지출을 외면하기 어렵게 된다는 점입니다. 신속성을 생명으로 하는 위기 대응 과정에서는 핵심적 장애요인이 아닐 수 없습니다. 국정 과정에 대한 시민참여 자체가 용이한 것도 아닙니다. 특히 코로나-19로 인한 위기 상황에서는 사회적 거리두기, 대면 접촉에 따르는 위험 요인 등으로 인해 공적 영역에서의 집회와 결사의 자유가 침해되거나 참여와 숙의에 대한 심리적 저항이 커지는 등 심각한 주저 요인이 발생하게 됩니다. 숙의 없는 참여가 거버넌스의 본질을 위협할 것은 정한 이치나 같습니다. 디지털 장치에 의존하는 가상공간에서의 참여와 숙의가 대안으로 제시되지만 참여의 비효율이나 정보처리 능력상의 비대칭으로 인해 사회경제적 약자가 겪어야 하는 참여 능력상의 불평등 문제는 여전한 과제로 남습니다. 가상공간이 집단 전체보다는 개인에 주로 초점을 맞추어 운영된다거나 직접적인 접촉을 통한 타협과 조정에 제한을 받기 마련이고 집단의사로서의 정치적 압력이나 의사의 표시가 사실상 지장을 받게 되는 것도 문제입니다. 무엇보다도 가상공간이 현실공간을 대체할 수 있느냐는 본질 문제가 제기되는 것은 어쩔 수 없는 숙제입니다. 나아가 시민사회 구성원이라고 해서 집단 이익을 우선하거나 민의를 왜곡하고 권한과 책임의 분리를 통해 무임승차에 나서고자 하는 등 재난이기주의의 함정에 빠지지 말라는 법도 없습니다. 시민사회의 사회적 규범 정립에 대한 수요는 오히려 더 커진다는 뜻입니다.

더욱이 국가와 시민사회가 협력적 공조 체제를 구축하는 전략의 더 본질적인 문제는 이때의 국가란 과연 무엇인가에 대한 답을 구해야 한다는 점입니다. 원래 대의민주주의 아래에서의 국가는 국정운용에 상대적으로 최적화되었다고 믿어지는 엘리트와 단순히 참정의 권한을 지녔으나 수적인 다수를 형성하는 보통 사람들 사이에서 일종의 기능적 분업이 일어난 결과로 여겨집니다. 권력 엘리트에게 참정의 권한을 위임하는 이유입니다. 중우정치나 포퓰리즘에 빠져서는 안된다는 우려의 표출이라는 점에서는 일반시민에 대한 불신의 결과이기도 합니다. 그럼에도 불구하고 국가와 시민사회가 협력적 공조 체제를 구축해야 한다는 주문은 국가의 기능적 무력화와 시민사회의 수월성을 암시한다는 점에서 대의민주주의의 가정적 전제에 대한 이중적 도전을 함축하는 것이 아닐 수 없습니다. 국가는 더 이상 국정운영에 최적화되어 있지 않고 시민도 더 이상 우매한 존재, 피동적 주체가 아니라는 점을 시사하는 것입니다. 이를 대표성 원리의 관점에서 보면 일반시민의 권력 엘리트에 대한 권한의 위임과 권위의 승인을 부분적으로나마 취소한다는 의미이고 권력 엘리트가 스스로 책무성 구현에 나설 것이라는 도덕적 기대를 철회한다는 뜻이기도 합니다. 그러나 그렇다고 해서 권력 엘리트에 대한 기대를 완전히 철회하자는 것도 아닙니다. 아니 국가와 시민사회 사이에서 일반적으로 국가의 우위 내지는 국가에 대한 의존성을 중시한다는 점에서는 권력 엘리트의 수월성에 대한 역할 기대는 여전하다고 해야 옳습니다.

국가와 시민사회 사이의 거버넌스는 바로 이런 관계의 모순성 내지는 기댓값의 이중성을 현장에서의 타협과 조정을 통해 극복하고자 하는 것에 다름 아닙니다. 이점에 주목하여 여기에서는 그 과정에서 빚어지는 모순성 내지는 이중성을 추적, 분석해 보고자 했습니다.

2. 시민사회 활동 등 하시는 일만으로도 바쁘실 텐데 왜 하필이면 쉽지 않은 책 쓰기에 나섰는지요? 책을 쓰는 진짜 이유가 무엇인지 궁금합니다.

사회과학자에게 있어 글을 쓰는 일은 동시대를 살아가는 사람들과의 소통과 대화의 창구를 여는 지름길이라고 생각해 왔습니다. 그런 "말하고 싶다"는 욕구가 글을 쓰게 했습니다. 이런 생각으로 일생을 통해 여러 권의 책을 썼습니다. 그러니까 책을 썼다기보다는 언제나 글을 쓰고 있었다거나 말하고 있었다는 표현이 보다 더 정확한 답변이 되지 않을까 생각합니다.

3. 『코로나-19 시대의 국가와 시민사회』라는 책을 저술하게 된 동기나 기획 의도는 무엇입니까?

우리가 아직 인류문명사 차원의 감염병인 코로나-19로부터 벗어나 온전한 일상을 회복한 것은 아닙니다. 그렇다고 해서 지금도 여전히 코로나-19가 처음 확인되던 때만큼의 공포와 우려 속에 사는 것은 아니지요. 위드(With) 코로나-19의 시대에 진입했다고 보아야 하는 이유입니다. 문제는 이런 뉴 노멀

(New Normal) 상황에서는 감염병의 의과학적인 위협이 여전한 가운데에서도 이에 대한 경각심이 형편없이 느슨해진다는 데에 있습니다. 무엇보다도 경계해야 할 것은 코로나-19로 인해 빚어진 기존의 사회구조 변화나 권력관계 재편을 심각한 고민 없이 당연한 일상으로 수용하게 된다는 점입니다. 아니 재편된 사회구조가 불러올 파장과 문제점에 대한 인식과 정보 자체가 일천하기 짝이 없습니다. 감염병이라는 의과학적 위협의 긴박성에 눌려 거기에서 비롯되는 정치사회적 파장에 대한 체계적이고도 심도 깊은 검증과 경계를 게을리한 탓이지요. 이런 문제의식을 토대로 이 책은 코로나-19의 확산이 불러온 사회구조의 변화를 국가와 시민사회의 관계를 중심으로 살펴보고, 거기에서 비롯되는 문제를 체계적으로 분석함으로써 그에 대한 사회적인 경각심을 제고하고자 했습니다. 이를 위해 국정운영 과정을 투입, 전환, 산출, 환류의 4단계로 나누고 각각의 단계에 따라 선거 관리, 의회운영, 행정 집행, NGO 활동의 과제를 다루었습니다.

4. 『코로나-19 시대의 국가와 시민사회』의 저자로서 책을 읽어야 하는 핵심 독자층은 누구라고 생각하시는지요?

핵심 독자층을 꼽으라면 아무래도 위험 사회의 등장과 그에 따른 사회구조 변동에 민감하게 반응해야 하는 책무를 지닌 국정운영의 책임자와 시민사회 운동의 지도자들이겠지요. 위험 사회에 대한 대응 전략이 정보사회의 구조적 특성에 의존하는 정도가 높다는 점에서는 인터넷, 앱, SNS, 가상회의, 원거리 출석 등 가상사회에 대한 친숙도와 의존도가 높을 수밖에 없는 20대, 30

대, 40대의 MZ세대가 상대적으로 다루는 주제에 대한 민감도나 수용성 정도가 높지 않을까도 생각해 봅니다.

5. 저자로서 이 책의 차별화된 요소와 강점은 무엇이라고 생각하십니까?

이 책은 대중서라기보다는 학술서의 성격을 지니고 있어요. 그러나 긴박하고 생생한 생활 주변의 현상을 관찰의 대상으로 삼고 있어서 쉽게 읽고 어렵지 않게 이해할 수 있어요. 그럼에도 불구하고 체계적이고 논리적인 이론의 틀을 빌려 설명하고자 하기 때문에 보다 생각할 수 있는 공간을 폭넓게 제공하리라고 믿습니다. 학술적으로는 거버넌스에 대한 기존의 연구업적들이 상대적으로 소홀히 다루었던 과제들을 조명한다는 데에 의의가 있습니다. 거버넌스에의 참여 동기를 흔히 민주적 가치의 구현을 위한 규범적, 당위적 차원에서 조망하고자 하는 경향이 있는 데 여기에서는 사실과 현실사회에 기반해서 문화론적 설명을 시도하고자 합니다. 거버넌스에 대한 일반적인 논의가 주로 의사결정이나 정책 형성 과정에 주목하는 데 반해 정책 집행 단계에 주목하고자 하는 것도 기존의 연구와는 차별화되는 점일 것 입니다.

6. 책(글)을 쓰면서 가장 힘들었던 점과 책 쓰기 기간은 얼마나 소요되었는지요?

코로나-19가 확산되면서 사회적 거리두기가 강요되고 그 결과 바깥 출입을 자제하게 되면서 뭉터기 시간이 생긴 게 현실적인 동인이 되었어요. 자연히 코로나-19가 확산되어 있던 지난 3년에 걸쳐 저술하게 되었습니다.

7. 책 쓰기가 쉽지 않았을 텐데 저자님만의 책 쓰기 팁(Tip)이 있다면 무엇입니까?

먼저 글을 쓴다는 것에 대한 심리적 저항감이 없어요. 서울고등학교 시절 교내 신문을 발간하는 문예신문반에서 활동하면서 마감에 맞추어 글을 써야 했던 훈련의 유산이라고 생각합니다. 책을 쓰기에 앞서 어떤 커다란 구상이나 프레임을 먼저 구축한 후 이를 토대로 글 쓰기에 나서는 것이 아니라 상대적으로 작은 주제를 중심으로 글을 써서 그 결과물을 하나씩 모아 나아가는 가운데 전체로서의 책을 구상하고 또 완성해 나가는 점진주의 또는 피스 밀(piecemeal) 양식의 접근전략을 취해요. 부분 구성 전략이라고나 할까요. 이런 접근전략은 우선 책 쓰기를 시작하는 일 자체에 대한 두려움이나 부담감을 덜어주는 장점이 있어요. 글 쓰는 과정에서 스스로 깨우치거나 교정해야 할 일이 생겨도 손쉽게 고칠 수 있다는 이점도 있고요.

8. 저자로서 『코로나-19 시대의 국가와 시민사회』의 책 제목은 어떻게 만들었는지 궁금합니다?

국가와 시민사회의 관계는 제가 학자로서 평생 관심을 가지고 지켜봐 온 주제에요. 특히 시민참여의 문제를 다루어 왔어요. 글을 써넣고 보니 전편을 관통하는 주제가 국가와 시민사회 사이에서 빚어지는 문제였어요. 코로나-19 시대는 이 책과 관련한 글을 처음 쓰기 시작할 때부터 당연히 스스로에게 부과되어 있던 맥락적 환경의 특성이었고요.

9.『코로나-19 시대의 국가와 시민사회』의 저자로서 파악한 책 출간 후 독자들이 보여준 반응은 어떤 것이었습니까?

“어 벌써 이런 주제를 다룬 책이 나왔네. 꼭 읽어 보고 싶다.” “읽고 나서 한 번 토론하고 싶은데 가능할까요?” 이런 질문이 주류를 이뤘습니다. 인류문명사 이래의 감염병 확산이라는 전대미문의 사회적 위기 상황을 함께 겪어 왔다는 경험의 공유가 독자들로부터 마음의 공명을 일으키는 원동력이 되었다고 생각합니다.

10.『코로나-19 시대의 국가와 시민사회』라는 책을 출간하는 과정에서 겪은 가장 큰 어려움이나 보람이 있다면 무엇인지요?

코로나-19가 절정일 때 출간하고 싶었으나 손자, 손녀들과 노는 시간이 늘면서 집필 시간이 조금 지체되었어요. 지금까지 50여 권의 책을 저술했으나 이 책을 처음으로 “아내에게” 헌정했어요. 코로나-19로 인해 사실상의 가택구금 내지는 자가 격리가 강요되고 또 그 기간이 길어지면서 아내가 어떻게 가정을 지키고 또 살림을 꾸려 왔는지를 살펴볼 수 있게 되었어요. 그 수고에 절로 감사하게 되었고요. 제 나이가 금년에 75세입니다. 이제 나이도 있는 만큼 이 책이 내 인생의 마지막 책이 될지도 모른다는 생각도 들었어요.

11. 『코로나-19 시대의 국가와 시민사회』의 저자로서 이루고 싶은 목표나 꿈이 있다면 무엇입니까?

코로나-19 사태는 3중 공간에서 발생한 셈이에요. 일상적인 삶의 연장이 아니라 인류문명사 이래의 감염병 확산이라는 고도의 비일상적인 위험 상황, 한국이라는 역사문화적 공간, 정보사회라는 시대적 환경 속에서 빚어지는 현상이에요. 그런데 어느 사회든 이번 같은 감염병 확산이 아니더라도 다양한 유형의 인공적, 자연적 재해로 인해 언제든 위험 상황에 처할 수가 있어요.

이번 사태를 계기로 그런 위험 상황에 대비하는 사회적인 준비가 마련되었으면 좋겠어요. 이를 위해서는 한국적 특성이나 정보사회의 특징에 대한 보다 심도 깊은 연구와 대응도 요청된다고 봅니다. 단순히 물리적, 기술적 장치의 준비만을 말하려는 것이 아니에요. 마음의 준비라고 할까 인식의 개안이랄까 아니면 가치의 개발 같은 것이 이뤄져야 한다고 믿습니다. 그런 데에 조금이라도 도움이 되었으면 좋겠어요.

12. 앞으로 집필 예정인 책이 있다면 무엇인지요?

행정학자로서 의회행정 분야를 개척해 왔어요. 흔히 정치학이 다루는 의회 현상을 행정학의 관점에서 접근하자는 것인데 아직 이를 체계적으로 다룬 전문 서적이 마련되어 있지 않아요. 개인적으로도 그동안 의회 문제를 주로 국정평론 차원에서 다루어 왔어요. 체계적, 학술적으로 다루려는 노력이 전혀 없었던 것은 아니지만 대체로 보아 부진했다고 해야 할 것 같습니다. 이를 시정, 보완한다는 차원에서 『의회행정의 이론과 실제』를 써보려고 합니다. 이미 원고의 대부분이 마련되어 있어 조만간 출간하려고 합니다.

13. 끝으로 독자들에게 당부하고 싶은 말이 있다면 무엇입니까?

이제 사회과학에서의 서구적인 편견으로부터 벗어날 때가 되었다고 믿습니다. 당연히 코로나-19가 국가와 사회에 미치는 영향을 관찰하고 이해하는 데에 있어서도 같고요. 우리의 문제는 우리의 눈으로 보아야 제대로 볼 수 있는 것 아닐까요. 제 책도 제가 쓰기는 했습니다만 저자의 눈이 아니라 여러분의 눈으로 읽어주시면 감사하겠습니다.

14. 저자께서는 현재 숙명여자대학교 명예교수로 재직 중인 것으로 알고 있습니다. 그동안 미국 정치학회의 의회연구원(Congressional Fellow), (사)한국미래정부연구회 이사장, (사)아세아의회발전연구소 소장, (사)옴부즈만연구소 이사장, 아시아·태평양 YMCA 연맹 회장으로 활동했고 『거버넌스 시대의 국정개조』, 『한국민주주의와 시민사회』, 『한국의회개혁론』, 『한국의회정치론』, 『[한국의회행정론』 등 50여 편의 저서와 편저를 출판하기도 했습니다. 이런 업적을 내도록 추동해 온 원동력이 있다면 무엇인지요?

사회책임 의식이지요. 사회과학자의 길을 걷고자 한 것도 사회현상과 시민사회 사이에서 일종의 매개자 내지는 촉진자의 삶을 살고 싶다는 생각 때문이었어요. 우리 가운데 누군가는 망원경 또는 현미경을 들고 우리가 살아가는 삶의 현장이 실제로는 이런 것이더라고 보고하고 기록하는 역할을 수행해야 한다고 생각했어요.

15. 후학들에게 긍정의 힘을 불어넣는다는 취지에서 '내 인생의 터닝 포인트'는 여기였다고 말한다면 어느 때였는지요?

여섯 살 꼬마가 엄마 손에 끌려 시골 교회 부설 유치원에 들어간 첫날 선생님이 오늘부터 네가 이 반의 반장이라고 지명해 주셨어요. 그 후 국민학교, 중학교, 고등학교, 대학교에서 친구들이 언제나 학생회장 하라고 등을 떠밀었습니다. 모든 학교에서 학생회장을 했으니 당연히 공직자의 길을 걸어야 한다고 생각했고요. 5·18 광주 민주화 운동이 일어나던 시기에는 공무원 신분으로 국비 유학중이었습니다. 공부가 끝나면 계속 공직의 길을 걸을 생각이었고요. 그러나 5·18을 계기로 이런 국가권력과도 어울려 공직자의 길을 걸어야 하는가 하는 생각을 갖게 되었어요. 현실적인 어려움도 생겼고요. 유학을 중단하고 공직에 복귀하기보다는 공부를 마치고 공직을 떠나 학자의 길을 걷자고 마음먹게 된 이유입니다.

16. 요즘 청년 세대들은 3포 세대, 혹은 흙수저, 금수저라고 자조적으로 말하는데 이 같이 희망을 잃은 젊은 청년들에게 강조할 말씀이나 들려주고 싶은 내용이 있다면 무엇인지요?

한 번도 제가 서 있는 자리를 세상 탓이라고 생각해 본 적이 없어요. 세상이 불공정하고 허위의식과 부패, 몰상식으로 가득 차 있더라도 그것이 지금 내가 서 있는 자리를 결정하는 모두라고는 보지 않습니다. 스스로를 세상에 포섭되거나 압도되어 있는 세상의 일부라기보다는 세상과 연동되어 있는 독립적 주체라고 생각한 까닭이지요. 세상이 더럽지만 그런 세상이 나의 모든 걸 결정할 수는 없다고 본 것이기도 하고요. 지구촌 전역을 다녀보면 이만큼 일구어 놓은 나라도 찾아보기가 쉽지 않습니다. 더욱이 지금은 지구촌, 정보통신의 시대가 아닙니까? 전(全) 세계를 상대로 자신의 세계를 개척해 나갈 수 있는 여건이 그 어느 때보다도 좋게 만들어져 있습니다. 나라 안이 신통치 않아 보이면 나라 밖을 겨냥하고 살아보시면 어떨지요.

17. 평소 지키는 건강 관리 비결이나 생활 철학 같은 것이 있다면 무엇입니까?

매일 되도록이면 시간 내서 걷고 있습니다. 젊은 때는 두주불사였으나 친구들이 하나둘 하직하거나 술을 멀리하면서 사실상 술은 끊은 상태에 있습니다. 술 자체보다는 술 먹는 자리의 따뜻함 내지는 배려하는 마음 같은 걸 좋아했던 것 아닌가 싶습니다. 어머니가 생전에 주신 말씀이 일생의 좌우명이 되었습니다.

"네가 가진 칼의 길이가 다른 이의 것보다 짧다고 생각되거든 한 걸음 더 앞으로 나아가 싸울 밖에 다른 방도가 있느냐?"(2023.12.15.)

『코로나-19 시대의 국가와 시민사회』를 추천한다

이 책은 한국 사회가 코로나-19의 확산과 관련하여 서유럽 국가들과 비교해 볼 때 상대적으로 성공적인 대응을 펼쳐 왔다고 보고, 그 성공 요인을 밝히고자 한다. 그 결과 현실을 위기 상황이라고 인식하는 프레임과 그에 따른 전환국가 의식의 발로, 국가를 가족의 연장선상에서 이해하고자 하는 가족국가 의식의 발현, 정보화 사회의 도래에 따른 정보통신기기의 활용 등을 주요 요인으로 들고자 한다. 그 가운데에서도 가족국가 의식이 가장 핵심적인 기여 요인인 것으로 평가하고 이를 체계적으로 밝히고자 한다. 이 과정에서 기존의 선행 연구들이 보여 준 한계나 오류를 시정하고 새로운 이론의 틀을 제시하고 있어 학술적 기여도가 높고 크게 시의적절한 주제를 다루었다고 본다. 연구의 성과물을 토대로 코로나-19 대응 방역 정책을 수정하거나 보완하는 경우 그 유용성이 커서 실용적 기여도도 작지 않을 것으로 예상된다.

학술적 기여

먼저 학술적 관점에서 볼 때 기존의 연구들이 위기 대응 전략으로 주로 국가중심주의의 관점을 견지해 왔던 데 비해 그에 대한 대안으로 시민사회 주도형 거버넌스 체제에 주목하고자 한다는 점에서 선행 연구들과의 차별성이 크다. 기존의 연구들은 어떤 사회가 위기에 처할 경우 대응의 신속성과 필요 자원의 효율적인 동원을 위해 중앙집권적인 접근전략이 필요하다고 보고 국가중심주의 내지 국가개입주의의 정당성을 강조해 왔다. 그러나 이 책은 위기에 보다 신속하고 동시에 효율적으로 대응하기 위해서는 국가를 경유하는 데 따르는 전환비용을 줄이고 문제해결에 적합한 자원과 전략을 보다 정교하게 파악하는 일이 선행되어야 한다고 보고, 이를 위해 현장 중심의 분권적 접근전략에 대한 수요가 작지 않다고 보았다. 특히 코로나-19 같은 감염병의 경우에는 시민 스스로가 감염의 숙주이자 주체이고 또한 치료의 대상이기도 하므로 시민이 대응의 주체로 나서는 일은 불가피하다는 생각을 견지한다. 이런 점들을 고려하여 이 책에서는 시민사회가 주도하는 국가와 시민사회 간의 거버넌스가 위기 대응의 대안이라고 보고 이를 한국 사회의 코로나-19 대응 과정에 대한 실증적 분석을 통해 검증하고자 한다.

시민사회 추동력으로서의 가족주의

이때 시민사회의 자율적 선도력을 추동하는 에너지의 원천이 국가를 가족의 연장선상에서 파악하고자 하는 전통적 개념의 한국형 가족주의에 있다고 보고자 한다. 이런 접근 시각은 거버넌스에 대한 문화론적 접근의 중요성을 일깨워주는 것이기도 하다. 특히 가족주의가 가족에 대한 무조건적인 헌신,

기여, 애정에 기초한다는 점을 상기해 보면 개인주의, 이기주의, 계약 관계에 의존하는 서유럽 사회의 민주주의와 대비되면서 위기 상황이 일상화하는 뉴노멀 시대가 요구하는 대안 이데올로기로서의 시사점이 결코 작지 않다.

이런 시각에 눈뜰 경우 그동안 지식 수입국으로 살아온 우리 사회로 하여금 서구 문명 친화적인 열등의식에서 벗어나 보다 중립적이고 객관적인 관점에서 사회과학적 현상을 조망할 수 있는 전기를 마련해 주게 될 것은 물론이다. 그런 점에서 이 책은 우리가 지구촌 선도국가로 부상하는 데 필요한 주체의식 내지는 자긍심을 배양하는 데에도 기여한다.

전환형 이중국가론과 전환 국가론의 독창성

이 책은 또한 현대 한국 사회가 전통적 개념의 가족국가와 근대적 의미의 행정국가 그 가운데에서도 계약국가가 중층적 이중 구조를 이루고 있다가(전환형 이중국가론), 코로나-19의 확산 같은 외부의 충격이 주어지는 경우 양자 간의 커플링 관계가 풀리면서 가족국가가 전면에 나서는 전환국가 현상이 자리잡게 된다고 보았다. 이는 한국 사회가 코로나-19에 대응하는 사회적 메커니즘을 설명하는 데 있어 호소력 있는 프레임 가운데 하나가 아닐 수 없다.

무엇보다 중요한 것은 그동안 사회과학계를 풍미해 온 "비동시성의 동시성" 개념이 시사하는 바 전근대와 근대의 동시간대 공존이 사회적 갈등이나 저발전 같은 역기능의 추동 요인인 것으로 평가되어 온 데 반해, 이 책에서는 가족주의라는 전근대의 프레임이 현 시점의 위기 상황을 제어하는 데 있어 긍정적 메커니즘으로 작동한다고 보아 비동시성의 동시성을 순기능의 관점에서 접근한다는 점에서 차별화된다.

거버넌스 이론의 세련화에 기여

거버넌스에 대한 선행 연구는 대개가 거버넌스의 투입과 전환 과정에 대한 논의가 대부분이며, 1) 산출물의 환경 일선에 대한 전달 차원에서 목격되는 집행 거버넌스에 대한 논의는 이를 찾아보기 쉽지 않고, 2) 거버넌스 구성 자체의 가능성이나 필요성 등에 대한 논의를 다루거나 판단하는 공간을 맥락적 거버넌스라고 한다면 이에 대한 연구도 크게 결여되어 있으며, 3) 한 사회의 문화적 특성이 거버넌스의 운영 메커니즘에 미치는 영향에 대한 연구도 찾아보기 어렵다. 거버넌스에 대한 문화론적 접근은 대체로 거버넌스가 이뤄지는 조직 문화 자체의 특성을 다루거나 거버넌스가 발현하는 사회환경에 대한 비교 연구가 대종을 이루고 있을 뿐 거버넌스 자체의 추동 요인으로 문화적 변수를 다루는 접근 사례는 거의 찾아보기 어렵다.

그런데 이 책은 거버넌스의 집행 단계에 대한 추적을 통해 한국의 코로나-19 대응 전략을 점검하고 있을 뿐만 아니라, 맥락적 거버넌스에 대한 논의를 통해 왜 어떻게 시민사회가 코로나-19 대응 거버넌스를 주도하게 되는지를 밝히고 있으며, 한국 사회의 전통적인 가족주의 프레임을 통해 그 거버넌스의 작동 메커니즘에 대한 문화론적 설명을 시도하고 있다. 이런 점에서 기존의 선행 거버넌스 이론에서 드러나는 한계와 결함을 보완하고 정련하는 데에 기여한다. 무엇보다도 집행 거버넌스의 유형화 작업을 통해 집행 거버넌스 현상에 대한 체계적인 분석과 설명을 시도하고 있다는 점은 매우 독창적이며 그로 인해 집행 거버넌스 현장에 대해 크게 풍부한 정보를 제공한다.

국가의 신뢰와 사회자본론에 나타나는 서구적 편향성 극복

선행 연구들은 국가에 대한 사회적 신뢰의 확보가 효율적인 위기 대응의 전제적 조건이라는 점을 강조하지만 이 책에서는 오히려 국가에 대한 사회적 신뢰가 부족하거나 결여될 경우 시민사회의 자구적 노력을 추동하는 결정적 요인 가운데 하나로 작용하기도 한다는 점을 지적한다. 위기 상황에서는 국가에 대한 불신이 시민사회로 하여금 오히려 적극적으로 자구적 노력에 나서도록 추동하는 동기 유발 요인이 된다는 뜻이다. 푸트남(Putnam)의 사회자본론은 전환비용의 최소화를 위해 규범, 신뢰, 네트워크 등의 제도화를 강조하지만 한국의 가족주의는 전환 과정의 우회를 통해 비용 발생 자체를 최소화하려는 것일 뿐만 아니라 개인 간의 관계도 갈등적 이해관계의 충돌이 아니라 헌신과 기여에 따른 애정과 협력의 관계로 파악함으로써 갈등비용을 최소화하고자 하는 것에 다름 아니다. 그런 점에서 사회자본론이 동반하는 서구적 편향성을 극복하고자 하는 접근 시각이라고 하지 않을 수 없다. 후쿠야마(Fukuyama)의 저신뢰사회론도 같다. 그는 한국의 배타적 가족주의가 사회적 신뢰를 저해하는 핵심 요인이라고 보고 이를 극복하는 일이 사회적 통합과 발전을 견인하는 최우선적 과제 가운데 하나라고 보았다. 그러나 정서적 가족주의가 사회적 결속과 연대를 추동하는 헌신과 애정의 네트워크를 제공한다는 점은 이를 간과한다. 그런 점에서 후쿠야마의 저신뢰사회론도 서구적 편견에 기초하는 것이 아닐 수 없다. 이 점을 지적하고 시정하고자 하는 것이 이 책의 또 다른 기여다.

실용적 기여

코로나-19 감염병 확산 이후의 한국 사회를 조망하고 이해하는 데 필요한 체계적인 분석 틀을 제공함으로써 다양한 사회정책 과제의 해결이 요구하는 정보와 지식을 제공하게 된다. 특히 코로나-19 확산 이후의 사회구조 변화가 전인미답의 현상이고, 위기 상황이 일상화하는 뉴노멀 시대가 도래하면서 이를 조망하기 위한 분석 틀에 대한 사회적 수요가 매우 절박할 것은 췌언을 요하지 않는다. 이때 한국적 상황에 특화된 조망력이 필요할 것도 물론이다. 따라서 이 책이 제공하는 분석 프레임을 통해 코로나-19에 대한 방역정책을 평가, 점검하고 보완적 대안을 모색하는 일은 당연한 수순이 아닐 수 없다. 이 책의 실용적 기여도가 크고 또 효율적일 것이라는 의미다.

국제적 기여

영문으로도 출판됨으로써 지구촌 학문 공동체는 물론이고 일반 독자들을 통해 K-방역에 대한 범지구적인 인식과 이해력 정도를 높이고, 그 결과 코로나-19 같은 경계초월적인 감염병의 방역 활동이 필요로 하는 범지구적인 협력과 연대를 견인하고 공고히 하는 데 기여할 것으로 기대된다. 특히 이점은 K-방역에 대한 체계적인 분석을 시도한 결과물의 지구공동체에 대한 소개가 아직은 일천하다는 점에서 더욱 그렇다.(2023.05.20.)

정부의 K-방역 자화자찬은 염치없는 일

K-방역이 위기에 처했다. 작년 1월 코로나바이러스가 처음 유입된 이래 일일 확진자 수가 지금처럼 가파르게 상승한 적은 없다. 수도권 밖으로의 확산도 최고치를 거듭 갱신하고 있다. 이미 질병관리본부는 일일 확진자 수가 2,000명대를 넘을 것이라는 전망을 내놨다. 그렇지 않아도 코로나 사태의 장기화로 심신이 지쳐있던 국민들로서는 참으로 견디기 어려운 지경에 이르렀다. 크게 안타까운 것은 정부가 내놓은 낙관적 신호가 사태를 악화시킨 기폭제였다는 점이다. 오죽하면 총리가 나서 대(對)국민 사과까지 했겠나. 이로 인해 지구촌 수범 사례로 평가되던 K-방역이 사실은 허상에 가까운 것 아니냐는 의문마저 제기됐다.

그러나 자세히 들여다보면 지금껏 K-방역을 성공으로 이끈 건 정부의 견인력이라기보다는 국민 각자의 위기 대응력에 있었다. 『코로나-19와 한국의 거버넌스』(박영사 간행)가 보고하는 사실 조사 결과를 토대로 지난 일 년간의 경과를 추적해 보면 상황이 극도로 심각해지면 어김없이 국민이 스스로 전면에 나서는 능동적 대처로 사태를 진정시켜 왔다. 정부가 뭘 하던 국민 각자가 알아서 위기를 달래 온 것이다. 이는 상황이 심각해질수록 국가의 지도력에 대한 의존도가 낮아진다는 의미다. 감염병 퇴치가 요구하는 시간의 촉박성에 비추어 정부를 통해 대응하는 경우 거기에서 발생하는 전환비용을 최소화하는 일이 쉽지 않다고 보기 때문일 것이다. 그러나 심각한 국면이 진정되면 어김없이 정부의 견인력에 길을 내주고 수동적 대응 태세로 전환했다. 질병으로부터 국민의 건강과 안전을 지키는 일의 일차적 책임은 국가에 있다는 뜻이다.

위기 때 헌신과 희생 마다치 않아

이렇듯 국민이 전면에 나서 국가의 위기를 극복하는 일은 우리의 근현대사를 통해 면면히 이어져 왔다. 대한제국 말기 국가의 채무로 나라가 일본제국주의에 흡수될 위기에 처하자 스스로 재산을 털어 나라의 빚 탕감에 나서는 국채보상 운동이 일었다. 일본제국주의 치하에서는 나라의 독립을 위해 목숨을 던져 일정의 요인 암살에 나서는 의혈단 운동이 빈발했다. 이는 우리처럼 일제의 침탈에 시달리던 당시의 중국에서는 결코 찾아보기 힘든 현상이었다. 근자에는 외환 위기에 처하자 금 모으기 운동을 통해 나라의 경제를 구하는 일에 앞장섰다. 태안반도의 기름 유출 사건 때도 연인원 수백만 명의 자원봉사자가 해변의 기름때를 지우기 위해 스스로 나섰다. 개인주의, 이기주의, 경제적 합리성에 순치되어 있는 서구의 눈으로는 도저히 이해하기 어려운 일이 아닐 수 없다.

나라가 위기에 처했다고 판단되는 경우 자신의 이해관계를 초월해서 헌신과 기여를 마다하지 않는 우리 사회 특유의 문화적 특성은 그 연원을 여말 선초 이래 한국 사회를 관통해 온 유교에서 찾아볼 수 있을 것 같다. "수신제가치국평천하"에서 보듯 유교의 공직관에 따르면 국가와 사회는 가족의 연장체에 다름 아니다. 그런 가족에 헌신하는 일이야말로 교양 있는 인간이 취해야 할 최고의 덕목으로 여겼다. 그런 탓에 공적 영역으로서의 국가와 사적 공간으로서의 가족사회 사이의 경계가 불분명하고 유동적인 것도 우리의 사회문화적 특성 가운데 하나다. 나라에 공을 세우고 출세하는 것이야말로 가장 크게 부모에게 효도하는 일로 여기는 것도 같다. 이를 가족주의 국가관이라고 한다면 코로나로 인한 사회적 위기에 처해서도 내 가족, 내 나라를 위해 헌신과 희생을 마다하지 않는 가족국가 패러다임이 작동할 것은 당연한 이치이다.

정부의 방역 완화가 상황 악화시켜

이런 관점에서 보면 감염병으로부터 내 가족의 건강을 지키기 위해서는 공동체 전체의 방역이 선결되어야 하고 이를 위해 개인의 불편함이나 자유로운 활동에 대한 욕구를 억제하고 마스크 쓰기에 나서거나 사회적 거리 두기에 충실할 것은 너무나도 당연한 선택지가 된다. 실제로 코로나 발생 초기 대구에서는 정부가 마스크 쓰기를 권장하거나 사회적 거리 두기를 요구하기도 전에 시민이 먼저 나서 마스크를 쓰거나 사회적 거리 두기에 나선 바 있다. 문제는 이런 가족국가 의식이 작동하기 위해서는 상황이 위기라는 사회적 인식이 팽대해야 한다는 점이다.

오늘날의 한국 사회는 근대화의 결과 일종의 이중국가를 형성하고 있다.

서구적 개념의 개인주의에 기초한 핵가족 구성원으로서의 개인과 전통적 개념의 대가족 구성원으로서의 개인이 중층적, 혼성적 결합을 통해 이중 구조를 이루다가 사회적 위기와 같은 외부 충격이 주어지는 경우 그 결합이 풀리면서 전통적 개념의 가족주의 국가관이 전면에 나서는 현상을 발현한다. 이성과 합리에 기초한 계약국가 프레임으로부터 정의(情誼)와 감성에 기초한 가족국가 프레임으로 인식의 중추가 이동하는 것이다. 따라서 가족국가 의식이 발동하기 위해서는 위기 상황의 발현이라는 사회적 긴장이 선취되어 있어야 한다. 그런데 정부가 상황의 완화를 암시하는 메시지를 거듭 전달함으로써 가족국가 의식의 발동에 필요한 사회적 긴장의 강도를 이완시키는 경우, 그렇지 않아도 피로감이 누적되어 있는 가족국가 의식이 긴장의 끈을 놓으면서 가족국가 프레임에 의한 선제적, 주동적 방역이 탄력을 잃을 것은 너무나도 당연한 귀결이다.

가족국가 프레임으로 해석 가능

이런 가족국가 프레임에서 보면 위기가 심화될 때마다 오히려 대통령에 대한 지지도가 높아진다거나 지난 21대 총선에서 실정을 거듭한 여당이 압승한 것처럼 합리주의의 관점에서 보면 일견 모순되어 보이는 현상도 이해가 가능하다. 가족국가 관점에서 보면 대통령은 넓은 의미의 가족공동체를 관장하는 가장에 해당된다. 한 가정이 위기에 직면할 경우 가족끼리라면 같은 배를 탄 운명 공동체의 구성원으로서 서로 헌신하고 기여해서 위기를 극복하는 일이 먼저지 가장의 잘잘못을 따지거나 엄혹한 질타에 나서야 할 이유가 없다. 누구라도 가정을 지키기 위해 앞다투어 나서야지 가장의 견인력에만 기댈 일은 아니라는 뜻도 된다. 위기의 심각성 정도가 높아질수록 이런 인식은 보다 더 심화된다. 21대 총선에서도 위기 극복의 책임을 집권 세력에게 물어 사회질서를 재편하면서까지 문제 해결에 나설 만큼 상황이 안이하지 않고 위기 상황인 만큼 집권 세력을 객관화하기 이전에 자신이 속한 정서적 공동체의 일부로 여겨 국민이 스스로 위기 극복 과제를 짊어져야 한다는 인식이 선행했다고 보아야 한다. 그런 탓에 가혹한 책임 추궁을 삼간 셈이다. 위기라는 상황 변수와 가족국가 의식이 국가 견인력의 건전성 여부에 대한 평가를 유예한 결과다.

국민이 위기 극복 과제 짊어져

이는 국가와 시민사회 또는 공적 영역과 사적 공간 간의 경계가 명료하고 개인의 자유 보장을 위해 입헌주의를 통한 국가의 개입과 기여를 계약해 두었다고 보는 서구사회와는 인식의 프레임이 근본부터 다르다. 이성적 합리주의에 기초한 서구사회가 코로나 방역에 실패를 거듭했다는 사실을 상기해 보면 이는 단순히 서구 문명이 감염병 확산이라는 위기의 대응에 무력하다는 사실만을 전달하는 것 이상을 함축한다. 특히 합리주의에 기초한 근대 문명이 쇠락기에 들어섰다는 지적은 이미 여러 곳에서 제기된 바 있다. 이런 상황에서 위기가 일상화되는 뉴노멀 시대가 도래하는 경우 서구 문명의 변증법적 대안이 무엇이냐에 대한 질문이 빈발할 것은 손쉽게 예견되는 일이다. 그런 점에서 위기 극복을 선도해 온 우리의 가족국가 프레임은 단순히 범지구 차원의 감염병 극복을 위한 전략적 도구 이상을 시사하는 것일 수도 있다. 인류 문명의 대안을 예시한다고 볼 수 있을 것이기 때문이다. 이런 인식이 더욱 중요한 것은 지금까지 서구사회로부터 지식을 수입하는 나라로 살아온 우리로

하여금 서구 문명에 대한 열등감에서 벗어나 이를 보다 중립적 관점에서 객관화해 볼 수 있는 전기를 마련해 준다는 점이다. 문명사적 위기의 한 가운데에서 위기는 기회이기도 하다는 말을 되뇌게 되는 이유다.

(「중앙일보」, 박재창의 퍼스펙티브, 2021.07.27.)

인류 문명의 좌절과 한국 문화의 자부심 사이에서

코로나-19는 강력한 전파력과 높은 치명률 및 재감염 지수를 자랑하는 범지구 차원의 감염병이다. 그럼에도 불구하고 인류가 이에 대해 아는 것은 별로 많지 않다. 호흡기 전파가 주요 감염 통로인 것으로 알려져 있지만 공기와 비말 가운데 어느 쪽 매개 비중이 높은지에 대해서는 아직도 서로 다른 견해가 다투고 있다. 무증상 전파, 면역 반응, 재감염, 유전자 소인의 역할, 감염에 따른 장기적인 영향 등에 대해서도 베일을 걷어 내지 못하기는 마찬가지이다. 상황이 이런 만큼 예방약과 치료제가 개발되기 이전 단계에 있다고 해서 결코 놀랄 일도 아니다. 백신 개발이 상황의 반전을 가져올 것이라는 기대가 있었지만 바이러스의 변이, 돌파 감염, 부작용, 집단 면역 달성 등 아직 넘어야 할 산이 많다. 가히 '의과학의 위기'에 다름 아니다. 그런 탓에 인류 문명사 이래 최고의 과학 문명 시대를 산다는 지구촌 거류민들은 지금 매우 당혹스럽고 또 불안하기 짝이 없는 일상을 살고 있다.

이런 상황에 조응해서 감염병을 제압하고 국민의 건강을 지켜야 하는 책무를 지는 것은 당연히 국가다. 국가는 그의 존립 근거 자체가 국민의 안전과 존엄의 보호 및 유지에 있기 때문이다. 그러나 그런 국가마저도 위기에 처해 있다. 무엇보다도 국가의 중추적 기능이라고 할 수 있는 '정치의 위기'가 심각하다. 먼저 근대 국가로서 지켜야 마땅한 가치의 추구와 자국이익우선주의가 충돌을 빚기 때문이다. 문명국가라면 당연히 인류 문명사 이래의 대재앙에 직면해서 인본주의를 지향하고 인권을 존중하며 지구촌 전체의 안녕을 위해 노력해야 마땅한 일이다. 코로나 바이러스의 창궐이 지구 온난화에 따른 파생 효과 가운데 하나라면 지구촌 전체의 환경 오염과 생태 파괴에 대한 대응을 보다 더 적극적으로 공조해 나가야 한다. 코로나-19 자체가 국경을 초월해서 확산되는 만큼 효과적인 방역을 위해서라도 국가 간 협력과 공조는 필수적 과제다. 외국에서 생산되는 생필품 공급 체인이 유지되어야 이런 재난 속에서도 자국민의 생활 경제를 지켜낼 수 있다. 그러나 자국민의 건강을 우선적으로 지키기 위한 방역 정책이나 의료자본주의 내지는 자국기업보호우선주의의 차원에서 보면 국경 폐쇄, 백신 국수주의, 경쟁적 자본주의의 추구는 너무나도 당연한 선택지로 여겨진다. 개별 국가의 이익을 쫓아 다른 나라와 경쟁하거나 전략적, 독자적 대응을 통해 자국민 보호를 우선시하는 일이 불가피하거나 또는 규범적이라는 주문에 내몰리지 않을 수 없다.

한 나라의 내부에서도 사정은 결코 다르지 않다. 효율적인 방역을 위해서는 의과학적인 지식과 판단에 따라 정책을 개발하고 집행해야 하지만 어떤 방역 정책도 정책 수용자인 일반시민의 적극적 호응 없이는 기대 효과를 발휘할 수 없다. 따라서 시민 개개인의 선택과 주문을 조율하는 정치적 조정의 과정을 필요로 한다. 의과학의 일원주의와 정치적 조정의 다원주의가 충돌하지 않을 수 없다는 뜻이다. 이런 조정과 타협의 과정은 서로 다른 이해관계를 짜맞춰야 하는 만큼 시간의 경과를 필요로 하고, 그런 까닭에 상황의 시급성에 대응해야 하는 방역 정책은 실기할 수도 있다. 사회경제적 약자와 강자 사이에서 발견되는 정치적 조정 과정에 대한 참여 능력의 차이와 기회의 불평등을 어떻게 관리하느냐도 국가가 짊어져야 할 난제 가운데 하나다. 특히 코로나-19가 미치는 의과학적 불평등이 사회경제적 불평등과 순비례 관계를 형성한다는 점을 감안하면 문제의 복잡성은 보다 더 심화된다.

어찌어찌하여 방역 정책의 방향이나 내용이 결정된다고 하더라도 이를 집행하는 과정에서 발생하는 "행정의 위기"도 결코 쉽게 풀 수 있는 과제가 아니다. 코로나 위기가 도래하기 이전에 관행적으로 의존해 오던 업무 처리 양식으로는 위기 상황에 대한 효율적인 행정 대응이 불가능하기 때문이다. 가장 큰 문제는 업무 총량의 갑작스런 증가다. 국정을 운영하는 데 필요한 일상적인 업무 위에 위기 대응이라는 비상 업무가 추가되기 때문이다. 특히 이런 비상 업무는 기존의 표준적 절차나 일상적인 대응 양식으로는 소기의 목적을 달성하기 어렵다. 관료제의 상명 하달식 업무 처리나 법규중심주의, 그에 따른 보편적, 일반적, 경직적 대응으로는 위기 상황이 필요로 하는 현장 조응성, 탄력성, 유연성, 속도성에 제대로 반응할 수가 없다. 그렇다고 해서 사안의 시급성에 비추어 긴박한 시간 내에 새로운 인력을 충원, 교육하거나 업무 처리 양식을 개발하고 체화하여 이를 범정부적으로 확산할 수도 없는 일이다. 무엇보다도 방역행정의 효율화를 위해서는 행정 현장에서 관리 전문가로서 내리게 되는 판단과 방역 수혜자들의 개별적인 요구, 나아가서는 의과학적 진단이 서로 충돌하는 상황을 극복하는 데 필요한 장치를 체계화해 두어야 하지만 이럴 경우 상황 변화에 대한 능동적이고 유연한 대처가 곤란해지는 문제에 봉착한다. 문제의 성격이 모호하고 불확실한 만큼 인과관계를 추정하거나 효율적인 대응 조치를 개발하는 일이 곤란하다는 점도 본질 문제 가운데 하나다.

따라서 그때그때의 상황 변화에 조응해서 점진적으로 이뤄지는 실시간 조정이 불가피하게 된다. 지속적인 긴장과 모순의 연속 속에서 대안을 찾아 암중모색해야 한다는 뜻이다. 질병 관련 정보를 신속히 모두 공개해서 시민의 확신과 동의를 구하는 일이 옳을까? 그럴 경우 질병에 대한 공포와 위험 의식을 과도하게 자극하는 결과가 되는 것은 아닐까? 정보의 정확성과 투명성을 위해 의과학적인 전문 용어를 차용하는 것과 내용 전달상의 불명확성을 감수하더라도 일반 용어로 전달함으로써 이해력을 높여야 하지 않나? 이런 모순적 과제에 대한 해답을 찾아 나가야 하는 행정 현장은 언제나 긴장과 무기력의 연속으로 점철될 수밖에 없다. 보다 더 심각한 과제는 이렇듯 정부의 행정이 문제 해결 능력을 상실했다고 판단하게 되는 경우, 자체 정화 기능을 상실하면서 부패와 탈법, 적당주의, 무의사결정, 외면 등 행정의 무기력화가 심화될 위험이 배가된다는 점이다. 위기의 본질에 대한 인식의 차이가 갈등과 역기능을 유발하면서 방역행정 관여자들 사이에서 오히려 더 큰 문제가 유발된다는 의미다.

보다 더 근본적인 문제는 이렇듯 방역행정의 일상화가 지속되면서 큰 정부, 작은 개인 내지는 국가개입주의에 대한 방어기제가 약화되고 정부에 의한 감시와 개입을 당연시하는 태도가 일종의 사회적 경향성으로 자리 잡게 된다는 점이다. 이런 현상은 이미 근대 역사를 통해 확인되고 있다. 1930년대 대공황을 맞이한 미국이 뉴딜정책을 통해 국가개입주의를 정당화 한 이래 큰 정부의 일상화가 한동안 지속되었고, 제2차 세계 대전의 폐허 위에서 유럽의 부흥을 위해 고안된 마셜플랜이 중앙집권적 대응과 정부 의존성 심화의 사회적 정당성 기반을 확장했다. 여기에 더해 코로나-19로 인한 "경제적 위기"는 정부의 재정 투입 확대를 불가피한 과제로 제기한다. 국경 폐쇄, 도시 봉쇄, 사회적 거리 두기, 자가 격리 등 경제적 일상을 차단하는 방역 조치가 빈발하면서 경제 활동이 위축되고 계층 간 경제적 불평등을 심화시키는 결과를 낳는다. 방역 정책의 수혜자가 보편적, 일반적이라면 그에 따른 사회경제적 비용의 부담은 특정적, 개별적으로 구체화되어 나타난다. 자영업자, 비정규 노동자, 중소 상공인 등 경제적 취약계층의 피해가 더 크고 결정적이다. 이런 사회경제적 취약계층을 지원, 보상하고 경제의 일상적 운영을 지원하기 위해서는 국가 재정의 투입 규모를 크게 확장하지 않을 수 없다. 큰 정부의 등장을 당연시하게 된다는 의미이다. 이로 인해 정치적 자유주의와 경제적 자본주의가 위협받게 되고 사민주의 내지는 포퓰리즘의 등장 가능성이 급격히 증대한다. '이념적 위기'의 시대를 마주하게 된다는 뜻이다.

그러나 국가개입주의만으로 코로나-19 같은 인류 문명사 차원의 감염병에 효과적으로 대응하기는 쉽지 않다. 시민사회의 협력과 공조가 필수적 과제로 제기된다. 시민이 감염의 출발점이자 매개의 숙주이며 해결의 현장이기도 한 다층적, 복합적, 자기 모순적 성질을 함축하는 탓이다. 한 사회가 지닌 자원을 총동원해서 대응해야 한다는 점에서는 시민사회뿐만 아니라 시장의 협력도 요청된다. 정부의 일방적 조치로 인해 사회경제적 부담을 져야 하는 비정규 노동자, 자영업자, 여성, 어린이, 소수 인종, 장애인, 원격지 거주자, 정보처리 기술 미숙자 등 사회적 취약계층의 의견과 요구를 보다 더 정교하고 신속하게 반영하기 위해서도 시민사회와의 협력적 공조 체제의 구축은 불가피한 과제로 제기된다. 사회적 위기 상황에서 사회적 취약계층을 보호하고 지원하는 데에는 정부 혼자만의 자원이나 의지만으로는 충분치 않고 시민사회의 공감과 자원봉사 및 재정 자원의 지원 같은 보완적 조치가 필요한 법이다. 정부의 방역행정 과정에서 발생하는 인권 침해, 오류, 권력 남용, 부패, 역기능, 예산 낭비 등을 감시하고 안전성, 포용성, 평등성, 책임성, 투명성 등을 제고하기 위해서도 시민사회와의 협력은 불가피한 일이다. 방역행정이 불확실성, 불명확성 가운데 이뤄지는 만큼 시민사회와의 교류를 통한 현장에서의 점진적, 부분적 수정과 보완은 불가피한 과제로 제기된다. 정부가 아무리 좋은 방역 대책을 내놓는다고 하더라도 이를 최종적으로 구현하는 현장은 시민사회라는 뜻이다. 사회적 거리 두기에 맞추어 재택근무, 원격 구매, 원격 수업 등을 구현하는 일은 바로 시민 개개인의 일상적 삶이 영위되는 현장에서 이뤄진다.

그러나 시민사회와의 협력적 공조를 지향하는 경우 우선적으로 당면하게 되는 과제는 시민참여가 국가를 매개로 하는 전환 과정을 거쳐 이뤄지는 데에서 발생하는 시간의 지체가 불가피하다는 점이다. 신속성을 생명으로 하는 위기 대응 과정에서 핵심적 장애 요인이 아닐 수 없다. 국정 과정에 대한 시민참여가 용이한 것도 아니다. 특히 코로나-19로 인한 위기 상황에서는 사회적 거리 두기, 대면 접촉에 따르는 위험 요인 등으로 인해 공적 영역에서의 집회와 결사의 자유가 침해되거나 참여와 숙의에 대한 심리적 저항이 커지는 등 심각한 주저 요인이 발생하게 된다. 디지털 장치에 의존하는 참여와 숙의가 대안으로 제시되기도 하지만 참여의 비효율이나 정보처리 능력의 비대칭으로 인한 사회적 약자의 참여 능력상의 불평등 문제는 여전한 과제로 남는다. 숙의 없는 참여가 협력적 거버넌스의 본질을 위협할 것은 정한 이치나 같다. 시민사회 구성원이라고 해서 집단 이익을 우선하거나 민의를 왜곡하고 권한과 책임의 분리를 통해 무임승차에 나서고자 하는 등 재난이기주의의 함정에 빠지지 말라는 법도 없다. 시민사회의 사회적 규범 정립에 대한 수요는 오히려 더 커진다는 뜻에 다름 아니다. "사회적 위기"의 발로를 말한다.

이는 코로나-19의 창궐로 인해 인류 문명이 가히 "총체적 위기"에 직면하게 되었음을 뜻한다. 실제로 근대 문명을 선도해 왔다는 대부분의 서구 선진국들조차 코로나-19의 질곡으로부터 헤어나지 못한 채 혼란과 실패를 거듭해 왔다. 이런 와중에 한국은 코로나-19 대응의 방역과 치료에 있어 선도적 수범을 보인 것으로 평가된다. 당연히 그 원인을 규명하는 일이 이 시대를 살아가는 사회과학자에게 주어진 숙제임은 분명하다. 그에 따라 여기에서는 이런 총체적 위기의 근인이 서구적 편견 또는 근대 문명기의 편향성 가운데 하나라고 할 수 있는 과학주의, 합리주의, 이성적 담론을 선제적으로 가정하는 데에서부터 비롯된 것이라고 보고자 한다. 아니 한국의 성공 요인은 바로 이런 선험적 가정에서 벗어나 온정주의, 감성주의, 이해관계보다는 헌신과 희생을 강조하는 데에서 비롯되었다는 판단에 이르게 되었다. 한국의 가족주의에 주목하는 이유다. 이는 단순히 한국형 방역의 근인을 밝히는 데 머무는 것이 아니라 거기에서 더 나아가 근대 문명의 대안 모색에 대한 단초를 여는 시발점이 될 수도 있다는 사실에 주의를 환기하고자 한다. 이미 후기 근대사회에 들어서면서 과학주의, 이기주의, 개인주의, 계약주의, 기계론 등에 기초한 근대 문명의 수명이 다했다는 진단은 일찍부터 나와 있었다. 다만 그의 변증법적 대안이 무엇이냐에 대한 궁금증과 암중모색의 과제가 남아있는 터였다. 그런 점에서 코로나-19의 대응 과정에서 한국 사회가 보여준 대안의 비중은 결코 가볍지 않다. 지식 수입국으로 살아온 우리로서는 이를 지구 중심적 관점에서 해석하고 평가하며 공유하는 과제가 또 다른 차원의 책무로 남겨져 있음을 고백해야 마땅한 일이다. 그런 점에서 이 책은 단순히 국내 독자만을 대상으로 기획되지 않았다. 그런 까닭에 영국의 라우틀리지(Routledge) 출판사에서 『코로나-19, 가족주의 그리고 한국의 거버넌스(COVID-19, Familism and South Korean Governance)』라는 제목으로 영문판의 출간을 앞두고 있다. 지구촌 거류민 모두와의 공감을 겨냥하는 까닭이다. '총체적 위기'는 우리에게 있어 '총체적 기회'일 수도 있다는 믿음 앞에 서 있음을 밝히고자 한다. 독자 제현의 뜨거운 지지와 함께 따가운 질책과 혹독한 고언을 기대하는 이유이기도 하다. 어려운 출판 환경에도 불구하고 흔쾌히 출판을 결심해 준 박영사의 관계자 여러분께 감사의 말씀을 전한다. 한국인의 다음 세대를 이어갈 손자, 손녀인 정원, 서준, 하윤의 앞날에 뜨거운 축복이 함께 하기를 기원한다.

(『코로나-19와 한국의 거버넌스』 서문, 2021.06.30.)

코로나-19 이후 뉴노멀 시대의 국정 관리 방향과 과제

코로나-19 사태는 우리에게 많은 것을 되돌아보게 한다. 그 가운데 하나가 서구 문명 우월주의이다. 그동안 서구식 민주주의의 절대적 우월성에 대해서는 의심의 여지가 없는 것으로 간주되었다. 그러나 코로나 사태에 대응하는 서유럽 여러 나라의 무기력 내지는 무능력에 접하면서 과연 서구식 민주주의가 유일한 대안인가에 대해 다시 생각해 보게 된다. 그렇다고 해서 중국식 전제주의 체제가 코로나 대응에 효율적이었다는 평가는 본말을 전도해도 이만저만이 아니다. 중국식 은폐 체제가 과연 효율적인지도 의심스럽지만 국민의 기본권을 무시하는 효율성이란 도대체 누굴 위한 것이냐의 힐문에 봉착하게 되기 때문이다.

지구촌을 지배해 온 이들 양대 체제의 정당성 여부에 대해 비판적 검토가 제기되는 가운데 코로나 사태에 대한 한국의 대응 양식이 세계적인 주목을 받고 있다. 반갑고 고맙지 않을 수 없다. 혹자는 이를 두고 동아시아 민주주의의 승리라고 평가하기도 한다. 수입된 서구식 민주주의와 국가 중심의 애국정신에 기초한 유교의 국정 철학이 결합한 결과라고 말하기도 한다. 한국의 경우 시민의 자구적인 노력과 정부의 관료적인 대응이 시너지 효과를 낸 것은 틀림없다. 그러나 그렇다고 해서 결코 한국이 국가중심주의를 수용하거나 지지했기 때문에 생겨난 결과라고는 여겨지지 않는다.

오히려 잦은 동란을 겪는 과정에서 정말로 심각한 위기에 처했을 때 국가는 별로 의지할 만한 안전판이 되지 못한다는 경험과 깨달음이 축적되면서 국민 스스로가 자구적인 조치에 나서도록 자신을 독려한 결과가 아닐까. 이 점은 서구의 민주주의가 제대로 작동하지 않는 현상과 대비된다. 서구의 경우 봉건 체제에 대한 시민혁명을 통해 국가권력의 중추가 시민사회로 이동한 이후 국가는 시민우선주의를 실천하는 보루로 활동해 왔다. 정부에 대한 신뢰가 쌓이면서 사회가 위기에 처할 경우 당연히 정부가 나서서 해결해 줄 것이라는 믿음이 축적되었다. 국가에 대한 믿음이라는 마음의 행로가 일상을 통해 훈육되어 있다는 뜻이다. 이런 곳에서 예상과 달리 정부가 현안 해결에 무력해지자 서구사회의 보통 사람들로서는 사회적 아노미에 빠지지 않을 수 없게 되었다.

곱게 자란 귀한 집 자식이 환란을 만나 허둥대는 데 반해 신고를 겪으며 자란 집 아이가 세파를 헤쳐 나가는 데 있어 자생력이 훨씬 더 클 것은 당연한 이치다. 어려운 집에서는 가장에게만 모든 걸 기대려 하지도 않는다. 온 가족이 힘을 합쳐 난관을 극복해 나가려 하기 마련이다. 그런데 우리가 가장에게만 모든 걸 맡길 수 없다는 각성을 갖기 시작한 것은 사실 어제, 오늘의 일이 아니다. 코로나 사태가 아니더라도 이미 근대적 의미의 행정국가는 더 이상 후기 근대사회를 견인할 수 없다는 평가가 진작에 나와 있었다. 국민, 주권, 영토를 지배하는 최고 고권에 의존하는 근대의 민족국가로는 당연히 정보사회 이후의 지구화 시대에 발생하는 탈영토적 현상에 대응하기가 마땅치 않다. 그렇다고 해서 신자유주의에 기초한 지구화 시대의 초국적 압력에 개별 민족국가가 대처해 나가는 일도 쉽지 않기는 마찬가지이다.

또한 코로나 대응에 한국이 비교적 선방한 이유는 관료 조직이 효율적으로 작동한 탓이라는 주장도 있지만 관료제라면 서유럽을 따라잡을 수 없다. 서유럽이 관료제의 본향인 탓이다. 더 나아가 관료제의 역기능 내지는 관료제와 시대 상황의 부조화가 엮어 낸 결과가 오늘날의 서유럽이 겪는 좌절의 근인이라고까지 말해야 하는 것은 아닐까? 인류는 이미 국가가 더 이상 이성적 판단의 주체도 효율적 집행의 관리자도 될 수 없는 시대에 진입해 있다. 국가의 사회문제 해결 능력 결핍이 뉴노멀인 시대인 만큼 새로운 공공 문제 해결 대안을 모색하는 일이야말로 오늘날의 지구촌이 당면한 최우선적 과제가 되어 있다. 그런 점에서 코로나 대응 과정에서 한국이 보여준 국가와 시민사회 사이의 협력적 공조 체제는 후기 코로나 시대를 대응해 나가는 대안을 제시했다는 점에서 그 의의가 결코 작지 않다. 무엇보다도 국가에 대한 지나친 기대나 의존성으로부터 탈피해야 한다는 암시는 시사하는 바가 매우 엄중하고 또 근원적이다.

정보화 사회 이후 시민은 이제 미성년자가 아니다. 국가가 더 이상 무오류의 주체도 아니다. 이런 시대를 살아내라는 것이 후기 코로나 시대가 우리에게 주문하는 것의 본질인 셈이다. 바로 이 지점에서 코로나 사태 대응 과정에서 한국이 보여준 국정운영의 새로운 패러다임은 탈서구 문명 시대를 선도한다고 해도 결코 부족함이 없을 것 같다. 다만 우리가 우리 스스로를 그렇게 바라볼 수 있는 자존감을 충분히 지니고 있느냐는 또 다른 차원의 과제로 남아 있다. 그러나 지금껏 지구촌을 조타해 온 서구 문명 우월주의가 스스로 스러지고 있다는 사실의 폭로를 더 이상 미루어야 할 이유는 없게 되었다. 이런 경우 물이 들어올 때 배를 띄워야 한다는 생각이 드는 건 어쩔 수 없다. 서구중심주의에서 벗어나 우리의 프레임을 통해 세상을 바라보는 일에 한 걸음 더 나서 보기로 하자.(2020.09.10.)

코로나-19 시대의 위험 커뮤니케이션

사스, 메르스, 에이즈, 코로나-19같이 전 지구적인 확산성이 높은 전염병의 창궐 빈도가 높아지면서 국정운영에서 위험 커뮤니케이션(risk communication)이 차지하는 비중과 수요가 커지고 있다. 지금까지는 위험이란 객관적, 과학적으로 존재하는 것이라고 믿어 왔다. 그런 만큼 위험에 대처하기 위해서는 먼저 과학적 분석이 선행되어야 한다고 보았다. 당연한 일이다. 그러나 아무리 과학적 정보가 객관적으로 존재한다고 하더라도 이를 일반 대중이 어떻게 이해하고 수용하느냐에 따라 반응의 양식이 달라지고 그 결과 실질적인 위험의 정도가 결정되기 마련이다. 위험은 위험 자체보다 그 위험을 일반 대중이 어떻게 인식하고 대응하느냐에 따라 그 실체가 결정된다는 뜻이다. 따라서 위험에 처할수록 일반 대중을 어떻게 설득하고 이해시키며 신뢰를 얻느냐가 보다 중요한 과제가 된다. 일반 대중을 상대로 하는 위험 커뮤니케이션에 주목해야 하는 이유다.

이런 탓에 최근 들어 급성 전염병이 전 지구적으로 확산되는 빈도가 높아지자 위험 커뮤니케이션에 대한 수요가 커지고 있다. 그런데 급성 전염병이 최근에 크게 확산되는 데에는 여러 요인이 작용하고 있다. 정보화 사회, 지구화 시대의 도래로 인해 외국에 대한 정보가 신속하고, 정확하며, 또 경제적으로 전달되면서 다른 나라에 대한 관심이 높아지고 그 결과 해외여행이나 이민같이 한 나라의 경계를 넘어 생활하는 일이 급진적으로 확대되기에 이르렀다. 비행 기술이 발달하면서 해외여행 비용이 낮아지고 그 결과 해외 관광객이 급속히 신장하는 변화도 낳았다. 여기에 더해 지구촌 중진국 경제가 발달하면서 해외여행이 가능한 경제 인구의 규모가 커졌다는 점도 간과할 수 없는 사실이다. 여기에 더해 동서 냉전 시대가 끝나고 사회주의 국가권이 몰락한 이후 정치적 자유의 공간이 넓어지고 여행 대상 지역이나 여행의 자유 자체가 확대되고 있다는 점도 유의해 볼 일이다. 신자유주의 체제의 등장 이후 경제활동의 범지구화가 촉진되면서 국가 간 이동을 전제로 하는 생산의 국제 분업이 확대되고 그 결과 국가 간 상호 의존도가 높아졌다는 점도 무시할 수 없다.

이렇듯 국경을 넘는 국가 간 상호 의존도가 높아지는 상황에서는 감염병 확산과 관련한 위험 커뮤니케이션을 이제 단순히 자국민만을 상대로 하는 일국주의 경계 내의 과제로 다룰 수는 없게 되었다. 한 나라의 정부가 다른 나라 국민의 보건 위생에 간여해야 하는 새로운 현상이 대두되고 있다. 위험 커뮤니케이션의 지구화(globalization)가 불가피하게 되었다는 뜻이다. 당연히 보건 위생상의 기술적 필요성 때문에 제기되는 과제이다. 전염병이 국경을 넘는 확산성을 지니고 있는 만큼 자국민의 방역을 위해 다른 나라 국민을 상대로 보건 위생상의 필요 정보를 공유하는 일은 불가결적인 과제가 되었다. 또한 다른 나라 국민의 보건 위생을 염려하고 배려하는 경우, 이런 대응이 다른 나라 국민에 미치는 정치적 영향도 적지 않다. 흔히 지구화 시대는 강성 외교(hard diplomacy)에서 연성 외교(soft diplomacy)로 전환하는 특성을 지녔다고 말한다. 이런 때 어느 나라의 정부가 다른 나라 국민을 상대로 보건 위생 관련 위험 커뮤니케이션에 나선다면 매우 영향력 있는 공공 외교(public diplomacy) 효과를 낳게 된다. 그런 점에서 위험 커뮤니케이션을 발송하는 국가의 이미지 즉, 국가 브랜드를 관리하는 연성 권력(soft power)의 확장 효과를 동반하게 된다. 인본주의(humanitarianism) 시각에서 보더라도 당연히 권면할 만한 일이다. 지구공동체의 구성원은 누구나 일반성의 원칙, 비례성의 원칙에 따라 인간애를 발휘해야 하는 윤리적, 도덕적 책무가 있다. 그것이 인간을 다른 동물과 구분하는 결정적 요인으로 이해된다. 앙리 뒤낭이 솔페리노 전쟁에서 프랑스 군인이냐, 오스트리아 군인이냐를 가리지 않고 부상병을 치료하라고 시민들에게 요구하면서 국제 적십자 운동을 창시한 데에서 그 구체적인 사례를 찾아볼 수 있다. 바로 이 적십자 운동의 정신이 구현되어야 한다는 뜻이다. 신자유주의(neo-liberalism)의 시각에서 보면 지구 질서가 소수의 패권국가를 중심으로 영향력의 차등화, 계서화가 이뤄지는 국제 레짐의 형성을 낳았다. 그에 따라 이런 급성 국제 전염병에 대한 대응 능력과 의지에서도 국가 간 차등화가 불가피하게 되었다. 따라서 이를 보완하거나 시정하기 위한 조치로 다른 나라에 대한 위험 커뮤니케이션을 강화하는 일은 지구 질서의 구조적 왜곡을 시정하는 조치 가운데 하나로도 이해된다. 이는 또한 재난 외교(disaster diplomacy)의 효과를 유발하기도 한다. 국가 간 분쟁이나 대화의 단절 같은 갈등 상태에 있다가도 이런 전염병의 창궐로 인해 국가 간 협력에 의한, 국가의 경계를 넘는 위험 커뮤니케이션이 이루어지는 경우 기존의 갈등 관계를 해소하거나 대화를 개진할 수 있는 전기를 마련할 수도 있기 때문이다. 그러나 재난자본주의(disaster capitalism)를 추구할 개연성에 대해서는 이를 경계해야 마땅한 일이다. 전염병 창궐에 대응하기 위한 의약품, 의료진, 의료시설, 보건 피알(PR) 기술 등의 제공을 빙자해서 제공 국가의 기업 이익을 우선적으로 보장하기 위한 경제적, 자본주의적 필요에 따라 위험 커뮤니케이션에 나서는 일은 이를 피해야 한다는 뜻이다.

그러나 위험 커뮤니케이션을 비판 이론(critical theories)의 관점에서 보면 긴급한 인류 공통의 절박한 과제를 제쳐두고 대증 치료 내지는 현안 해결 중심의 접근에 나섬으로써 결과적으로는 현재의 신자유주의 체제에 의한 국제 레짐의 불평등성, 불공정성 등을 시정하고자 하는 욕구나 필요성에 대한 경각심을 둔화시키게 되고, 그 결과 국제적 패권 질서의 현상 유지나 재생산에 기여한다는 비판을 면하기는 쉽지 않다. 이런 부정적 평가는 지구화 시대에 이뤄지는 범지구 차원의 위험 커뮤니케이션을 누가 주도하는 것이 타당한가의 문제를 제기한다. 지금까지 한 나라의 위험 커뮤니케이션은 당연히 정부가 주도한다는 인식이 보편화되어 있었다. 그러나 이런 급성 전염병의 경우, 다른 나라를 상대로 하는 위험 커뮤니케이션을 정부가 주도하면 다른 나라 정부가 이를 국가의 권위 내지는 프라이드에 대한 도전 내지는 손상의 문제로 받아들일 위험성이 작지 않다. 그렇기 때문에 2005년 허리케인 카트리나 사태 때 미국 정부가 외국 정부의 재난 구호 지원을 수용한 것은 매우 이례적인 일로 받아들여진다. 또한 정부가 주도하는 경우 관료적 질서의 비효율로 인해 신속, 정확, 경제적인 위험 커뮤니케이션의 발현이 곤란해질 가능성도 있다. 잘못된 보건 위생 정보의 제공이 이루어지는 경우 국가 간의 분쟁이나 책임의 문제로 비화할 우려도 있다. 권위적인 정부, 비민주 국가의 경우에는 정부의 발표에 대한 자국민은 물론이고 지구공동체 전체의 신뢰가 매우 낮기 마련이다. 특히 이런 긴급 재난 사태의 경우에는 정부의 정보 통제가 심하고 왜곡된 정보의 제공 가능성이 커진다는 인식이 보편화되어 있다. 이런 점들을 고려하여 정부가 위험 커뮤니케이션을 주도하는 것은 바람직스럽지 않다고 보는 것이 보통이다.

그러나 그럼에도 불구하고 정부가 주도해야 하는 이유 가운데 하나는 우선 더 이상 자국민이 자국 내에만 상주하지 않기 때문이다. 정보화, 지구화 시대의 도래로 인해 자국민의 해외여행이나 이민이 보다 빈번해지면서 다른 나라의 전염병 발생 지역에 자국민이나 자국민의 가족이 이민자 형태로 체류하고 있을 가능성이 커지게 되었다. 더 이상 다른 나라의 일로 치부하고 방관할 수 없는 시대에 들어섰다. 국민의 보호가 정부의 책임이라는 점은 췌언을 요하지 않는다. 더욱이 정보화 시대의 도래로 인해 정부의 정통성에 대한 피알(PR) 효과가 증폭되는 시대에 살고 있다. 실시간으로 CNN이 전세계적으로 위험 커뮤니케이션의 발송 사실을 확산시킬 것은 뻔한 일이다. 유튜브를 비롯한 다양한 형태의 SNS가 이를 거의 실시간으로 중계할 것도 물론이다. 이런 때 정부가 제공하는 정보라야 사회적인 신뢰도가 높을 가능성이 크다.

그러나 정부 대신 시민사회단체(NGO)가 위험 커뮤니케이션을 주도할 경우 먼저 위험 커뮤니케이션의 순수성에 대한 의구심을 배제할 가능성이 커진다는 이점이 있다. 정부가 주도하는 경우에는 프로파간다의 한 양식이라는 의심에서 벗어나기 쉽지 않다. 자기 정부의 피알 활동 가운데 하나라는 의심이 항상 따라다니기 마련이라는 뜻이다. 특히 전문가 중심의 NGO에 의한 위험 커뮤니케이션은 오히려 전문성에서 정부를 능가하거나 보다 신속하고 적극적이며 효과적일 수도 있다. 자발적 활동임으로 헌신성이나 사해동포주의, 인본주의 등에 있어 훨씬 더 유리할 것이기 때문이다. SNS 같은 정보통신기술의 발달로 인해 다른 나라 정부의 협력 여부에 관계 없이 다른 나라 국민을 상대로 직접 위험 커뮤니케이션에 나설 수 있게 되었다는 사실도 감안해 볼 점이다.

그러나 이 경우 초기 정보에 대한 접근권이 차단되거나 위험을 무릅쓰는 상황에 대해 정부가 개입 금지 조치를 취할 가능성이 있다. 이런 NGO 활동에 대해 다른 나라 국민의 수용 태도가 상대적으로 취약할 가능성도 열려 있다. 특히 사회자본의 축적 정도나 NGO 활동이 미약한 저개발 국가의 경우 그럴 가능성이 훨씬 더 크다. NGO의 부패, 무책임, 책임 추궁의 곤란성 등도 문제다. 이런 점을 고려해 보면 NGO 가운데에서도 평소에 위험 커뮤니케이션을 전문적으로 다루는 국제 NGO를 설치해서 운영해 두었어야 한다는 반성을 하지 않을 수 없게 된다. 또는 기존의 보건 관련 국제기구에 위험 커뮤니케이션 담당 부서를 보다 더 확대 강화해 두었어야 하는 일이기도 하다. 그런 기구에 대한 시민참여 공간을 제도화하고 확대 강화해 왔어야 할 것도 물론이다. 이는 정부와 시민사회 간의 협력적 지구 거버넌스(collaborative global governance)에 의한 위험 커뮤니케이션이 요구된다는 의미에 다름 아니다. 이럴 경우 지구 정부 구성의 초기적 현상을 시사하는 바가 작지 않다. 물론 신속 대응을 생명으로 하는 만큼 평소에 긴급 대응 체제가 갖추어져 있어 권위 있는 정보를 적시에 제공할 수 있어야 할 것은 췌언을 요하지 않는다. 이런 점을 감안하여 비록 이번의 감염병 사태가 종료된다고 하더라도 이후 지속적으로 후속 조치를 취해 상시적인 대응 체제를 갖추어 나가도록 해야 할 것이다, 위기에서 배우자는 뜻이다. 위기는 위험이지만 동시에 기회이기도 하다고 하지 않았는가?(2020.06.20.)

국가미래전략위원회의 설치를 제안한다

1. 뉴 노멀 시대의 신질서 구축 과제

코로나-19는 지구촌 전역에 걸쳐 문명사적 차원의 재앙을 불러왔다. 근대 문명이 유지해 온 기성의 질서를 파괴하고 지구촌 거류민이 누려온 일상의 안온함을 걷어냈으며 순율주의에 의존해 작동하는 미래에의 조망력을 한순간에 무력화시켰다. 아니 당장 눈앞에 닥친 감염병 차단 문제만으로도 지구촌 전역은 고통과 신음으로 영일이 없다. 예방약도 치료제도 없는 탓이다. 그러나 역설적으로 이 문명사적 차원의 불행이 우리에게는 새로운 기회의 창을 열고 있다. 코로나-19 사태에 대한 적극적 대처와 그에 따른 지구공동체의 긍정적 평가가 지구촌에서 누리는 우리의 위상을 상향 조정하고 있으며 인류의 새로운 미래를 선도해야 한다는 전대미문의 책무를 부여하고 있다.

미국 하와이대학교의 미래학자 데이터 교수는 한국이 이런 기회를 놓쳐서는 안 된다면서 '3가지의 도전'을 주문한 바 있다. 첫째, 더 이상 선진국을 따라가지 말고 스스로 선도국가가 되고자 노력해야 한다. 둘째, 지금껏 한국을 발전시켜 온 경제와 정치의 논리가 미래에는 통하지 않을 것이니, 21세기 한국에 어울리는 새로운 길을 찾아야 한다. 셋째, 더는 기존의 동맹 관계에만 의지하지 말고, 외교를 다극화해서 협력의 공간을 넓혀야 한다는 것이다. 더 이상 주변국 내지는 종속변수로 남아 다른 이를 추종하며 살지 말고 지구촌 선도국가가 되어 스스로를 견인해 나가라는 말에 다름 아니다. 한국적 표준을 지구 질서의 기준점 삼아 인류 문명의 일상을 재편해 나가라는 뜻으로 해석되기도 한다.

그렇다. "미래는 예측하는 것이 아니라, 꿈꾸고 만들어 가는 것"이라는 말도 있고 "위기는 위험이자 기회"라는 말도 있다. 비록 코로나-19로 인해 지구촌 거류민 모두가 어려움을 겪고 있는 것이 사실이기는 하지만 우리가 원했건 또는 원하지 않았건 우리로서는 이를 그냥 공감하거나 동조하는 것만으로는 자기 책임을 다하기 어려운 지점에 서게 되었다. 문명사적 전환기의 선도자 역할을 감당해야 하는 책무를 짊어지고 나서야 한다. 전(全) 정부적으로 미래 전략을 개발하고, 보다 적극적으로 현안 과제에 대응해서 인류 문명의 새 길을 여는 일에 앞장서야 한다. 그렇지 않아도 오늘날 지구촌이 당면한 과제는 실로 다차원적이고 또 본질적인 변화를 주문하는 성격을 지녔다. 가히 총체적 변화와 개혁에 대한 수요가 누증해 있다는 뜻이다.

코로나-19가 아니더라도 지구촌은 이미 신질서 창출에 대한 수요가 턱에 차 있던 터다. 합리주의, 이성적 판단, 기계론, 논리실증주의에 토대를 둔 근대 문명이 수명을 다했다는 인식은 이미 여러 곳에서 제기된 바 있다. 문화적으로는 비대면사회에 대한 수요와 실현 가능성이 그 어느 때보다도 커져 있다. 정보화 사회가 도래하면서 재택근무, 재가 학습, 온라인 구매, 심지어 가상 관광도 불가역적 경향성으로 자리 잡았다. 여기에 더해 코로나-19가 사회적 거리 두기를 강요하면서 비대면사회라는 신질서 창출 수요는 폭발적으로 증대하게 되었다. 경제적으로는 신자유주의의 강퇴가 불가피한 경향성으로 자리 잡았다. 세계 시장 경제 체제가 국가 간 빈부의 격차와 국내 계층 간 차등을 심화시키면서 신질서 모색에 대한 요구가 이미 팽대해 있다. 여기에 더해 코로나-19로 인한 국가 간 거리 두기 내지는 국경 폐쇄가 불가역적 과제로 제기되면서 신자유주의의 대안 모색에 대한 압력이 폭발적으로 증대하게 되었다. 사회적으로는 AI 시대가 급진전하고 있다. 이미 4차 산업혁명에 진입하면서 인공지능이 빠르게 인간을 대체하고 있던 터였다. 인공지능, IoT, 클라우드 컴퓨팅, 빅데이터 등으로 인해 '기계 근육'의 시대로부터 '기계 두뇌'의 시대로 급격히 이동하고 있다. 이로 인해 일자리가 줄어들 것이라는 사회적인 우려도 그 어느 때보다도 커져 있다. 여기에 더해 코로나-19로 인해 인간이 질병 확산의 숙주로 평가되면서 인간 대신 인공지능에 대한 수요가 폭발적으로 비등하게 되었다. 국제정치적으로는 미국 중심의 패권적 일극 체제가 붕괴하고 중국을 중심으로 하는 신생 패권국가로부터의 지도력 분점에 대한 요구가 비등하고 있다. 미국의 지구촌 방역 선도력이 도전받게 되면서 지구 질서 재편에 대한 요구가 커질 것은 당연한 이치이다. 정치적으로는 국가가 더 이상 혼자서는 사회 문제를 해결할 수 없으며 시민사회의 참여 비중을 확장해야 한다는 주문이 확대일로에 있다. 국정운영은 이제 더 이상 정부가 일방적으로 끌고 가는 '경작 활동'이 아니며, 시민사회와 협력하는 가운데 현안에 조응해 나가는 '항해 활동'으로 대체되어야 한다는 주문이 비등하고 있다. 시민사회 자체가 질병의 확산과 매개 그리고 치료의 현장이라는 점에서 시민사회가 한 나라에서 차지하는 비중이 급격히 신장되고 있다.

이로 인해 경제적으로는 이미 기존의 세계 시장 질서가 무너지고 있는 만큼 이 시대가 요구하는 블루오션이 무엇인지를 고민하고 창조적으로 새로운 시장을 개척해 나가야 하는 과제가 제기되어 있다. 문화적으로는 근대 문명을 기준율 삼는 고식적 인식 프레임에 의한 포획 상태에서 벗어나 문명의 새 장을 여는 일에 앞장서야 하게 되었다. 국제정치적으로는 서유럽 우월주의가 도전받고 있다는 사실에 조응해서 새로운 질서 재편의 가능성이 그 어느 때보다도 커져 있음을 직시하고 질서 재편의 주역으로 나서야 한다는 요구가 절절하다. 정치적으로는 코로나-19의 대응 과정에서 국가의 권위 유실이 범지구적 현상으로 드러난 만큼 공공 문제 해결을 위한 대안의 모색에 시급히 조응해 나가야 한다. 국내적으로는 만성적인 정치사회적 갈등과 함께 코로나-19로 인해 심신이 지쳐 있는 국민들에게 새로운 희망의 메시지를 전달할 수 있어야 한다. 지금처럼 진지전에 매달려 극심한 갈등과 대립을 거듭하거나 매일 매일의 국정 현안에 빠져 미봉적 대처로 일관해서는 안 된다. 급변하는 지구촌 현실을 직시하고 새로운 밑그림을 그리는 일에 매진해야 마땅한 일이다.

2. 어떻게 대응할 것인가?

이런 점을 감안해 보면 나라의 미래 전략을 개발하고 지구촌 신질서 개척을 최우선적인 국정 과제로 삼아야 할 것은 불가역적인 당위가 아닐 수 없다. 가칭 '국가미래전략위원회' 같은 기구를 설치해서 코로나-19 사태 이후 전개될 위기의 일상화 시대에 조응하기 위한 범정부적인 노력을 전개해 나가야 마땅한 일이다. 거국적으로 정보와 지혜를 모아 지구촌의 미래사회에 대한 밑그림을 그리는 일에 나서야 한다. 이를 위해서는 전 정부적인 차원의 역량을 총동원한다는 뜻에서 이 기구를 국무총리 소속으로 하되 국무조정실에서 관장하도록 하여 범정부적인 행정 지원과 관리가 가능케 해야 한다. 과제의 성격 자체가 민간의 역할 비중이 클 뿐만 아니라 국가중심주의의 한계에 대한 대응의 수요도 동반하고 있는 만큼 기구의 성격을 민관 협력 기구로 하여 기업과 시민사회의 참여를 크게 확대하는 일에도 유의할 필요가 있다. 앞으로의 사회에서는 민간의 역할 비중이 커질 수 밖에 없다. 기업을 파트너 삼아 국정운영의 새로운 모델을 제시하려는 노력은 이미 여러 곳에서 시도되어 왔다. 미국의 캘리포니아 주에서는 캘리포니아를 위한 중장기 기획위원회(Think Long Committee for California)를 설립하고 미래사회의 수요에 대응하고자 했다. 이 위원회는 기업가의 제안으로 설치되었으며 기업인의 헌금을 토대로 구성, 운영되고 있다. 공적 과제를 다루면서 사적 영역의 자원과 에너지가 그 토대로 작동하는 시스템인 셈이다. 그렇다고 해서 기구 설립의 본래적인 목표가 공익의 신장에 있다는 점은 췌언을 요하지 않는다.

3. 국가미래전략위원회의 구성과 운영

이를 위해서는 국가미래전략위원회를 구성하여 운영하도록 하되 아래의 역할에 주력하도록 해야 한다. 1) (국정 철학의 개발) 근대화 이후 유지되어 온 국정운영의 기본 가치 체계를 점검, 평가하고 새로운 인류 문명을 견인해 나가는 데 필요한 시대 정신을 개발, 선도한다. 2) (국가 전략의 수립) 코로나-19 감염병 확산 이후의 세계에 대한 국정운영 전략을 모색한다. 이는 비대면 사회와 AI 시대의 도래로 인해 정부의 운영 양식 개선, 사회 체계 개편, 신산업 분야 개발 등에 대한 수요가 커져 있고, 방역 의학, 신약 개발 등을 비롯한 의료 산업 분야가 새로운 먹거리로 부상하고 있다는 사실을 반영하고자 하기 때문이다. 3) (기획 · 조정) 부처별로 분산된 미래전략 관련 정책 과제를 종합적으로 기획, 조정하고 유기적으로 연계하는 기능을 수행하도록 한다. 미래전략 관련 정책을 다수 부처에서 분산, 추진함으로써 발생하기 쉬운 총괄 조정 기능의 결여를 보완하여 정책의 일관성 유지 및 비효율 증가에 대처하도록 한다. 선진국은 이미 10여 년 전부터 범정부적인 차원에서 미래전략을 개발해 왔다는 사실을 감안하여 이를 만회하자는 것이기도 하다.

이런 목적의 달성을 위해서는 아래와 같은 기구를 구성하여 운영할 것을 제안하게 된다. 고도로 축적된 분야별 전문 지식과 정보를 동원해야 한다는 점에서 국가미래전략위원회의 조직 편제는 위원장과 위원으로 구성하되 기관 산하에 실무운영위원회, 전문위원회 및 특별전문위원회를 두도록 한다. 각 위원회는 간담회의 운영, 기업 및 지역과의 연계 활동, 외국 정부나 국제기구 등과의 정보 교류 등을 통해 위원회 소속 위원들이 미래전략 관련 정책의 전도사 역할을 수행할 수 있도록 지원한다.

1) 실무운영위원회의 구성 및 운영

위원회 심의 안건의 사전 검토, 부처 간 이견 조정 등 위원회의 효율적 운영을 위해 실무위원회를 구성·운영한다. 실무위원회임으로 의결 기능은 없고 다만 실무 차원의 조언을 제공하도록 한다. 이를 위해 국무차장을 위원장으로 하고, 중앙행정 기관의 고위공무원 및 미래전략기획단장(간사)을 당연직 위원으로 삼는다. 다만 필요하다고 판단되는 경우 전문위원, 분야별 전문가 등을 참석케 하여 의견을 들을 수 있다.

2) 전문위원회의 구성 및 운영

미래전략과 관련하여 5개 분야로 나누어 전문위원회를 설치, 운영한다. (1) 의료산업 진흥위원회는 바이오, 신약 개발, 의료 장비, 방역 산업 등 코로나-19 감염병 대처 과정에서 획득한 신뢰를 바탕으로 약학 분야에서 신산업 영역을 개척하도록 지원한다. (2) 비대면사회 대응위원회는 코로나-19 사태 이후 제기되고 있는 재택근무, 택배 산업, 원격 교육, 원격 의료, 재택 경제 등 비대면사회 구현 관련 과제의 발굴 및 창조적 대응 업무를 다루도록 한다. (3) IT 융합 사업 추진위원회는 AI 기반 지능 정부의 구현처럼 AI 시대가 필요로 하는 신산업 분야를 개척하고, 새로운 먹거리의 창출을 모색한다. (4) 지구경영 선도위원회는 국정운영의 패러다임 자체를 지구촌을 선도하는 데에 두고 이에 맞추어 국정 전반을 재정비하는 것은 물론 국제 NGO의 주도 및 지구시민사회의 선도 등에 필요한 전략을 개발, 지원하도록 한다. (5) 협력적 거버넌스 혁신위원회는 국정 운영 과정에 대한 시민참여의 제도화, 개방화를 모색한다. 이를 위해 월 1회 회의를 개최하도록 하며, 위원장은 전문위원 중에서 위촉하고, 역할의 중요성을 감안하여 임기를 2년으로 하여 2년마다 새로 임명하도록 한다.

3) 특별전문위원회의 구성 및 운영

특별전문위원회의 위원장 및 위원은 위원장이 사안의 특수성과 전문성을 고려하여 해당 분야 전문 지식과 경험이 풍부한 자 중에서 위촉한다. 미래전략 정책과 관련하여 긴급 사항에 대한 전문적 검토가 필요한 때 한시적으로 구성해서 운영할 수 있도록 한다.

이러한 위원회들의 효과적인 운영을 위해서는 아래와 같은 과제에 주력하도록 한다. (1) (비전 제시) 코로나-19 사태 이후의 사회에 대응하기 위한 기본 계획 및 시행 계획을 수립함으로써 국가 발전의 중·장기 비전 및 로드 맵(road-map)을 개발, 제시하도록 한다. (2) (민간 참여) 국가와 시민사회 간의 협업 체계 구축은 코로나-19 사태 이후의 시대적 특성이 요구하는 국정운영의 대안이다. 이를 위해 민간이 참여하는 '미래전략포럼'을 상시 운영하고, 분야별 전문위원회(5개 분야, 최대 75명)를 중심으로 정책 현안을 논의하도록 한다. 이는 민간의 창의성과 효율성을 통해 주요 이슈에 대해 적시에 대응하고자 하기 때문이다. (3) (성과 지표) 주요 분야별로 측정 가능한 성과 지표를 개발하여 정책 효과를 주기적으로 점검, 평가하고 문제점을 분석하여 개선해 나가도록 한다. (4) (동향 파악) 세계 각국의 코로나-19 사태 이후의 사회에 대응하는 제도의 변화, 특히 미국, 유럽, 일본, 중국 등의 전략 추진 상황 및 산업 및 경제 동향을 파악하여 정책에 반영하도록 한다. (5) (인식 제고) CEO, 연구자, 일반 국민 등 사회 전반이 코로나-19 사태 이후의 사회 변화에 대응하는 일의 중요성을 인식하고, 일상생활 및 직장에서 실질적인 변화를 가져오도록 계도한다.

4. 커뮤니케이션 주도 및 논의의 활성화

위와 같은 과업을 보다 효과적으로 수행하기 위해서는 아래와 같은 노력을 통해 국내외 환경과의 연계 체제를 강화하고 소통을 일상화하는 노력이 경주되어야 한다. 1) (공론장의 확대) 정기적으로 미래전략 관련 분야별 간담회, 토론회 등을 개최하여 위원과 관련 부처 및 단체 간의 정보 공유 및 협력 활동을 강화한다. 대국민과의 관계에서는 다양한 미디어(신문 기고, 보도 자료 제공, 기획 보도 등)를 활용해서 미래전략을 홍보하거나, 대국민 캠페인을 벌이고, 공청회, 강연회 등을 개최하여 미래전략에 대한 사회적 인식과 공감을 동원하도록 한다. 2) (현안 논의 및 문제 해결) 미래전략 관련 민간의 우수 사례를 발굴 및 전파하고 애로 사항을 해결하는 등의 노력을 통해 민간이 미래전략 전도사로서의 역할을 보다 효율적으로 수행할 수 있도록 지원, 조장한다. 이를 위해 위원들로 하여금 미래전략 관련 강연(관련 단체,지자체,기업 등)에 나서고 보다 다양한 의견을 수렴하는 것은 물론 지역사회의 여러 자생 집단이나 단체 등과 협력을 강화하도록 한다. 3) (정보 공유 체제의 구축) 위원의 활동 역량을 강화하고, 현장성을 보완하기 위해 국내 미래전략 관련 현장을 방문(field trip)하고 관련 정보 교류 네트워크를 구축하여 상시적으로 소통하도록 한다. 외국 정부(미국, 일본, 중국 등) 및 관련 국제기구 등과의 교류를 통해 상시적으로 관련 정보를 수집하고 분석함으로써 범지구적인 대응에 유의하도록 한다.(2020.02.10.)

제 2 장

지구화 시대의 민주주의

"한류"는 어떻게 확산되었나

요즈음 우리가 지구촌 선도국 반열에 올랐다는 평가가 적지 않다. 자부심을 갖지 않을 수 없다. 그런데 이런 자부심을 얻기까지 실로 다양한 요인이 작용했다. 그 가운데에서도 한류가 미친 영향은 결코 무시하기 어렵다. 대중음악, 티비 드라마, 영화, 심지어 순수 예술에 이르기까지 우리의 문화에 대한 세계인의 관심과 지지가 예사스럽지 않게 되었다. 이런 변화는 처음 "태양의 후예", "사랑의 불시착", "꽃보다 남자" 같은 텔레비전 드라마(TV Drama)가 동남아라는 제한된 지역에서 인기를 끌면서 시작되었다. 그러나 지금은 지구촌 전역에서 우리 문화에 대한 관심이 높고 또 열렬한 지지를 받게 되었다. 우선 한국 영화에 대한 국제 사회의 호평과 인기가 대단하다. 특히 국제 영화제에서 여러 번 수상한 바 있는 봉준호, 김기덕 감독 등에 대한 평가가 남다르다. "기생충", "올드 보이", "부산행" 등이 지구촌 관객의 심금을 울렸다. "런닝

맨", "무한도전"같이 노래와 춤, 코미디 풍자가 주류를 이루는 버라이어티 쇼(Variety Show)에서도 상황은 비슷하다. 케이 뷰티(K-beauty)로 보다 더 잘 알려진 화장품이나 피부미용제의 전 세계적인 인기도 남다르다. 우리를 찾는 중국 관광객의 다수가 이들 화장품을 사러 온다는 말도 있다. "에뛰드 하우스(Etude House)", "이니스프리(Innisfree)", "라네즈(Laneige)" 등이 우리의 얼굴을 대신하는 상표가 되었다. 김치, 불고기, 비빔밥 같은 전통 음식도 범지구적인 인기를 얻기는 마찬가지이다. 지구촌 어디를 가도 한국음식점이 성업 중인 이유다. 특히 김치는 월마트 같은 미국의 일반 생활 편의점에서도 줄을 서서 사 가는 대표 상품이 되었다. 패션산업도 같다. 특히 케이팝 스타의 영향을 받아 우리의 패션이 인기를 얻으면서 서울은 이제 국제 패션의 중심지가 되었다. 패션이라면 흔히 프랑스 파리를 연상하던 이들에게는 여간 신기한 일이 아닐 수 없다. 국제 패션산업의 정보 교환 장소라고 할 수 있는 "서울 패션 위크(Seoul Fashion Week)"가 서울에서 개최되고 있다. 더욱이 광장시장이나 평화시장같이 일반 시민이 즐겨 찾는 곳이 유행의 시발점 노릇을 한다니 놀라지 않을 수 없다. 그뿐만이 아니다. 우리의 말과 글, 나아가 문화와 전통에 대한 지구인의 관심이 뜨겁다. 동남아의 많은 나라들이 한국어 교육을 필수 교과 내지는 선택 과목으로 다루고 있으며 심지어 남미에서도 우리 글을 가르치는 학교가 늘고 있고 이는 날로 확산되는 추세에 있다. 과거에는 좀처럼 상상해 보기 어려웠던 일이다.

이렇듯 한류의 태풍이 지구촌을 강타하게 된 데에는 여러 요인이 작용했겠지만 그 가운데에서도 우리의 급속한 경제 발전이 견인차 역할을 수행했다. 경제적 여유가 생기면서 고품질 문화 상품을 생산할 수 있는 사회적 여력이 만들어졌기 때문이다. 정부가 적극적으로 문화산업 진흥을 지원하고 나선 것도 여러 영향 요인 가운데 하나다. 정부가 연성권력의 중요성에 눈뜨고 문화상품의 대외 수출 가능성을 선제적으로 감지했다는 점은 여간 다행스러운 일이 아니다. 사회 저변 환경으로는 정보통신사회로의 진입이 급속히 진행되었다는 점을 들 수 있을 것 같다. 온라인 플랫폼이 사회 전 영역으로 확산되면서 영화, 음악 등의 오락 상품을 손쉽게 범지구적으로 확산, 보급하는 데에 결정적인 환경 유인 요인으로 작용했다. 온 · 오프라인 모두에서 열광적인 팬덤이나 지지자들이 생겨나고 그들이 서로 교류할 수 있는 토대가 마련된 것도 정보통신기술을 기반으로 하는 사회적 플랫폼이 다원적으로 확산되면서 가능했다. 이를 토대로 비티에스(BTS), 엑소(EXO), 블랙핑크(BLACKPINK) 같은 케이팝(K-pop: Korean pop music) 연예인들이 범지구적으로 열광적인 팬덤을 갖게 되었다. 케이 드라마(K-drama)가 여러 장르에서 독특한 내용과 이야기의 전개를 통해 많은 시청자를 동원할 수 있었다는 점도 중요한 요인이다. 그 가운데에서도 한국의 연예기획물들이 내용 구성에 있어 현대물임에도 불구하고 전통문화적인 요소를 반영하거나 삽입하는 등 한국 문화의 특성을 살리고자 노력했다는 사실은 특히 주목받아야 마땅한 일이다. 무엇보다도 한국의 연예기획사들이 해외시장의 중요성에 미리 눈뜨고 외국의 협력사들과 활동 무대의 국제화를 위해 전략적 접근을 거듭했다는 사실도 빼놓을 수 없는 중요 영향 요인 가운데 하나다.

그런데 이런 한류의 확산이 우리의 일상에 미치는 영향은 매우 다원적이고 포괄적이다. 먼저 아시아 지역의 미국 문화 편중주의를 불식시키는 데에 일조하는 결과를 낳았다. 제2차 세계대전 이후 미국의 승전과 함께 아시아의 대부분 지역이 미국 문화의 영향권 아래 놓였다. 그런 아시아 지역의 눈으로 보면 한류는 일종의 대안 문화 내지는 새로운 선택지를 제공한다는 의미를 동반한다. 캄보디아나 말레시아 같은 동남아 지역에서 특히 한류에 대한 수요가 높은 이유다. 이들 지역은 원래 인종, 언어, 종교 등으로 인해 문화적 다양성과 다원주의가 일상화되어 있어 새로운 대안 문화에 대한 수용력이 매우 크다. 한류를 수용하기가 상대적으로 수월했던 이유일 것이다. 이런 까닭으로 인해 한류는 아시아의 아시아화를 촉진하는 새로운 형태의 에너지원이라고도 말할 수 있게 되었다. 다른 한편에서 보면 개도국 여러 나라에 대해 도시문화의 한 양식을 전달하는 결과를 낳은 셈이기도 하다. 한류가 하나의 선도적인 생활 방식 내지는 자아 표현의 방편으로 작용했다는 뜻이다.

이런 변화는 당연히 아시아를 비롯한 지구촌 전역에 걸쳐 우리에 대한 긍정적 이미지를 확장하는 데에 일조했다. 제2차 세계대전 이후 최초로 수혜국에서 공여국이 된 우리를 바라보는 개도국 여러 나라의 눈길이 예사스럽지 않던 참이다. 그런 만큼 한류는 한국을 하나의 롤 모델로 삼아야 한다는 생각을 키우는 데 있어 구체적인 사실 증거로 작용했다. 한국형 발전 모델에 대한 신뢰와 기대를 불러일으키는 토대가 되었다는 뜻이다. 한류는 우리의 문화와 지도력에 대한 신뢰를 촉진하는 기폭제로 작용하여 한국이라고 하면 믿고 기대 볼 만하다는 생각을 갖게 하는 여러 이유 가운데 하나가 되었다. 이런 변화는 경제활동에도 영향을 미쳐 대외무역의 확장에 기여했다. 한류 자체를 기반으로 하는 한류 경제 내지는 한류 경영이 외화 획득의 새로운 텃밭으로 작용했을 것도 물론이다. 한국 제품에 대해 우호적인 이미지를 심어주는 것은 물론이고 나아가 한국 업체의 브랜드와 위상 제고에도 도움을 주었다. 이런 변화는 우리로 하여금 더 이상 다른 나라를 따라가지 말고 우리 스스로가 선도국이 되어 스스로 미래를 꿈꾸며 이웃과 생각을 나누고 나아가 지구 문명의 지시등이 되자는 결단을 재촉하는 촉매제가 되었다고 하여도 과언이 아니다. 아니 그렇게 되어야 마땅한 일이다.(2024.01.12.)

※ 이 글은 생전 처음 "챗 지피티(Chat GPT)"를 통해 자료와 정보를 모으고 그것을 토대로 작성해 보았다. 단순히 어느 한 사람의 개인적인 기억력이나 경험 내지는 성찰력에 기대는 것보다는 훨씬 더 다양하고 균형잡힌 자료와 정보를 수집할 수 있을 것이라고 생각했기 때문이다. "국정 평론"도 이제 새로운 전환점에 들어섰다는 생각이 드는 이유다.

내가 본 미국의 상원의원

미국에서 공부를 마치고 귀국해 숙대 교수로 일하고 있을 때였다. 미국 정치학회가 주관하는 의회 연구원 프로그램(Congressional Fellowship Program)에 선발되어 1986년 10월부터 10개월간 미국 연방의회의 윌리엄 로스(William Victor Roth Jr.) 상원의원 사무실에서 근무하게 되었다. 원래 프로그램의 취지는 미국의 정치학 중견 학자로 하여금 연방의회 운영의 현장에 접근할 수 있는 기회를 제공함으로써 의회에 대한 보다 더 실증적인 연구를 증진하자는 데 있었다. 그런 만큼 상·하 양원으로 나누어 각각 5개월씩 체험하도록 권유한다. 그러나 나는 상원만 10개월 동안 체류하기를 원했다. 5개월씩 상원과 하원으로 나누어 미국의 입법 과정을 체험하는 건 미국사회 밖에서 자라온 내게는 수박 겉핥기에 다름 아닐 것이라고 생각한 탓이었다. 좀 더 깊이 있게 체험하려면 어느 한쪽에 집중하는 것이 보다 더 효과적일 것이라고 판단했다. 하원의원보다는 상원의원이 관할하는 지역구의 범위도 넓고 보좌진의 규모도 크며 대개가 하원의원을 5~6선 이상 경험한 후 상원으로 진출하는 것이 보통이기 때문에 훨씬 더 미국 정치의 정수를 체험하는 데 유리할 것이라고도 생각했다. 그러나 내가 가고 싶다고 해서 아무 의원 사무실이나 갈 수 있는 게 아니었다. 하원이든 상원이든 개별 의원 사무실에서 나를 선택해서 내가 원하는 기간 동안 머무르도록 허락하는 사무실이 나와야 했다. 신청서를 내놓고 기다리는데 로스 의원 사무실에서 연락이 왔다. 당시에는 미국의 대외 무역적자가 가장 중요한 정책 과제 가운데 하나로 대두되어 있었던 만큼, 정부위원회(Government Affairs Committee) 소속으로 대외 무역법 수정안을 다루던 로스 의원 사무실로서는 미국의 대외 무역 상대국 가운데 하나인 한국의 교수가 다른 후보자보다는 도움이 클 것이라고 생각했던 것 같다.

하버드 대학교 법학 박사 출신인 로스 의원은 비교적 조용한 성격의 점잖은 분이셨다. 그러나 미국의 상원의원은 정말 눈코 뜰 새 없이 바쁜 만큼 비서실 직원들도 자기가 모시는 의원을 직접 만나기가 쉽지 않다. 비서실장 정도가 하루에 한 15분 대면 보고할 기회를 가질 수 있을 뿐 다른 비서들은 얼굴조차 볼 기회가 없다. 미국 상원의원의 비서진은 그 규모가 의원마다 사실상 천차만별이다. 먼저 지역구의 인구 규모에 따라 비서진 고용에 필요한 예산 배정액이 달라진다. 최소한 고용해야 하는 비서진의 규모가 정해져 있긴 하지만 주어진 액수로 얼마나 많은 수의 비서진을 고용할 것인가는 전적으로 의원 자신의 결정에 달려 있다. 지급하는 봉급 수준이 높은 비서를 소수 정예로 뽑아 비서진을 구성할 것이냐 아니면 조금 싼값의 인재를 여럿 고용할 것인가를 선택해야 한다. 어느 상임위원회에 소속되어 있느냐와 그 위원회에서 차지하는 정치적 비중이 얼마나 크냐에 따라서도 위원회 지원 보좌진의 규모가 달라진다. 선거구의 규모에 따라 지역에 배치하는 비서진의 숫자가 달라질 건 당연한 일이다. 로스 의원이 당선된 델라웨어(Delaware)주는 미국의 50개 주 가운데 가장 작은 주에 속한다. 지역구 주재 비서관을 제외하고 워싱턴 D.C.의 연방 의회 의사당(Capitol Hill) 내 의원 개인 비서실에 근무하는 비서진은 나까지 포함하여 모두 14명으로 구성되었다. 다른 의원 사무실에 비해 비교적 작은 규모다. 델라웨어주의 주도가 윌밍턴(Wilmington)인데 워싱턴에서 기차로 2시간 정도 걸린다. 로스 의원은 워싱턴에 따로 거처를 두지 않고 매일 기차로 통근했다. 피치 못하게 워싱턴에서 자야 하는 경우에는 여동생이 워싱턴에 살고 있어 그곳에서 하룻밤 신세 지곤 했다. 워싱턴 시내에서 볼 일이 있어도 개인 자동차가 없어 택시를 타고 이동하는 게 보통이었다. 수행 비서가 없는 것은 물론이고 어느 비서도 그런 의원을 위해 차를 태워 주는 일도 없었다. 마침 내가 자동차를 갖고 있어 가끔 운전 편의를 보아 드리곤 했다. 지역구에서 선거 운동을 하느라 이동할 때도 운전해 주는 비서가 따로 없었다. 내가 지역구에 내려가 자동차 운전을 하곤 했다. 그래야 겨우 의원을 직접 대면할 기회가 생기기 때문이었다. 미국의 상원의원 선거 운동을 현장에서 지켜보기에 아주 좋은 기회이기도 했다. 로스 의원은 지역구에서 활동할 때는 자신의 정치적 상징물인 "버나드(Bernard)"라고 부르는 개를 항시 동반했다. 선거 운동에 나서서도 지역에서 사람들이 많이 모이는 쇼핑몰에 나가 버나드와 단둘이 서 있는 게 전부였다. 지나가는 주민이 말을 걸어오면 그때 비로소 대화에 나서서 자신의 정견을 밝히곤 했다. 지역구의 주민들도 동네 이웃들이 어울려 열댓 가구가 모이면 후보를 자기들 집으로 초대한다. 펀치 볼(punch bowl) 같은 데에 가벼운 음료를 내놓고 서로 마시면서 담소를 즐겼다. 가장 많이 질문하는 건 세제 개편에 관한 얘기다. 후보가 지향하는 세제 개편 방향과 자신의 경우를 대비해 보며 유불리를 따져보는 게 일상이다. 우리로 치면 참으로 싱겁기 짝이 없는 선거 운동 방식이다. 그러나 매우 실용적이었다.

로스 의원이 선거를 앞두고 있는 만큼 무어든 도움이 되는 일에 나서고 싶었다. 지역구인 델라웨어는 아주 작지만 주도인 윌밍턴에 미국 국내는 물론이고 외국의 많은 회사들이 본사의 주소지를 두고 있었다. 델라웨어주의 세법, 회사법은 미국은 물론이고 전 세계 어디와 비교해도 기업가에게 가장 유리하게 정비되어 있기 때문이었다. 델라웨어주에는 판매세나 부가세가 없으며, 델라웨어주 외부인이 소유하는 주식에는 세금을 물리지도 않았다. 법인세도 최저 수준이었다. 그런 만큼 오늘날에도 구글을 비롯해서 80만 개가 넘는 미국 회사가 자사의 법인 등기를 델라웨어의 주도인 윌밍턴에 두고 있다. 「포춘」지 선정 500대 기업 가운데 윌밍턴에 등기상 본사를 둔 기업이 60%에 달한다는 통계도 있다.

그러나 우리나라의 기업들은 대개 뉴욕에 근거지를 두고 있었다. 이들이 미국 내 법인의 주소지를 윌밍턴으로 옮긴다면 지역 경제에 도움을 주는 것은 물론이고 이를 독려한 로스 의원의 치적 가운데 하나로 평가될 수 있을 것 같았다. 워싱턴 D.C.에 있는 주미 한국 대사관에 말했더니 좋은 생각이라고 동의하면서 뉴욕 주재 한국 기업의 대표들을 불러 윌밍턴에서 설명회를 갖자고 했다. 주미 한국 대사관으로서는 잘만 된다면 그 만나기 어렵다는 미국 상원의원 사무실과의 접촉 통로가 개척되는 거였다. 지역 언론에도 홍보를 해두었으나 설명회 현장에 가보고는 크게 실망하지 않을 수 없었다. 대사관이 독려했다는데도 뉴욕 주재 한국 기업의 참여율이 저조하기 짝이 없었다. 이렇게 근시안적으로 사업을 해도 망하지 않는다는 게 신기할 정도였다. 대기업의 미국 주재원들에게 비치는 주미 한국 대사관의 권위가 형편없다는 생각도 들었다. 로스 의원 사무실에도 민망하기 짝이 없는 노릇이었다.

그런데 윌밍턴 경제를 떠받치는 또 다른 축은 물류였다. 대서양을 향해 이웃하고 있는 메릴랜드주의 볼티모어 항구와 함께 수출입항으로 운영되고 있었다. 그러나 자동차, 철광석, 펄프 등을 수입하고 석탄 등을 수출하는 물류의 대부분이 볼티모어항을 중심으로 이뤄지고 있었다. 현대자동차도 미국의 동부로 가는 자동차는 볼티모아항을 이용하고 있었다. 일부라도 윌밍턴항으로 입항하게 한다면 로스 의원에게 도움이 될 것 같았다. 로스 의원에게 한국을 방문해서 현대, 대우 같은 대기업의 총수들을 만나보자고 제안한 이유였다. 미국의 상원의원이 일주일 정도 시간을 내서 해외여행에 나선다는 것은 참으로 어려운 일이다. 그만큼 스케줄이 빡빡하기 때문이다. 그러나 의외로 그러자고 하는 것이었다. 그만큼 선거에 신경이 쏠려 있다는 의미이기도 했을 것이다. 로스 의원을 모시고 서울을 방문했다.

그러나 현대나 대우의 총수를 섭외해서 약속을 잡는 일이 생각처럼 쉽지 않았다. 우리나라의 재벌 총수는 삼십 대 후반의 신출내기 대학교수가 미치는 네트워크의 범위 밖에 있었다. 종당에는 주한 미국 대사관 상무관이 나서서 면담을 성사시켰다. 그런데 대우의 김우중 회장은 아침 7시 30분에 만나는 조찬 약속이었으나 40분이나 늦게 나타났다. 술 냄새가 진동했다. 밤늦게까지 술자리에 있다가 늦잠을 잔 게 틀림없었다. 정주영 회장은 계동 본사로 방문했으나 회의 중이라면서 15분이나 기다리게 했다. 미국 상원의원이 나 때문에 먼 길을 여행 와서 말할 수 없는 수모를 당한다는 생각이 들었다. 무엇보다도 방문의 목적을 이루지 못했다. 양대 그룹의 대미 수출 물류 가운데 일부라도 윌밍턴 항구를 이용해 달라는 주문이었지만 모두 거절되었다. 우리나라 재벌 총수들이 세긴 세구나. 그때 느낀 소회였다. 철없는 대학교수의 제안을 믿고 한국까지 방문해 준 로스 의원에 대한 미안한 마음은 지금까지도 내 가슴속 깊이 남아 있다.(「글로벌 비즈 뉴스」, 2023.09.04.)

지구촌 선도국가의 사회책임

2022년 12월 미국의 「유에스 뉴스 앤드 월드 리포트(US News and World Report)」지는 우리나라를 '세계에서 가장 강력한 국가' 6위에 선정했다. 이는 미국, 중국, 러시아, 독일, 영국에 이은 것으로서 7위의 프랑스와 8위의 일본보다 앞선다. 이때의 강력한 국가란 세계적인 뉴스 매체에 자주 등장하고 여러 나라 정책 담당자들의 주목을 받으며 전 세계의 경제 흐름을 주도하는 나라라고 보았다. 지도자의 비중, 경제적 파급력, 정치적 영향력, 강고한 국제적 동맹 관계, 강력한 군사력 등의 지표를 점수화하는 방식으로 평가했다고 한다. 현대화된 국가로 인정되는 73개국을 대상으로 전 세계 1만 7,000여 명에 대한 설문 조사를 실시한 결과라고 했다. 6위인 우리나라는 GDP가 1조 800억 달러, 1인당 GDP 4만 6918달러이며 외국의 투자가 가장 큰 성공을 거둔 첨단기술과 서비스 중심의 경제로 인해 경제협력개발기구(OECD)의 피원조국에서 원조국으로 바뀐 첫 번째 사례라는 점에 주목하고자 했다. 7위인 프랑스가 그동안 과학, 정치, 경제 특히 문화적 영향력이 크고 역사적으로 유서 깊은 나라로 평가받아 왔다는 점을 상기해 보면 실로 엄청난 변화가 아닐 수 없다. 8위의 일본도 문맹률이 전 세계에서 가장 낮고 기술이 발전해 있으며 경제 규모가 세계에서 세 번째로 크다는 점에서 볼 때 우리의 위상이 얼마나 비상했는지를 절감하게 된다.

그런데 우리의 이런 성장을 가늠해 볼 수 있는 또 다른 척도 가운데 하나는 한류다. 단순히 경제력이나 군사력의 신장만으로는 오늘날의 지구문명사회에서는 강력한 나라로 평가받기 어렵다. 그 힘의 권위에 대해 지구촌 전역에서 이뤄지는 사회적인 승인과 수용이 전제되어 있어야 하기 때문이다. 한류는 처음 음악, 영화, 드라마 같은 대중문화에서 시작했지만 오늘날에는 패션, 화장품, 음식, 관광, 무술, 산업 등 우리나라의 여러 문화 및 생활 양식 자체에 대한 지구촌 거류민의 관심과 애정을 뜻하게 되었다. 1990년대 후반 중화권에서 H.O.T. 신드롬이 일어나고, 한국의 아이돌 댄스 그룹과 한국 드라마가 청소년층에게 인기를 끌면서 생겨나기 시작한 한국 문화에 대한 열풍이 오늘날에는 단순히 대중문화에 한정되는 것이 아니라 전통문화, 예술, 문화 콘텐츠 등 사회 문화 양식 모두를 포괄하는 '한국 문화(K-Culture)' 자체에 대한 열애 현상으로 성장하게 되었다. 이런 열풍이 아시아 지역은 물론이고 전(全) 세계적으로 확산되고 있으며, 단순히 소수의 열성 팬이나 열혈 지지층에 한정되는 것이 아니라 보편적 세계인이 누리는 생활 문화의 일부 내지는 하나의 경향성으로까지 자리 잡게 되었다. 여기에는 당연히 우리 문화의 우월성이 작용한 탓이겠으나 문화 산업 선진국과 후진국 사이에서 생산비의 조정이나 시장에서의 가격 경쟁력을 확보하는 데 있어 틈새시장을 개척하기에 유리한 구조 요인이 작용했다는 주장도 있다. 때마침 미국의 할리우드 산업이 침체기에 들어서고, 일본의 잃어버린 10년이 시작되면서 우리의 문화산업이 일어설 수 있는 틈새시장이 열리는 행운을 얻었다는 것이다. 제1세계와 제3세계의 중간 지대에서 제1세계의 문화를 중계하는 역할을 수행한 것이 적중했다는 지적도 있다. 그러나 문화산업이 고도의 인력시장을 전제로 한다는 점에서 보면 우수 인력을 육성, 배출할 수 있었다는 사실에 방점을 두어야 한다는 견해가 적지 않다. 여하튼 이제는 우리의 문화가 지구촌 변방의 일시적, 잠정적 현상이라기보다는 이 시대 지구촌 문화의 중심축 가운데 하나로 부상하게 된 것만은 틀림없어 보인다.

추잉 껌이나 소니 TV 같은 생활용품에서부터 팝송이나 만화 영화 같은 대중문화에 이르기까지 미제나 일제에 의존하고 성장한 세대에게는 실로 낯설기 짝이 없는 상황이 아닐 수 없다. 남이 쓰다 버린 문화적 부산물에 얹혀살거나 남의 것을 빌려 살 때에는 미처 깨닫지 못했던 과제 가운데 하나가 바로 이런 지구촌 문화 선도국 내지는 중심국이 짊어져야 하는 사회책임에 관한 것이다. 산업사회의 도래 이후 서유럽이 선도해 온 근대 문명이 지향하고자 했던 사회책임은 인권의 존중 내지는 인간의 자유와 평등의 구현에 있었다. 우리가 오늘날 지구촌의 '강력한 국가'로 부상하면서 '한국 문화(K-Culture)'를 장려하는 문화적 선도국이 되었다면 이를 단순히 감사히 여기거나 자만하는 데에 머물고 있을 수만은 없는 일이다. 도대체 이런 지구촌 선도국이 되어 구현하고자 하는 세상은 어떤 것인가 또는 무엇을 이 세상에 실현하고자 하는 것인지에 대한 답변이 준비되어 있어야 한다. 그러나 지금 우리의 현주소는 마치 얼떨결에 졸부의 지위에 오른 지구촌 선도국의 모습에서 크게 벗어나지 않는다. 아니 지구촌 선도국이라면 그에 걸맞는 사회책임이 동반되어야 한다는 인식 자체가 개발되기 이전 상태에 있다고 해야 보다 더 정확한 설명이 된다. 이제라도 한국 문명이 지구촌의 강력한 국가가 되어 구현하고자 하는 새 세상의 모습에 대한 논의를 시작해야 한다. 지금껏 사회주의 세력이 주창해 온 집단주의나 계획경제 또는 자유주의 세력이 추구해 온 개인주의나 시장경제를 놓고 지구촌 선도국들이 다툼을 벌여 왔다. 그러나 이제 그들에 의한 상상력과 그에 따른 사회책임의 시대는 저물고 있다. 지금은 우리가 구현하고자 하는 세계는 과연 어떤 것인가? 이에 대한 해답을 스스로 찾아 우리의 손으로 내놓아야 마땅한 지점에 서게 되었다. 지구화 시대에 한국이 선도해야 할 사회책임은 과연 어떤 것인지를 세계가 묻고 있다.(2023.07.30.)

대미 로비스트 양성 기관을 운영하자

한반도 주변 정세가 급변하고 있다. 국권 수호의 양대 축이라고 할 수 있는 안보와 경제의 기본 틀이 요동치는 까닭이다. 먼저 북한이 핵무기를 비롯한 미사일 공격 능력을 급격히 강화하면서 오판으로 인한 주변국 공격 가능성이 어느 때보다도 커지게 되었다. 이에 대항하는 억지력 개발 주문이 비등할 것은 당연지사다. 이를 기화로 일본은 제2차 세계대전 패전 이후 유지해 온 '전수 방위 원칙'(방어를 위해서만 무력을 사용한다는 원칙)을 버리고 선제 타격이 가능한 '반격 능력'을 강화키로 했다. 이를 본 중국과 러시아의 반발이 커질 것은 명약관화한 일이다. 당장 중국군 항공 모함 전단이 서태평양에서 무력 시위에 나섰다. 북한도 호전성을 낮추기는커녕 오히려 미사일 시험 발사를 강화했다. 이런 일본의 능동적 태세 전환에 위협을 느끼는 건 우리 정부도 같다. "반격 능력 행사 때는 한반도 안보 및 우리의 국익에 중대 영향을 미치는 만큼 사전에 우리와 긴밀한 협의 및 동의가 반드시 이뤄져야 한다는 입장을 내놨다. 그러나 일본의 응답은 냉담하기 짝이 없다. 일언지하에 그럴 생각이 없다고 잘라 말했다. 문제는 미국의 태도다. 북한의 위협에 맞서는 한미일 3각 공조의 필요성이 그 어느 때보다 커졌다면서도 한일 간의 관계에서는 일본 우선주의를 노골화하는 모습이다. 진주만 피습의 상흔을 잊기라도 한 듯 급증하는 일본의 팽창주의에 대해 매우 관용적이라는 인상을 지울 수 없다. 이웃한 우리로서는 우려스럽기 짝이 없다.

'혈맹'에 의존해 온 우리의 대미 관계가 도전받는 건 이뿐만이 아니다. 미국의 인플레이션 감축법(IRA: Inflation Reduction Act of 2022)은 2022년 미국에서 발생한 인플레이션을 해결하기 위해 정부 지출을 줄이자는 취지로 제안되었다. 문제는 법안 내용 중 에너지·기후변화에 대응하기 위해 지급하는 전기차 구매 지원금에 있다. 주요 부품에서 중국산을 배제하지 않으면 불이익과 차별을 주는 항목을 두어 미국 내 생산 기업에 상대적 특혜를 주었다. 중국에서 생산되는 리튬, 니켈, 코발트 같은 광물이나 배터리를 사용하는 전기차를 지원금 대상에서 제외하고 미국 혹은 미국과 FTA를 맺은 국가들의 부품은 허용하면서 북미에서 생산되는 전기차에는 보조금을 지급하기로 했다. 사실상 중국 압박용 법안을 통과시킨 셈이다. 이로 인해 중국산 부품 의존도가 높은 우리 기업의 대미 수출이 크게 타격을 입고 있다. 물론 피해가 우리에게만 국한된 것은 아니다. 유럽연합과 일본도 영향을 받는 건 같다. 하지만 일본은 하이브리드 차량에 강점을 가졌고 전기차 생산·판매는 우리보다 뒤져 피해가 상대적으로 적다. 결국 대미 수출 의존도가 높은 우리 경제가 입는 타격이 상대적으로 크지 않을 수 없다.

보다 더 큰 문제는 이런 상황에 임하는 미국 정부의 태도다. 미국의 바이든 대통령은 2022년 방한 시 현대차로부터 105억 달러의 투자 약속을 받아 내면서 절대 실망시키지 않겠다고 공언했다. IRA 수정을 통해 "의도하지 않은" 한국산 자동차의 대미 수출 장벽을 제거하겠다는 뜻으로 해석되었다. 그러나 지금도 현대자동차가 보조금을 받지 못하기는 마찬가지이며, 당연히 현대차의 대미 수출이 격감했을 것도 물론이다. 그러나 더 근본적인 문제는 이런 주변 정세 변화에 임하는 우리 정부의 대미 활동이 무력하기 짝이 없다는 점이다. IRA에서 드러난 바와 같이 미국의 대외 정책 결정에는 대통령과 행정 각 부처 외에도 연방의회가 미치는 영향이 작지 않다. 이는 주로 행정부 중심으로 대외 정책을 개발·운영하는 여타의 나라들과 크게 대비된다. 미국의 대외 정책이 우리에게 유리하도록 관리하기 위해서는 연방의회를 상대하는 로비 활동을 강화해야 한다. 흔히 로비를 회유나 압력 동원으로 오해하는 경향이 있지만 효율적인 로비는 객관적, 과학적 정보를 적시, 적소에 제공함으로써 자신에게 유리한 결과를 유도하자는 것에 다름 아니다. 따라서 성공적인 로비활동을 위해서는 관련 과제에 대한 전문 지식과 로비 대상에 대한 접촉점을 제공하는 네트워크의 확보가 필수적 과제로 제기된다. 이는 일본과 이스라엘의 대미국 연방의회 로비가 가장 성공적이라는 평가를 받는 이유이기도 하다. 일본은 경제연구소를 현지에 두어 분야별 전문가들이 장기간에 걸쳐 자료 수집과 정보 분석에 나서는 것은 물론 인적 네트워크 구축에 매진하도록 독려해 왔다. 진주만 공격의 원죄를 지고 있는 일본이 미국과의 관계에서 번번이 우리를 따돌리고 우위를 점하는 핵심적 영향 요인 가운데 하나다. 이스라엘은 재미 유대인 네트워크를 토대로 입체적 로비를 펼치는 것으로 정평이 나 있다. 방송사, 신문사 같은 언론 매체를 소유한 유대인 네트워크를 통해 여론전을 펼치는 것과 함께 연방의회 의원의 지역구 유력 유권자 관리를 통해 영향력 행사에 나선다. 이는 영국 정부의 반대에도 불구하고 이스라엘 독립 정부의 선포가 가능했던 이유이기도 하고 비등하는 세계 여론에도 불구하고 제1차 중동전을 일으켜 아랍 국가들을 압도할 수 있었던 배경이기도 하다.

그러나 우리는 이렇듯 중요한 대미 연방의회 로비에 오랜동안 태만해 왔다. 가장 근본적인 원인은 미국의 군사적, 재정적 지원에 힘입어 세워진 국가의 수동적 인식 프레임과 한국전과 월남전을 거치면서 다져진 혈맹 관계 의존형 타성이 우리로 하여금 미국의 지원을 불변 변수로 간주하는 나태에 빠지도록 한 데 있다. 근자에 들어서면서 대미 로비의 중요성에 눈뜨기 시작한 것이 사실이기는 하지만 미국 내 로비의 실상을 깨닫기에는 너무 게으르거나 무지했다고 밖에는 달리 표현할 길이 없다. 최근만 하더라도 미국에 대한 외국 정부의 로비로는 문재인 정부가 최고액을 지출했다는 통계가 나와 있다. 그러나 헛돈을 썼다. 문재인 정부는 주로 미국의 로펌을 토대로 활동하는 로비회사와의 계약을 통해 로비 전쟁에 나선 것으로 파악된다. 그러나 미국 내 로비회사의 고비용 저효율은 이 분야에 조금만이라도 관심을 가지고 추적해 온 이들은 이미 다 알고 있는 사실이다. 문재인 정부의 외교부가 복수의 미국 로펌(자문회사)을 고용했지만, IRA가 2022년 7월 27일 공개될 때까지 동향 파악조차 못 했다. 주미 한국대사관 내 상무관실이 분쟁과 관련한 자문회사를 쓰고 있지만 IRA 등 경제 관련 입법 동향 파악을 위해 별도로 분석 작업에 나서거나 지원활동을 펼친 일은 없다. 국회의 국정조사에서 밝혀진 바에 따르면 문재인 정부의 외교부는 "(미국) 의회에서 일어나고 있는 일까지는 미처 생각하지 못했고 IRA도 갑자기 통과되리라고는 미처 생각이 미치지 못했다"는 것이다. 언 발에 오줌 누기식 접근은 윤석열 정부에서도 크게 다르지 않다. IRA 관련 발등에 불이 떨어진 외교부, 산업통상자원부 등이 나서 미국의 무역대표부나 국무부의 고위급 인사나 실무진을 면담하고, 연방의회 관련 의원을 상대로 서한을 발송하는 등 부산을 떠는 모습이지만 이렇게 단발성 면역 주사 놓듯 덤빈다고 해서 해결될 일이 아니다. 사실 보냈다는 서한도 의원 보좌진의 손을 거쳐 휴지통으로 직행했을 가능성이 작지 않다. 그만큼 의원사무실의 현안이 벅차고 업무가 과중한 가운데 미국의 눈으로 본 한국 문제는 주요 현안이 아니라는 뜻이다.

그러니 이런 식의 대미 로비 전략으로는 당연히 급변하는 한반도 주변 정세 변화와 일본의 점증하는 발언권 강화에 효과적으로 대응하기 어렵다. 보다 근본적인 문제는 효율적인 로비 체제를 갖추는 일 자체가 간단치 않다는 데 있다. 대미 로비라면 흔히 로비회사를 통한 로비를 떠올리기 마련이지만 미국 정가에서는 이를 정보 판매에 나선 '노점상' 정도로 평가 절하한다. 호소력이 있을 턱이 없다. 보다 효율적인 대미 의회 로비를 위해서는 우리도 일본처럼 장기간에 걸쳐 직접 로비스트를 파견해서 관리하는 일에 나서야 한다. 미국의 대외 관계 일반이 아니라 한미 관계에 초점을 맞추어 워싱턴 정치권의 속사정을 추적하기 위해서는 이에 특화된 노력을 경주해야 한다. 로비회사처럼 단순히 계약 조건의 외형을 맞추는 데 연연하는 것이 아니라 우리의 국익을 지키는 일에 혼신의 열정과 충성심을 발휘하는 자세가 갖추어져 있어야 할 것도 물론이다. 여러 해에 걸쳐 인맥 구축에 나서려는 지구력도 요청된다. 연방의회에 대한 이해력과 속사정을 체득하고 분야별 전문 지식을 갖추는 일만해도 일이 년에 성취할 수 있는 과제가 아니다. 워싱턴 시내의 지리에 익숙해지고 주요 인사와의 안면을 트기 위해 일반인의 접근이 차단된 사교 클럽에 대한 접근성을 확보하는 데도 여러 해가 흐르기 마련이다. 이런 점을 감안하면 아무나 로비스트로 파견해서 소기의 성과를 기대하기는 어렵다. 중장기적인 시관을 가지고 대미 로비활동에 최적화되어 있는 인재를 길러 내야 한다. 더욱이 미국 연방의회는 분권적 권력 구조로 정평이 나 있다. 특히 상원의 경우에는 의원 하나하나의 언권이 비중 있게 다뤄진다. 그렇다고 해서 소속 정당의 지도력이 강력한 통제력을 발휘하는 것도 아니다. 민주당과 공화당 모두 당 대표라는 직함 자체가 없다. 중앙당 당사가 따로 있는 것도 아니다. 이런 환경에서 535명의 연방의회 의원의 활동을 추적하기 위해서는 상대적으로 많은 로비스트가 필요할 수밖에 없다. 다수의 로비스트를 길러 내려면 지금이라도 늦지 않았다. 대미 로비스트 양성 기관을 운영해서 최적화된 인재를 길러 내 중장기적으로 파견, 관리하는 일에 나서야 한다. 늦었다고 생각할 때가 가장 빠른 결정이라는 말도 있지 않은가.(2022.12.25.)

지구화 시대의 국제 NGO와 거버넌스 리더십

넓은 의미의 국제 NGO는 엄격히 말해서 어떤 나라의 국경을 넘는 상호작용의 빈도와 강도에 따라 초국적 NGO(TNGO: Transnational NGO)와 좁은 의미의 국제 NGO(INGO: International NGO)로 구분해 볼 수 있다. 전자가 국경을 넘는 국가 간의 상호작용을 본래 목적으로 하는 것이 아니라 국내 활동을 주된 목표로 구성되었으나 필요에 따라 국내 활동의 연장선상에서 간헐적으로 국제 교류에 나서는 것이라고 한다면, 후자는 처음부터 국제 활동을 주된 목표로 조직된 NGO를 말한다. 전자의 대표적인 사례로는 우리의 경우 한국YMCA 전국연맹, 경제정의실천연합, 환경운동연합, 참여연대 등을 들 수 있다. 반면에 후자로는 국제 앰네스티(Amnesty International), 국경 없는 의사회(Doctors Without Borders), 그린피스(Greenpeace), 월드비전(World Vision), 핵무기 폐기 국제운동(ICAN: International Campaign to Abolish Nuclear Weapons) 등을 들게 된다.

이런 국제 NGO가 최근에 보다 더 활성화하게 된 데에는 실로 다양한 요인이 작용했으나 그 가운데에서도 먼저 정치과정론의 관점에서 볼 때 신자유주의의 확산에 따른 영향이 적지 않다. 신자유주의의 광풍이 불면서 미국을 중심으로 하는 일극 체제가 지구촌 일대에 일종의 권력적 질서로 자리 잡았다. 이로 인해 미국의 대외 정책 과정에 영향을 미치고자 하는 실용적인 수요가 과거 그 어느 때보다도 커지게 되었다. 그런데 미국은 NGO를 비롯한 이익 단체의 정책 과정에 대한 참여와 영향력 행사를 당연시하는 이익 집단 정치의 본령처럼 여겨진다. 따라서 미국의 정책 결정 과정에 영향을 미치고자 할 경우 미국의 NGO들과 협력적 파트너십을 구축하고자 하게 될 것은 당연지사이다. 국경을 넘는 NGO 간의 네트워크를 통해 외국 정부와의 국제 협력 기회를 확장하고자 하는 것이다. 그러나 신사회운동론의 관점에서 보면, 국제 NGO의 확산은 지구화에 따른 역기능을 최소화하려는 데에서부터 촉발된 것으로 여겨진다. 국제사회에 새로운 공적 영역을 구축함으로써 공공의 목표를 구현하기 위한 사적 공간 내지는 제3의 길을 모색하려 한 것이다. 공(公) 또는 사(私)에 치우치지 않고 중도 노선을 취하고자 한 결과라는 평가도 가능하다. 이렇듯 인류사회가 지향하는 보편적, 중립적 가치를 추구할 때 지구촌의 여러 NGO들 사이에서 협력과 연대의 길을 모색하기가 훨씬 더 용이해질 것도 물론이다. 그런데 국제도덕성 이론의 관점에서 보면, 국제 NGO의 대척점에 있다고 해야 할 국제정부기구(IGO: International Government Organization)가 국제사회의 도덕적 기준에 따라 운영되지 않는다는 사실에 대한 일종의 반동의 결과 국제 NGO가 활성화된 것이라고도 볼 수 있다. IGO는 일반적으로 국제사회의 이해관계에 편승하거나 이기적인 민족주의 정서에 의존하는 경향성이 크다는 평가를 받는다. 그렇기 때문에 지구공동체가 요구하는 공익을 효율적으로 추구하는 데 실패하고, 이로 인해 보통 사람들의 주권이 국제사회에 효과적으로 반영되지 못하는 결과를 낳는다는 것이다. IGO는 국가권력에 의한 압제와 착취를 정당화하는 수단 가운데 하나로 여겨지는 셈이다. 이에 대한 대척점에 서고자 국제 NGO의 활동이 동기 유발된다는 것이다. 그러나 시장실패론에 의하면 국제 NGO는 시장의 실패를 보완하는 수단 가운데 하나로 여겨진다. 가용자원의 최적 배분에 실패하고 그 결과 경제사회적 불평등을 심화하는 것은 물론, 인본주의적 가치를 외면하게 되는 현상을 시정하고자 하는 데에 국제 NGO 확산의 동기가 숨겨져 있다는 것이다. 기업의 사회책임 등을 통해 박애자본주의의 구현에 나서고자 하는 것이 대표적인 사례로 평가된다. 공정 무역을 구현하기 위해 국제 NGO가 직접 기업 활동에 나서는 경우도 여기에 해당된다.

이렇듯 국제 NGO의 확산에 주목하는 이유는 국제 NGO가 지구화 시대를 여는 첨병 가운데 하나로 여겨지기 때문이다. 그런데 지구화는 자본과 재정, 투자와 교역, 지식과 정보, 물류와 사람이 민족국가의 경계를 넘어 교류하는 강도, 빈도, 범위가 확대되는 현상을 말한다. 여기에는 정보사회의 도래와 신자유주의 체제의 확장, 항공우주기술의 고도화 등이 긍정적 영향을 미쳤다. 정치적으로는 사회주의 국가권의 붕괴와 더불어 개인의 자유와 기본권이 신장되고, 국가에 의한 압제가 줄어드는가 하면 '국가 이성(State Reasoning)'에 대한 회의적인 인식이 확산되기 시작했다는 점도 영향을 미쳤다. 역사적으로 거슬러 올라가 보면 19세기 증기선 시대의 신대륙 탐험이 지구화 현상의 제1세대라고 해도 과언이 아니다. 그로부터 시작된 지구화 현상은 오늘날 보다 더 근본적인, 훨씬 더 본질적인, 더 나아가서는 전방위적인 차원의 변화로 이어지게 되었다. 흔히 지구화를 국가 간 관계의 국제화나 경제활동의 범지구적인 확산을 말하는 것으로 이해하기 쉬우나 그보다는 훨씬 더 본질적인 변화로서 지구라는 행성 단위에서 이뤄지는 생태 주권 내지는 환경 주권 차원의 과제로 이해해야 하는 이유다. 탈민족주의적이고 탈지리적 경계 개념으로 승화되고 있다는 뜻이다. 이는 지구공동체에 대한 이분법적 세계관으로부터 일원론의 인식 프레임 시대로 들어서게 된 결과라고도 말할 수 있다.

여하튼 지구화가 오늘날 우리에게 시사하는 바는 매우 다층적이다. 자본이 개별 민족국가의 통제에서 벗어나 자유롭게 이동할 수 있게 되었다는 의미로 이해되는 건 가장 기본적이다. 구조적으론 지구촌의 국제 관계가 수직적 영향 관계로부터 수평적 협력 관계로 이동하게 되었음을 뜻한다. 민족국가의 경계를 뛰어넘는 의사소통의 네트워크가 가동하게 되었다는 의미이기도 하다. 문화적으로는 민족국가의 경계를 넘는 상호작용이 일상화하게 되었음을 말한다. 지구촌을 바라보는 새로운 시각과 관점이 등장하여 고식적인 인식의 틀을 흔들어 일깨우게 되었다는 뜻이다. 지구촌에 새로운 문화 프레임이 자리 잡게 되었다는 점에서는 후기 근대 또는 근대의 차세대가 등장하게 되었음을 시사한다. 보다 구체적으로 권력론적인 접근을 시도하는 이들은 서구 문명의 범지구적 확산에 다름 아닌 일로 여긴다. 현대성의 외적 확산 내지는 탈민족주의의 자의식 생성으로 이해되기 때문이다. 서구 문명의 우월성을 재확인하는 과정에 다름 아니라는 뜻이다. 법적-제도적 관점에서 보면 16세기 로마 제국의 멸망을 상징하는 웨스트팔리아 체제의 등장 이래 지구촌의 국제사회에는 민족국가의 경계를 존중하는 국제 규범이 자리 잡았고 이를 지속적으로 존중해 왔다. 바로 그런 민족국가의 지리적 경계를 넘어 상호작용한다는 점에서는 탈영토적 현상으로 이해된다. 정치적으로는 민족국가의 국민주권을 뛰어넘어 이뤄진다는 점에서 초국적 민족주의 현상으로 규정해 볼 수도 있다.

그러나 이런 지구화 현상에 대한 일반적인 평가는 양가적이다. 먼저 긍정적 시각에서 접근하는 이들은 우선 경제적 관점에서 볼 때 지구 가용자원의 효율적 배분과 이용에 기여함으로써 범지구 차원에서 볼 때 부의 창출을 견인한다는 것이다. 특히 개발도상국의 빈곤 타파에 기여한다고 보았다. 시장원칙주의자나 신자유주의론자들이 대표적이다. 정치적으로는 범지구 차원의 협력과 공조를 통해 기후변화, 어종의 남획 방지, 여성과 아동의 학대와 유린 같은 지구촌 현안 대응에 유리하게 작용한다는 것이다. 문화적으로는 문화의 다양성 제고에 기여한다고 보았다. 상이 문화권 간의 접촉과 교류를 통해 이문화에 대한 수용성 정도를 높이고, 나아가서는 문화적 갈등과 대립을 순화하는 데에 기여한다는 것이다. 사회적으로는 과학 기술의 공유나 여행기회의 확산 등을 통해 새로운 대안 사회의 건설을 용이하게 하는 효과가 동반된다고 주장한다.

그러나 부정적인 평가도 적지 않다. 우선 경제적으로 시장 경제 체제의 범지구적 확장을 낳고, 이는 대량 소비와 그에 따른 대량 착취를 유발하게 된다고 보았다. 모든 사회적 관계의 상품화 시도와 그에 따른 경쟁 과잉도 문제다. 그 결과 가진 자와 못 가진 자 사이의 격차를 심화시키고 양극화를 촉발하게 된다. 경쟁의 패자가 양산되면서 그에 따른 가난과 빈곤이 확산되는 것도 물론이다. 과소비에 따른 환경의 파괴를 유발하고, 이념적으로는 신자유주의를 정당화하면서 과잉 경쟁을 유발한다. 무수정 상태의 자본주의 체제 재건을 유도한다는 뜻이다. 정보기술 기반 경제 체제를 강화하고 거기에서 뒤지는 지구의 남반부를 외면한 채 제3세계의 거듭되는 몰락을 촉진한다. 정치적으로는 초국적 강대국의 일방주의를 강화하는가 하면, 기득권의 보호와 권력적 억압을 일상화하게 된다. 지배 엘리트 사이의 네트워크를 강화함으로써 민주주의의 몰락을 지원하는 셈이 된다. 지나치게 발전주의 패러다임을 정당화하거나 민족주의와 인종주의를 격화하고 핵무기와 테러리즘의 확산에 기여하는 셈이기도 하다. 문화적으로는 문화제국주의의 팽창을 불러온다. 문화적 정통성이나 고유성을 견지하기가 어렵게 된다는 뜻이다. 그 결과 서구 문명 우월주의 내지는 문화적 종속의 심화를 낳는다. 민족주의자나 종교적 근본주의자 내지는 외세의 개입을 반대하는 정통 좌파를 중심으로 하는 문화적 갈등과 충돌을 재촉하기도 한다.. 사회적으로는 정보사회의 심화와 함께 사회적 동시성의 시대를 낳는다. 그 결과 정보 격차의 심화, 사회적 배제의 일상화, 질병의 확산, 유소년의 착취 확대 등을 불러오게 된다.

따라서 현재 전개되고 있는 양식의 지구화를 적극적으로 개선해야 한다는 주장이 제기된 지는 꽤 오래되었다. 다만 적극적, 급진적 개혁에 나설 것이냐 아니면 소극적, 점진적 개혁을 시도할 것이냐를 놓고 다툼을 벌이고 있을 뿐이다. 그러나 보다 더 과격한 전략을 주문하는 이들은 대안사회의 모색을 제안한다. 현재 진행되고 있는 지구화의 여정에서 벗어나 보다 근본적으로 자유로운 대안사회의 모색에 나서라는 것이다. 밀도 높게 진행되는 지구화 현상 자체를 거부하고자 하는 셈이다.

이런 상황 속에도 국제 NGO의 확산이 거듭되는 이유는 여러 곳에서 찾아볼 수 있다. 먼저 인본주의의 관점에서 볼 때, 사회적 약자와 소수자의 이익과 권리를 제고하고자 하기 때문이다. 평화와 인류애의 확산에 기여하려는 것이다. 과거 수혜국으로 입었던 혜택을 보상하려는 심리도 작동한다. 팽창주의 내지는 제국주의적 관점에서 보면, 어떤 나라가 국제사회에서 누리는 패권을 강화하려는 것이라고도 말할 수 있다. 자신의 의사결정권과 목소리를 높이려는 것으로 간주되는 이유다. 지역주의에 따른 이해관계를 반영하려는 것이기도 하다. 종속성의 심화나 문화적 침투력을 강화하기 위한 수단으로 이해되기도 한다. 신식민주의 내지는 새로운 차원의 유럽화 전략 가운데 하나라는 설명도 있다. 합리주의적 시각은 지구화에 따르는 부정적 영향을 극복하려는 것으로 이해한다. 지구화 과정에서 발생하는 국지적 응집성 제고 현상에 대해 보다 적극적으로 대응하고자 하는 노력의 결과물이라는 것이다. 이는 국제 NGO의 확산에 따른 정서적 편애주의나 선입견을 극복하기 위해 그의 확산 동기를 보다 더 객관화하려는 시도로 보여진다. 인간이 합리적, 이성적 존재라는 가정이 전제되어 있음을 시사하는 것은 물론이다.

이렇듯 국제 NGO가 발흥하는 경우 그것이 미치는 영향에 대해서도 다원적 평가가 가능하다. 먼저 부정적 관점에서 보면 어떤 나라가 지구 공동체에서 차지하는 일방적, 패권적 지도력을 강화하는 데에 기여한다. 그로 인해 그가 추구하는 시장이나 사업상의 이해관계를 배타적으로 보호하기 위한 도구로 동원된다. 기존의 권력관계를 영속화하거나 기득권의 유지에 기여한다는 의미이다. 그러나 긍정적 관점에서 보면, 지구화에 따른 부정적 영향을 최소화하고 균형적인 국가 간의 관계를 유지하는 데에 기여한다. 국제 NGO의 존재 자체가 지구공동체의 밀도를 높이는 결과를 낳기도 한다. 대안적 관점에서 보면 외부로부터의 개입 없이 자생적으로 자율적인 삶을 영위하려는 셈이

된다. 비폭력적 시민사회를 지향한다는 의미이다.

여하튼 국제 NGO가 활성화되는 경우 먼저 지구촌에 긍정적 영향을 미치게 되는 것은 틀림없어 보인다. 무엇보다도 어떤 나라가 지구화 과정에서 뒤처지거나 역할 조정에 실패하는 경우 이를 보완하는 성질을 지녔다. 이런 관점의 연장선상에서 보면 우선 민주화의 촉진자로 기여한다. 시민 활동과 참여의 기회 공간을 제공함으로써 민주주의의 심화에 기여한다는 뜻이다. 국가와 시민사회 사이에서 일종의 균형자 역할을 수행함으로써 사회자본의 축적 장치로 작용하게 된다. 더 나아가 지구 공동체 차원에서는 다원주의의 활성화에 기여한다. 국제 NGO는 또 기본적으로 자발적 결사체에 해당된다. 그런 만큼 비영리 조직의 활성화를 통해 사적 영역의 효율성 제고에 기여한다, 비정부 조직으로서 민주성, 유연성, 창의성을 높이는 데에 기여하기 마련이다. 발전 지향성과 관련해서는 그런 가치관을 지구촌의 중심부에서 변방으로 확산, 이동하는 데에 기여한다. 근대화의 매개 장치로 작용한다는 뜻이다. 이는 그것 자체가 일종의 발전 과정으로 이해된다는 점에서 주목하지 않을 수 없다. 국제 NGO는 또 사회 변혁의 기제로도 작용한다. 대안적 지구 공동체 건설의 견인력으로 작동할 것이 기대된다는 뜻이다. 빈곤과 불평등을 시정하기 위한 사회 운동을 주도하거나 시민에 의한 범지구적인 네트워크의 구축에도 나선다. 국제 NGO는 또 자선 활동의 견인력으로 작용하기도 한다. 국제 자선 운동 내지는 박애 활동의 중심축을 형성하기 때문이다.

그러나 국제 NGO의 기능적 취약성도 작지 않다. 먼저 국제 NGO는 대체로 내부 통제 장치가 취약하다는 한계를 지닌다. 환류 체계가 무력한 탓이다. 무엇보다도 이해당사자들이 직접 간여하여 관찰하고 평가하며 감시하기가 마땅하지 않다. 재정 자원을 제공하는 이들과 NGO 활동의 수혜자 내지는 서비스의 대상자가 지리적으로 이격화되어 있어 이해관계자들이 감시 활동을 펴기가 쉽지 않다. 이로 인해 운영자의 효율성과 책무성을 담보하기가 간단치 않다. 거버넌스 체제의 내재적, 구조적 취약성이 문제라는 뜻이다. 외재적 통제 장치의 부적절성도 문제다. 일반적으로 국제 NGO는 여러 나라에 걸쳐 활동하는 데에도 불구하고 행정적으로 등록되어 있는 어떤 한 나라의 행정 관서로부터만 관리되기 마련이다. 그런데 행정 관료는 기본적으로 일원주의 내지는 표준적인 프레임을 통해 사물을 이해하고 평가하도록 훈련되어 있다. 그런 만큼 다차원에 걸쳐 여러 나라와 관련된 문제를 다루는 국제 NGO에 대해 맥락적 이해를 도모하기가 쉽지 않게 된다. 무엇보다도 일국주의의 시각에 빠져 다국적인 관점에서 접근하기가 적절치 않다. 특히 NGO가 지향하기 마련인 선의의 관점에서 평가하고 관리하기에는 어려움이 작지 않다. 중장기적인 시관에서 활동하기 마련인 NGO의 역할을 비교적 단기적 시관에서 접근하는 관료의 관점에서 다루어야 하는 문제도 있다. 국제 NGO를 관리하는 실무자들의 권위와 능력이 취약하다는 점도 개선해야 할 과제 가운데 하나다. 무엇보다도 민주적 책무성을 담보하기가 쉽지 않다. 기관 내부의 민주성을 견지하기 어려운 것도 문제다. 대표성 확보가 지난한 까닭이다. 현실사회에서는 국제 NGO가 점차 국제정부기구의 활동 영역을 침범해 들어가는 경향이 있다는 지적을 받는다. 이로 인해 발생하는 국제정부기구와의 이해충돌 위험성도 작지 않다. 서구 문화 편향성도 문제점으로 지적된다. 특히 대외 원조를 매개하는 과정에서 수혜국 사회의 전통적 가치를 파괴하거나 서구 문화의 확산을 중개하는 결과를 낳기 쉽다. 수혜국의 자존심이나 품위를 손상하는 일도 빈발한다. 무엇보다도 실제로 수혜국의 빈곤 타파에 성공한 사례가 많지 않다는 점도 지적되어야 마땅한 과제이다. 나무를 보는 데 치중한 나머지 숲을 보지 못하는 우를 범하기 일쑤라는 비판도 있다. 이로 인해 제국주의적 침투의 새로운 통로라는 평가도 받는다. 서유럽국가들의 패권적 지배의 확장 수단으로 작용한다는 뜻이다. 이는 마치 과거 식민 지배 시대의 부활을 연상케 한다는 것이다. 보다 본질적으로는 국제 NGO에 대해서는 체계적인 사실 조사 자체가 곤란하다는 문제가 있다. 기초 자료의 수집 자체가 개별 국가를 단위로 이뤄지기 마련인 만큼 국가 간의 경계를 초월하여 이뤄지는 종합적 관점의 정보는 이를 축적하기가 곤란하다는 뜻이다.

상황이 이런 만큼 국제 NGO의 운영을 책임지는 관리자의 역할 비중이 클 수밖에 없다. 단체 활동의 성패가 사실상 이들에게 매달려 있는 셈이다. 그런데 이들이 발휘하는 역할 유형은 대체로 계서형. 시장형, 네트워크형으로 대별해 볼 수 있다. 먼저 계서형은 합리성과 논리실증주의에 기초한 관료제형 리더십을 말한다. 상하 질서와 권위의 계서적 구조를 특징으로 삼는다. 기계론적 세계관에 기초해서 법규중심주의를 지향하며 공익을 추구한다. 시장형은 공공선택 이론이나 합리적 선택 이론에 기초해서 활동한다. 경제성 제일주의 내지는 물질적 이익의 극대화를 추구한다. 능률성의 극대화를 위해 기관 내부의 고위 관료에게 의사결정권 내지는 권위를 위임하는 경향이 있다. 네트워크형은 사회적 평등주의에 기초하는 구성주의의 관점에서 접근한다. 상호 호혜와 신뢰를 기초로 하는 설득과 학습을 중시하는 이유다. 사이버네틱스 내지는 인공두뇌공학과 유사한 프레임을 지녔다. 공적 가치의 창조를 위해 상위 관리자와 하위 관리자 사이의 상호작용과 의사소통을 중시한다.

지향하는 목적가치도 다원적이다. 계서형과 시장형의 경우 주로 행정 및 관리 차원에 주목하면서 먼저 평등성, 투명성, 경제성, 합법성, 회계상의 건전성 등 기관 내재적 책무성을 강조하기 마련이다. 무엇보다도 서비스의 전달과 객관적인 업적 평가를 중시한다. 이를 위해 대체로 강력한 이사회를 운영하거나 기관 내부의 자체 이의 신청제도를 두어 운영하는 것이 보통이다. 이해충돌 방지를 위해 내부자고발제도나 옴부즈만제도를 운영하기도 한다. 따라서 맥락적 접근의 중요성이 강조되기 마련이다. 반면에 네트워크형은 주로 정치 및 사회 차원에 주목하면서 대응성, 반응성, 대표성 같은 외재적 책무성 확보에 유의한다. 사회적 합의의 촉진을 위해 사회환경과의 상호작용을 중시한다. 그러나 국경을 넘는 초국성과 지리적 이격성으로 인해 실제 이를 구현하기는 쉽지 않다. 운영상의 투명성과 지역적 특성을 반영하기 위해 주민참여 전략을 동원한다. 윤리도덕적 차원에서는 정의, 평화, 생명 같은 인간의 기본적 가치의 추구를 통해 외재적 책무성 확보에 유의하고자 한다. 그러나 이는 주관적 판단과 성찰적 분별을 필요로 하는 일이다. 지구공동체의 광역성 내지는 대규모성에 비추어 볼 때 실제로 국제 NGO가 미칠 수 있는 영향력은 상대적으로 작다는 점에 유의하지 않을 수 없다. 따라서 다른 시민사회 조직들과의 수평적 협업과 동료애를 필요로 하기 마련이다.

국제 NGO가 객관적 가치를 추구한다고 하지만 그의 내부에 모순과 충돌이 작지 않다는 점도 지적되어야 마땅한 일이다. 먼저 형식과 내용상의 문제다. 행정 및 관리 차원에서 볼 때 법규중심주의와 실질적인 업적의 축적 사이에서 충돌이 일어나지 않을 수 없다. 장기적 시관과 단기적 시관 사이의 문제도 있다. 행정 및 관리 차원에서 볼 때 단기적으로는 업적의 성취를 중시하기 마련이다. 그러나 정치사회 및 윤리도덕적 차원의 중장기적 시관에서 보면 환류를 통한 자기 반성과 평가에 주목하게 된다. 성과 평가의 정략적 접근과 정성적 접근 사이의 갈등도 있다. 성과 측정에 있어 보다 구체적이고 가시적인 측정 수단에 의존할 것인가 아니면 관념적이고 비가시적인 측정 수단을 중시할 것인가의 문제가 대표적인 사례다. 일원론과 다원론의 충돌도 있다. 중앙집권적이고 일원적인 표준을 중시할 것인가 아니면 개별적 사례의 특성을 강조할 것인가의 문제다. 이는 다시 내재적 통제와 외재적 통제의 문제로 이어진다. 자체의 내재적 통제에 의존할 것이냐 아니면 외재적 통제를 중시해야 하느냐의 숙제다. 이 점은 특히 국제 NGO가 부패에 취약할 수 있다는 점에서 유의해 보지 않을 수 없다. 사회적 공공선과 사회적 합의의 도출 문제도 있다. 여론을 중시할 것이냐 아니면 도덕적, 윤리적 가치를 중시할 것이냐의 문제다.

이런 갈등적 요인에도 불구하고 국제 NGO가 지속적으로 발흥해 왔다. 여기에는 크게 보아 두 가지 요인이 작용했다고 할 수 있다. 먼저 기술결정론의 관점에서 보면, 정보사회의 도래가 핵심적 요인으로 영향을 미쳤다. 의사소통상의 신속성 및 광역성을 제고함으로써 전혀 다른 차원의 시민사회 운동을 가능케 했다. 그 결과 전혀 새로운 차원의 지구시민사회, 나아가 지구시민권이 형성되는 결과를 낳았다. 단순히 개별적 민족국가의 상호작용과 네트워크화를 촉진하는 것과는 전혀 다른 차원에서 새로운 지구시민사회의 형성을 재촉했다는 뜻이다. 지구시민권의 이원화를 낳은 셈이다. 지구시민사회와 민족국가 단위의 시민사회를 이분법적 내지는 분리론적 관점에서 인식한 결과다. 지구시민사회는 단순히 민족국가 단위의 시민사회를 결집시켜 놓은 것이 아니라 범지구 차원에서 이뤄지는 사회적 관계의 구조적 변화가 불러오는 결과인 것이다. 따라서 이런 환경 속에서 이뤄지는 국제 NGO의 활동은 과거 개별 민족국가를 단위로 이뤄지던 것과는 본질적 성격을 달리한다. 반면에 구조결정론의 관점에서 보면, 자본주의의 성숙에 따른 시민사회 운동의 물적 토대 변화가 결정적 변수로 인식된다. 민족국가의 경계를 넘는 경제활동의 확산과 사회 운동의 경계가 국제화하면서 NGO의 국제 활동 공간을 확장했다고 본다. 여기에 사회주의 국가권의 붕괴에 따른 국제적 교류의 자유 공간 확장도 기여했을 것은 물론이다. 민족국가의 경계를 넘어 자신이 지향하는 가치를 보다 자유롭게 교환할 수 있게 되면서 지구시민사회의 일원성이 보다 더 제고되는 결과를 낳았다는 것이다. 인간 이성의 보편성에 대한 믿음이 확산되면서 한 나라의 사회구조와 지구촌 차원의 사회구조가 공유하는 특성 내지는 일원성에 대한 인식이 강화된 것이다.(아주대 국제대학원 특강, 2022.09.13.)

6월 항쟁 당시, 당신은 어디서 무엇을 하고 있었나?

내일은 6월 항쟁 기념일이다. 마침 민주화운동기념사업회가 6월 항쟁 당시 "당신은 어디서 무엇을 하고 있었나?"를 화두로 내고 우리 모두에게 물었다. 35년 전 6월, 나는 미국 워싱턴에 체류중이었다. 중견 정치학자에게 의회 현장 체험 기회를 제공하기 위해 미국정치학회가 운영하는 의회 연구원(Congressional Fellow)으로 선발되어 1986년 10월부터 미국 연방 의회의 윌리엄 로스 상원의원 사무실에서 근무하고 있었다. 일반적으로 미국 언론은 한국을 주요 관심 대상으로 다루지 않는다. 그만큼 지구 경영자로서의 미국사회가 당면하는 현안이 다원적이고 또 광범위하다는 뜻일 것이다. 그러나 이때만큼은 달랐다. 연일 한국 관련 뉴스가 터져 나왔다. 전두환 정권에 분노한 학생, 노동자, 일반 시민의 규탄 시위와 항의 농성이 전국에 걸쳐 일어나고 있다는 소식이었다. 미국 의회에서도 박종철 고문치사 사건 이후로는 한국 사태의 진전 상황을 보다 주의 깊게 지켜봐야 한다는 분위기가 형성되었다. 특히 1986년 11월 상원 외교관계위원회 아시아 태평양 소위원회 위원장인 크렌스턴 의원과 하원 외무위원회 인권 및 국제기구 소위원회 소속 페이건 의원이 사실 조사차 방한하여 야권 인사들과 접촉하고 귀국한 이후로는 한국 민주주의가 위기에 처했다는 인식이 높았다. 이들은 귀국 후 협력하여 전두환 정권을 비난하고 한국의 민주화를 촉구하는 결의안을 상하 양원 공동발의 형식으로 제안할 것을 합의했다. 그러나 내용을 다듬는 과정에서 김대중 문제를 강조하려는 페이건 의원과 일반적인 접근을 취하려는 크렌스턴 의원 간의 이견을 좁히지 못해 각자가 상하 양원에서 별도의 결의안을 제출키로 정리하게 된다.

그런데 상원 세출위원회 해외 활동 문제 소위원회의 디컨시니 의원이 대외 문제에 대한 전문가로서의 이미지를 의회 내외에 부각시키는 것은 물론이고 언론 매체를 통해 자신의 정치적 현저성을 높여 다음 해로 예정된 상원의원 3선 도전에 활용하려는 생각에서 한국 문제를 주의 깊게 살펴보고 있었다. 특히 박종철 고문치사 사건이 터지면서 한국의 정치 상황이 급물살을 타자 이를 계기로 대한 민주화 촉구 결의안을 제안함으로써 한국 문제 전문가로서의 기선을 제압하고자 했다. 이에 따라 결의안을 준비하는 과정에서 이미 크렌스턴 의원이 결의안을 준비 중이라는 소식을 접하고 디컨시니 의원은 크렌스턴 의원에게 결의안 추진의 주도권을 자신에게 넘겨 줄 것을 부탁하게 된다. 크렌스턴 의원은 상원 외교관계위원회 아시아 태평양 소위원회 위원장으로서 결의안 추진이 자신의 관할 범위 내에 있는 과제라는 주장을 펼 수도 있는 위치에 있었음에도 불구하고 디컨시니 의원이 선거를 앞두고 있다는 점을 배려하는 차원에서 디컨시니 의원의 요청을 받아들여 주도권을 양보하게 된다.

이에 따라 결의안 준비에 박차를 가하게 된 디컨시니 의원 사무실은 한국인 교수가 로스 의원 사무실에 근무 중이라는 소식을 듣고 뢰머 보좌관이 나를 찾아와 결의안 준비를 도와달라고 부탁했다. 그렇지 않아도 국내에서는 목숨을 걸고 투쟁에 나서는 이들이 줄을 이었는데 나는 이국땅에서 무얼하고 있나 하는 생각에 죄책감이 적지 않던 터였다. 얼른 그러마 하고는 이날부터 뢰머와 함께 결의안 통과를 위한 구상을 짜는 한편 상원의 "대한 민주화 촉구 결의안(S. Con. Res. 241)"의 공동발의자를 규합하기 위한 노력에 나섰다. 그 결과 17명의 공동발의자를 모을 수 있게 되었다. 그 가운데는 현재 미국의 대통령인 바이든 상원의원도 있었다. 마침 내가 소속되어 있던 로스 의원이 공화당 소속으로 비록 민주당 소속인 바이든 의원과 소속 정당은 달라도 같은 델라웨어주 출신이었던 만큼 사무실이 지근거리에 있었다. 오가며 자주 마주치던 바이든 사무실의 엘리자베스 보좌관을 설득해 동참해 줄 것을 부탁했던 기억이 새롭다. 결의안은 1987년 6월 27일 상원 본회의에서 만장일치로 채택되었다. 진행 과정에 곡절이 적지 않았던 만큼 이를 기록으로 남겨야겠다는 생각이 들어 퇴근 후에는 비망록을 작성했다. 이를 토대로 귀국 후 "미국 상원의 대한 외교정책 결정구조"라는 제목으로 학술 논문을 작성하여 발표했다. 이는 2003년 도서출판 오름이 출판한 『한국의회정치론』의 389쪽에서 447쪽까지에 수록되어 있다. 결의안 채택의 전개 과정에 관심이 있는 분은 이를 참조하시면 좋을 것 같다. 매년 6월이 올 때마다 기억이 새롭던 35년 전의 일을 소환해 다시 새겨 본다.(2022.05.30.)

대미 복합 로비 전략을 모색할 때다

북한의 남북연락사무소 폭파로 한반도 긴장이 고조됐다. UN의 대북 제재와 코로나-19 사태로 인해 북한의 경제적 어려움이 가중되면서 이를 극복하기 위한 몸부림으로 여겨진다. 판문점 선언에 명시된 남북 철도·도로 연결 및 현대화 사업과 함께 개성 공단 재가동, 금강산 관광 재개 등을 기대했지만 우리 정부가 한 걸음도 나가지 못한 데 대한 불만이 폭발한 것으로 관측된다. 북한의 비핵화를 전제 조건으로 삼는 미국의 핵 문제 해결 전략이 문재인 정부가 설득에 나서면 완화될 것이라는 기대가 있었으나 현실은 그렇지 못한 것에 대한 짜증인 셈이다. 그들의 눈에는 문재인 정부가 불성실했다는 타박이기도 하다. 아무것도 해내지 못하는 한국 정부를 상대해 봐야 무슨 의미가 있느냐는 것이 북한이 쏟아 내는 말 폭탄의 핵심이다.

이런 북한의 태도는 어처구니없기 짝이 없다. 그러나 이번 사태로 인해 남북한 긴장 완화와 한반도 평화 유지에 있어 미국이 결정적 결쇠를 쥐고 있다는 사실을 재확인시켜 준 것만큼은 분명하다. 남북한 공존을 통한 평화 통일 전략을 추진해 온 문재인 정부가 이를 모를 리 없다. 이전 정부와 달리 안보실장에 군 출신이 아닌 전직 미국통 외교관을 기용한 것만 보아도 알 수 있다. 이는 문재인 정부가 역대 정부 가운데 대미 로비 비용을 가장 많이 지출했다는 사실에 의해서도 간접 확인된다. 대미 로비에서 이름을 날려 온 이스라엘이나 일본보다도 많다. 지난 2년간 한국이 전 세계에서 대미 로비 비용을 가장 많이 지출했다.

그렇다. 외교에 무임승차는 없다. 뿌린 대로 거둔다는 것이 외교다. 그럼에도 불구하고 대미 외교에서 문재인 정부가 소기의 성과를 거두지 못했다는 사실을 증명하는 것이 작금의 한반도 긴장 사태다. 이런 판국에 한미 워킹그룹이 우리에 대한 미국의 통제 장치로 작동하는 만큼 이를 없애자는 일부의 주장은 북한의 생각과 그 발상에 있어 별반 다르지 않다. 아기가 독감에 자주 걸리는 만큼 병원 출입이 잦고 그러니 아기를 낳으면 안 된다는 소리와 뭐가 다른가.

오히려 이 지점에서 우리가 점검해 보아야 할 과제는 우리의 대미 외교 역량이 미국의 북핵 대응 전략을 설득을 통해 관리할 수 없었던 근본 원인이 무엇인지를 점검해 보는 일일 것이다. 이 점에서 보면 정통외교 외에 추가로 대미 로비 창구를 개척하고자 한 것은 잘한 일이다. 미국의 대외 정책 결정 구조에 내포되어 있는 특징 가운데 하나는 다른 나라와는 달리 의회의 입김이 크다는 데에 있다. 그런 만큼 의회를 포함해 대북 정책 로비 대상을 다원화해야 하고 그런 점에서 로비 전담 회사를 통해 대미 설득력을 강화하고자 한 발상은 옳았다. 그러나 원래 미국 정치에서 로비 전문 회사를 통한 외국 로비의 가성비는 그리 크지 않다. 대미 외국 로비의 선두 주자라는 이스라엘이나 일본은 단순히 로비 회사에 의존하지 않는다. 자국 로비스트를 양성해서 장기간 미국에 상주시키면서 이들을 주축으로 전면적이고, 선제적이며, 입체적인 로비활동에 나선다. 대미 로비에서 단기간의 성과를 기대하기는 어렵기 때문이다, 장기간에 걸쳐 전문 로비스트를 양성하고 현장 배치시켜 관리하고 유지하는 일이 긴요하다는 뜻이다.

우리로서는 북핵 문제만이 아니다. 군사력 증강 같은 정무적 과제 외에도 통상 압력이나 이민 쿼터 조정에 이르기까지 실로 다양한 현안이 양국 간에 걸려 있다. 진작에 전문 로비스트를 양성해서 대미 외교 전선을 강화해 왔어야 했다. 지금이라도 전문 훈련 기관을 세워 중장기적인 대응에 나서야 한다. 정통외교가 상대적 비중을 잃어가는 오늘날의 외교 현장에서 실로 입체적이고 다원적인 외교 대응이 요구된다는 사실은 결코 췌언을 요하지 않는다. 전문 로비스트의 양성을 통해 시민외교, 문화외교, 공공외교, 미디어외교 등 정통외교를 보완하는 일에 적극 나서야 하는 이유다.(2020.07.02.)

협력적 지구 거버넌스와 NGO의 역할

1. 평창 올림픽의 교훈과 지구시민사회의 과제

2018년 2월 평창 동계 올림픽의 성화가 꺼지자, 지금부터는 언제고 안보의 위기가 크게 고조될 수도 있다는 우려로 우리 모두의 마음이 무거웠다. 그만큼 한반도 정세의 위중함은 크고, 평화 올림픽이 가져다준 일상의 온전함과 안락함은 귀하고 소중했다. 평창 이후를 어떻게 조타하느냐에 따라 우리의 운명이 좌우될 것이라는 데에 이론을 펼 여지는 없었다. 바로 이 점에서 비록 잠시 동안만의 평화였지만 평창 올림픽이 우리에게 가르쳐 준 전략적 교훈은 결코 작지 않다.

먼저 올림픽 기간 동안 한반도 평화가 지켜진 것은 주변 당사국 정부 사이의 이해관계 조율의 결과가 아니라 올림픽이라는 지구촌[1] 축제를 통해 한반도 문제에 대해 지구시민이 주목하고 간여하며 직접 참여를 통해 현장을 지킨 탓이었다. 그동안 평창 올림픽 활용론자들은 올림픽을 통해 주변 이해당사국 정부들이 교류하고 대화할 수 있는 계기를 마련해 주면 그들 사이의 이해관계 조정이 일어나면서 한반도의 긴장 완화와 함께 평화가 촉진될 것이라는 주장을 펴왔다. 그러나 이런 시각은 주변 관련 당사국의 이해관계를 소여의 것으로 전제한다는 점에서 우리의 우리 문제 해결 주도권을 주변화하는 한계를 지녔다.

아무리 대화의 장을 마련한다고 하더라도 주변 이해당사국 정부가 서로의 입장을 조정하려 들지 않는다면 우리의 운전석은 금방 시계 제로의 운무 속으로 빠져들고 만다. 평창 올림픽 현장에서 정부가 주선한 미국의 펜스 부통령과 북한의 김여정 특사 간 만남이 허사로 돌아선 것이 대표적인 사례이다.

---

[1] 케임브리지와 톰슨(Cambridge & Thompson, 2004)은 국제화(internationalization)가 신자유주의와 연관되면서 인간 자본 이론과 결속하는 데 반해 지구화(globalization)는 인권이나 지구의 정의에 보다 더 강조점을 두는 개념으로 이해하고자 한다. 그러나 요르겐손과 슐츠(Jorgenson & Shultz, 2012)는 반대로 지구화가 신자유주의와 연동하여 기업가적 관점을 반영하는 데 반해 국제화는 지식사회(knowledge society)와 연계되어 있다고 보았다. 이렇듯 지구화와 국제화를 혼용하는 일은 결코 예외적인 사례가 아니다. 이런 혼란을 미연에 방지한다는 뜻에서 여기에서는 지구화를 지구라고 하는 단일 행성을 단위로 하는 생활공동체가 기존의 국제 관계에 추가하여 형성되는 현상으로 이해하고자 한다. 따라서 지구시민사회론이나 생태주권론과도 연동되어 있다. 반면에 국제화는 주로 19세기 이후 민족국가 간의 관계에서 형성되는 상호작용을 지칭하는 것이라고 한다면, 세계화(world)는 대체로 20세기 이후 경제 활동의 범지구적인 확산 과정에서 등장한 경제 활동의 초국적 현상으로 구분해서 이해하고자 한다. 세계화를 신자유주의와 연동하는 개념으로 구분해서 다루고자 하는 셈이다. 초국화(trans-nationalization)가 민족국가의 기능적 경계를 넘는다는 사실 자체에 방점을 두는 것이라면 탈영토화(de-territorialization)는 민족국가의 물리적, 지리적 경계를 넘는다는 의미로 읽힌다. 지구화를 제외하고는 모두가 별도의 단일 생활공동체 형성이라는 개념을 내포하지 않는 것으로 이해하고자 한다.

진정으로 우리 스스로가 우리 운명의 운전자가 되고자 한다면 주변 이해당사자들의 관계를 한반도 정세의 독립변수로 생각하는 상투적인 인식의 틀에서부터 벗어나야 한다. 평창 올림픽은 바로 그런 인식 전환의 중요성을 일깨워주었다.

지금까지 우리의 대외정책은 주로 주변 강대국중심주의에 기초한 것이었다. 이런 접근 시각은 한반도 정세를 객관화하고 제3자의 입장에서 관조한다는 점에서 한반도 외부의 관찰자 시각을 통해 현상의 인식에 이르고자 한다는 특성을 지녔다. 우리 스스로가 주변 강대국의 입장에 서서 그들의 프레임을 무비판적으로 차용해 온 셈이다. 이런 강대국 결정론을 비판 의식 없이 빈번하게 논의하고 차용하는 경우 그런 프레임이 사회적 담론의 주류를 형성하면서 사회상식으로 정착하는 효과를 낳는다. 주류 담론화 자체가 강대국 결정론의 정당성 기저를 확대 재생산하면서 현상 고착화의 효과를 동반하는 것이다. 주류 담론과 배치되는 관점은 비정상적이고, 부적절하거나, 타당성이 떨어지는 것으로 인지되면서 주변화되기 때문이다(은용수, 2015: 84).

그런 점에서 지금까지 우리는 한반도 정세와 관련하여 현상 타파의 가능성을 스스로 차단해 온 셈이다. 우리의 지정학적 위치나 동북아에서의 상대적 힘의 열세가 우리로 하여금 우리의 운명에 대해 주체적으로 활동하기를 어렵게 만드는 제약 요인인 것은 사실이다. 그러나 그렇기 때문에 이런 물리적 제약 요인을 극복하거나 완화하기 위한 전략 대안 모색에 보다 더 적극적으로 나서야 한다. 그렇지 않고서는 자기 운명의 피동성이라는 참혹한 굴레로부터 벗어나기 어렵다. 최근 중견국외교니 중재외교 또는 신남방 정책 내지는 아세안외교 등이 인구에 회자되지만 이는 기본적으로 강대국 중심의 대결 구도를 변화시키자는 것이 아니다. 기존의 질서를 그냥 둔 채 하위 체계에서의 미시 조정을 통해 '현안 문제 해결'에 나서자는 것의 범주를 벗어나지 못한다.

이런 구도에서 벗어나 한반도 정세의 본질적 성격을 변화시키기 위해서는 우선 현상 진단에 필요한 인식의 프레임 자체를 바꾸어야 한다. 한반도 주변 정세를 제3자의 관점에서 미리 정해져 있는 어떤 소여의 것으로 객관화해서 볼 것이 아니라 현상 참여자의 시각에서 소통론적, 상호작용론적, 형성론적 관점을 통해 접근해야 한다. 그래야 한반도 정세를 결정론적 관점이 아니라 점진적으로 유동하고 빚어지는 액상 현상으로 이해할 수 있게 된다. 그럴 때 한해 현상 변화라는 기회의 창을 열 수 있다. 이를 위해서는 비판 이론을 통해 강대국 결정론의 외피가 아니라 내재적 결정 동인을 그의 역사성 추적을 통해 접근할 필요가 있다[2]. 강대국중심주의가 동반하는 이념적 특성의 본질이 무엇인가를 비판론적 관점에서 점검해 보자는 것이다.

그렇게 해야 지금까지와는 달리 한반도 정세의 결정인자들을 소수의 강대국 정부 중심에서 지구촌 전체로 확대해 볼 수 있는 가능성이 열리게 된다. 그렇게 되어야 주변 강대국 가운데 어느 누구도 자신의 이해관계를 위해 일방적인 행동에 나서기는 쉽지 않을 것이라는 기대를 해 볼 수도 있게 된다. 지구시민사회가 주변 이해당사국들을 압도하는 독립변수로 작용하는 까닭이다. 이는 사실 평창 올림픽에서 이미 증명되었다. 지구시민 모두가 주목하는 지구촌의 축제는 주변 이해당사국 정부로 하여금 스스로 자신들의 권력 의지에 잠정적인 모라토리엄을 걸지 않을 수 없게 했다. 평창 올림픽을 평화 올림

[2] 비판이론에 대해서는 Mcdonald(2017)을 참조하기 바란다.

픽이라고 불러야 하는 진짜 이유가 바로 이 지점에 있다. 따라서 평창 올림픽을 상시화할 수만 있다면, 한반도 문제에 대한 지구촌의 관심과 참여를 일상화할 수만 있다면, 우리의 평화를 우리가 지켜 나갈 수 있다는 인식의 창을 열 수 있게 되는 것이다.

이는 한반도의 평화 유지 문제를 동북아의 지역 패권 차원이 아니라 지구촌 전체의 평화와 윤리의 관점에서 접근할 때 훨씬 더 용이하게 문제 해결에 접근할 수 있다는 의미에 다름 아니다. 예컨대 지구시민의 뜻을 모아 유엔 본부를 뉴욕이 아닌 서울이나 송도에 둔다면 지금의 한반도 위기 국면은 그의 본질적인 성격을 달리할 수도 있지 않겠는가? 주변 이해관계 당사자들이 대량 살상 무기를 동원하는 강성 권력 행사에 나서고자 했다가도 그것이 한반도만의 문제가 아니라 지구시민 전체를 상대로 하는 도발이 된다면 스스로 제동을 걸 수밖에 없는 일이 아닐까?

이런 생각의 연장선상에서 보면 한반도 평화의 유지 문제가 이 시대 지구촌 전체의 윤리적 책무라는 인식을 범지구적으로 확산하고 공유하는 일의 중요성에 눈뜨게 된다. 바로 이 지점에서 전후 이스라엘의 건국 과정이 우리에게 시사하는 바는 결코 작지 않다. 유대민족의 디아스포라를 지구촌 차원의 반인류적 범죄로 자리매김하는 일에 성공했기 때문에 오늘의 이스라엘 건국이 가능했던 것이다. 한반도 평화의 유지가 지구촌 최대의 윤리적 현안이라는 인식을 범지구적으로 확산하는 일이야말로 우리의 평화를 우리가 지켜내는 데 있어 핵심 과제라는 인식을 보다 더 확고히 다져야 하는 이유이다.

이렇게 놓고 보면 한반도 평화를 지켜내는 데 있어 매우 중요한 전략 가운데 하나는 우리 스스로가 보다 적극적으로 지구촌 여론을 선도해 나가야 하며 이를 위해서는 더 능동적으로 지구시민사회의 중심축으로 발돋움해 나가야 한다는 데에 있다. 우리가 지구시민사회 형성의 메카가 되면서 지구촌의 미래를 조타하는 선도국이 되자는 것이다. 한반도의 평화 유지 문제를 지금까지는 정부(GO) 간의 과제, 공적 차원의 국제 관계 관점에서만 다루어 왔다. 그러나 오늘날의 지구촌은 이미 개인, 국제비정부기구(INGO: International Non-governmental Organizations)), 초국적 기업(TNCs: Trans-nationl Cooperations), 민족국가와 그들에 의해 구성되는 국제기구(IGOs: International Government Organizations) 같은 초국적 활동자들이 함께 모여 협력적 공조 체제를 구축하는 지구 거버넌스의 시대에 들어서 있다. 19세기 이래 민족국가 중심으로 운영되던 국제 질서가 지구화로 인해 재편되면서 권력의 중심축이 지구시민 개개인을 향해 급속히 이동하는 시대 성격 전환의 한가운데에 서게 되었다. 이로 인해 국제 관계에서 지구시민사회 운동 단체가 담당하는 역할의 비중은 날로 커지는 추세에 있다(Steffek et al, 2008). 이런 변화는 지구시민 개개인이 주체와 객체가 되는 시민외교에 주목하지 않을 수 없게 하는 핵심적 변인이기도 하다

이런 관점의 연장선상에서 한반도 주변 정세를 국제 관계에 대한 현실론자들의 관점에서 진단해 보면 패권적 지배 세력들이 한반도의 미래를 놓고 각축전을 벌이는 한 이제 겨우 중견국으로 발돋움하는 우리가 독자적으로 자기 목소리를 내기는 마땅치 않은 일이다. 우리가 우리 자신의 운명에 대한 수동적 질곡에서 벗어나 보다 독자적인 자기 미래의 개척에 나서기 위해서는 국제 관계에 대한 초국적 활동자들의 규모가 혁신적으로 확대되고 그 결과 개별 활동자들의 자율적인 활동 범위가 급격히 신장하면서 상대적으로 전통적

인 패권 국가의 권력적 비중은 줄어들게 해야 한다. 지구 거버넌스 체제의 등장이 혁신적인 대안이자 적극적으로 대처해야 마땅한 선택지로 평가되어야 하는 이유이다.

특히 우리는 이미 중견국으로서 지구촌의 강대국과 약소국을 이어주는 연결핀 내지는 중간자 역할을 수행하기에 유리한 위치에 놓여 있다. 제2차 세계대전 이후 경제 발전과 정치적 민주화를 모두 성취한 유일한 나라이며 개발협력 관계에서는 수혜국에서 출발하여 공여국이 된 단 하나의 사례이기도 하다. 그런 만큼 개도국과 선진국의 사정 모두에 정통한 이해력을 갖추었다. 그뿐만이 아니라 촛불혁명 이후 스스로가 국제 관계의 패권적 지배질서의 모태라고 할 수 있는 관행적 민주주의에서 벗어나 직접 민주주의를 향해 급진적인 변화를 거듭하고 있다. 참정의 중심축이 대리인 체제로부터 시민 개개인으로 이동하는 중간 지점 또는 변곡점에 서 있는 셈이다. 이런 상황 변화를 견인하는 시민사회 세력의 활성화 정도나 경험의 축적 정도도 최소한 아시아 지역 내에서는 선두 주자에 해당된다.

우리의 현대 정치사 전개 과정에서 시민사회 운동이 역동적, 주도적 역할을 수행해 왔다는 사실은 이미 지구촌 모두가 잘 알고 있는 바와 같다. 가투에 나선 홍콩의 시위대가 우리의 촛불혁명을 말하고 민주화를 주창하는 대만의 해바라기 운동이 우리의 시민사회를 거론한다. 말레시아의 버시 4.0 운동 현장에서도 같다. 우리의 시민사회 운동 단체가 참여하는 아시아자유공정선거감시네트워크, 포럼아시아, 동남아언론인연합(SEAPA), 아시아민주주의네트워크, 아시아평화시민네트워크 등 실로 수많은 자발적 결사체들이 이미 네트워크를 통해 아시아의 지역공동체 형성에 나서 있다.

그동안 축적된 시민사회 운동의 동력을 통해 지구시민사회 구축의 과제를 선도하지 말라는 법이 없다고 보게 되는 이유이다. 비록 산업화 과정에서는 뒤처져 그동안 정부 간의 국제 관계에서 독립변수로서의 비중을 욕심만큼 확보하지 못했던 것이 사실이고 아직 아시아 시민사회 외부로까지 시민사회 운동의 주도적인 네트워크가 확장되어 있는 것은 아니지만 그렇다고 해서 지구화 시대에도 지구 거버넌스의 중심축이 되어 이를 선도하지 말라는 법은 없다. 아니 NGO를 중심으로 지구 거버넌스를 선도하고 지구시민사회를 개척하는 일이야말로 우리에게 주어진 절호의 기회라는 심정으로 이 일에 절박하게 매달려 앞으로의 지구촌을 조타해 나갈 수 있어야 한다. 우리에게 있어 이는 선택의 문제가 아니라 필수적 과제이며 나라의 안위와 존립의 문제가 걸려 있는 절박한 숙제이기도 한 것이다.

2. 지구 거버넌스의 관점에서 본 지구시민사회

지구시민사회 형성의 맥락적 원동력이라고 할 수 있는 지구화 시대의 도래를 구조적인 관점에서 보면 시간과 공간의 압축을 상징한다. 지리적으로 멀리 떨어져 있는 지구촌의 구성원들이 과거 그 어느 때보다도 신속하게 상호작용하고 긴밀하게 네트워크로 연결되며 국가로부터 벗어나는 개인의 권력 행사 범위가 지속적으로 확대되는 추세에 있다. 이로 인해 국제 관계에서 지구시민 개개인이 참여하는 지구시민사회의 역할 비중이 커지고 있으며, 그에 따라 지구 거버넌스의 관점에서 접근하는 일의 중요성도 함께 확대되고 있다. 지구화를 초국적 차원의 정책론적 관점에서 이해하고 접근하게 되는 이유이다. 그래야 한반도 문제에 대한 지구시민사회의 의견을 결집하고 대안 모색에 대한 전략을 개발하며 실천적 지혜를 보다 효율적으로 모아 나갈 수도 있을 것은 물론이다. 지구화를 일국 수준의 정책 개발 범주가 범지구적으로 확장하는 현상으로 이해해 보자는 것이다(김규원, 2003: 6-8).

이는 사실 이미 지구촌 전역에서 지구 차원의 사회적인 재배분과 조절작용(global social redistribution and social regulations)이 초국적인 행위자들을(a practice of supranational actors) 통해 범지구적으로 진행되고 있다(Deacon et al, 1997: 195)는 사실을 직시하고 이를 보다 적극적으로 미래사회에 반영하자는 것에 다름 아니다. 지구화가 진행되면서 지구촌 전역에서는 경제적 착취, 사회적 배제, 문화적 종속을 정당화하고 지배 엘리트 사이의 권력적 네트워크를 공고화하는 일이 폭넓게 진행되어 왔다. 이로 인해 분산과 고립이라는 소외의 문제를 낳았으며, 이주와 퇴출이라는 박탈의 문제를 불러왔다. 이를 해소하기 위해서는 당연히 새로운 지배질서(governance)의 창출이 불가피한데 이는 지금보다는 훨씬 더 호소력 있는 범지구 차원의 사회정책 개발을 통해서나 가능한 일이다.

그런데 지구화로 인해 비롯되는 이런 소외와 박탈의 문제는 단지 경제적 관계에 한정되는 일이 아니다. 매우 복합적이고 다원적이며 범지구적이라는 데에 일차적인 특징이 있다. 경제적 관계의 지구화에 따른 신자유주의의 확산은 발전 패러다임을 정당화하고 그에 따라 빈부의 격차와 기아 및 빈곤, 나아가 환경 오염과 생태계 훼손의 문제를 심화시켰다. 서구 중심의 세계 지배 전략과 병행하면서 그에 저항하는 인종주의와 민족주의, 핵무기 개발과 테러리즘을 부르고, 인류 보편의 가치에 상치하는 신질서의 구축으로 이어져 다시 양심수의 양산과 사회적 약자의 외면 문제를 유발하고 있다.

이렇게 다층적이고 다원적인 소외와 박탈의 문제들이 상호작용하면서 범지구적으로 확산되고 있기 때문에 이런 과제의 해소를 위해서는 소수의 국제질서 관리자들이 아니라 범지구 차원의 지구시민 스스로가 동의하고 승인하는 사회 정책을 구상하고 대처하는 일이 불가피한 과제로 부상하고 있다(김규원, 2003: 6-7). 지구화는 이제 지구 차원에서 이루어지는 하의상달식 사회정책망 형성을 불가역적인 과제로 제기하고 있으며, 그렇기 때문에 지구시민사회 자체를 사회정책망의 범지구적 확산 현상으로 다루어야 마땅한 일이 되어 있다.

이는 마치 산업화 이후 점증하던 빈부 격차와 계급 대립 등 사회 문제가 심각해지자 이에 대응하기 위해 행정국가의 등장을 불러오고 사회관계에 대한 정부의 개입을 적극적으로 요청했던 것과 유사하게 소외와 박탈이 구조화하는 지구화 시대에서는 경제적 쟁점을 전 지구 차원의 정치 문제로 치환하고 이를 지구시민 정치가 대응해 나가야 하는 시대가 도래해 있는 것이다. 지구 현안을 사회정책의 관점에서 접근하고 해결하는 일이 불가피하게 되었음을 뜻한다. 사회정책 과제의 초국가화 현상에 대한 대응 조치로 사회정책망의 범지구적 확산을 추구하지 않을 수 없다는 뜻이다.

바로 이런 범지구적인 차원의 사회정책이 어떤 양식에 의해 구성되고 관리되는가에 주목해 보면 국가와 시민사회가 공조 체제를 형성하는 협력적 지구 거버넌스(collaborative global governance)와 대면하게 된다. 주권국가의 정부와 국제기구 같은 공적 기관과 초국적 기업, NGO, 국제 자본, 매스 미디어, 비중 있는 개인 같은 사적 영역의 활동자들이 상호작용하여 정책 파트너십을 형성하고 다원적인 매개와 조정의 과정을 거치는 것이 바로 협력적 지구 거버넌스의 운영 실제이다. 국제기구에 자문위원으로 개인이 참여하거나 국제회의에 병행 회의(parallel meetings)를 개최하여 주의주창 활동에 나서고 감시 활동을 펼치며 핵무기 폐기, 인권 보호, 환경 보존, 공정 무역 등 실로 다양한 정책 주제를 들고 범지구 차원의 시민 운동에 매진하거나 개인이 영위하는 일상의 연장선상에서 시민외교, 이민정책, 민족주의같이 초국적 영향을 미치는 정책 과제에 간여하거나 지구시민교육, 국제 재해 구호, 역량 강화처럼 초국적 사회 운동에 나서는 것도 같다.

따라서 협력적 지구 거버넌스에서는 민족국가나 국제기구에게만 지구 정책 과제의 해결을 맡기는 것이 아니라 국제적 교류와 협력에 나서는 NGO를 비롯해 실로 다양한 초국적 활동자들이 공동 협력, 공동 기획, 공동 집행하는 가운데 문제 해결의 선두에 나서고자 하는 것으로 이해된다(박상필, 2005: 593-594). 이는 마치 일국 중심의 거버넌스 프레임을 초국적 공간으로까지 확장하자는 것에 다름 아니다.

그러나 그렇다고 해서 협력적 지구 거버넌스가 지구 정부의 탄생을 예고하는 것이거나 하나의 일관된 지구 질서를 선제적으로 전제하거나 지향하자는 것은 아니다. 권위의 하향식 계서 구조를 상정하는 것도 물론 아니다(Karns et al, 2009: 2). 다만 범지구 차원에서 감당해야 할 어떤 질서 정연한 규칙이나 집단행동의 양식을 모색하기 위해 부단히 '게임의 규칙'을 형성해 나가자는 것이다. 따라서 협력적 지구 거버넌스는 지구화 현상이 불러온 다양한 문제를 다시 다양한 초국적 활동자들의 범지구적인 대응을 통해 점진적으로 해결해 나가려는 것에 다름 아니다. 그렇기 때문에 지구화 현상 그 자체이기도 하고 지구화에 따른 결과적 소산이기도 하다. 나아가서는 경험적 실체에 대한 서술이기도 하지만 규범적이고 당위적인 요소를 내포하는 것이기도 한 이중적 성격을 지녔다.

그런데 이런 협력적 지구 거버넌스는 패권적 지구 지배질서의 이익을 배타적으로 유지, 보호한다는 점에서 이미 대중적인 호소력을 상실한 상태에 있는 국제기구의 역할을 잠식하거나 보다 더 위축시키는 경향이 있는가 하면 다른 한편으로는 그의 정당성 기반을 보완, 확대하는 성질도 지녔다(오경택, 2001: 185). 국제기구가 민족국가들에 의해 구성된다는 점에서 보면 협력적 지구 거버넌스가 국제기구의 배타적 자율성을 더 이상 용인하려 하지 않는다는 점에서 민족국가의 위축을 겨냥하는 것이기도 하지만 오히려 다양한 초국적 활동자의 참여를 통해 국제기구의 정당성 기반이 확장된다는 점에서는 민족국가의 기능적 확대를 지향하는 것이라고도 말할 수 있다. 바로 이 점에서 양면적 성격을 지녔다(Keohane & Nye, 2000: 23).

이런 협력적 지구 거버넌스를 NGO의 활동에 비중을 두어 조망해 보면 초국적 시민 네트워크의 등장에 다름 아니다(김규원, 2003: 25). 협력적 지구 거버넌스의 개념 가운데 정책 관리적인 요소 대신에 네트워크적인 요소에 비중을 두어 이해하고 민족국가의 비중을 최대한 약화시키는 한편, NGO를 비롯한 시민사회의 역할 비중을 강화하는 경우 드러나는 현상이다. 협력적 지구 거버넌스의 개념 가운데 민주적 요소를 보다 더 확장해서 재구성하고자 한 것이라고도 말할 수 있다. 보다 특정의 정책 의지나 그에 따른 가치선택적인 요소를 배제했다는 점에서 가치중립적이고 객관적인 입장에서 지구화를 이해하고자 한 결과물인 셈이기도 하다.

그런데 이렇게 가치선택적인 요소를 배제하고 단순히 네트워크의 관점에서만 협력적 지구 거버넌스를 파악하고자 하는 경우에는 그런 네트워크를 통해 언제나 조화롭거나 민주적인 요소만이 유동하게 되는 것은 아니다. 때로는 갈등적이며 실망스럽고 심지어 범죄적이고 파괴적인 요소까지도 유동한다. 네트워크의 주요 구성요소인 NGO의 운영 과정에서 참여의 주체인 일반 시민이 개인주의적인 동기에 몰입하거나 가부장적인 지배 요소를 동반할 수도 있고 나아가서는 철저히 이기적이고 비도덕적인 간여가 일어날 수도 있다. NGO가 자신의 부족한 재정 자원을 보충하고 지속적인 활동을 유지하기 위해 도덕적 권위를 외면한 채 기업의 재정 지원을 유도하거나 타협적 거래에 나서기도 한다(Krieger, 2004). NGO라고 해서 부패하거나 권력 남용, 인권 유린 등을 유발하지 말라는 법이 없다. 따라서 이런 접근 시각은 지구시민사회가 지구 거버넌스로 구체화하기 위해서는 공동체적인 윤리나 가치관을 동반해야 한다는 사실을 환기시켜주는 것에 다름 아니다.

그런데 이런 네트워크 중심의 접근 시각은 국가 간의 경계를 초월하여 초국적으로 의사소통의 연결망이 구축된다는 것을 전제하기 때문에 과거 국내적인 요인에 의해 영향을 받던 국외적인 요인이 다시 국내 정책 형성 과정에 영향을 미치는 역류 현상을 낳게 된다. "부메랑(boomerang) 효과(Keck & Sikkink, 1998: 12)"를 불러오는 것이다. 이런 부메랑 효과를 범지구적으로 확대해서 관찰해 보면 결국 협력적 지구 거버넌스란 적극적 의지를 가지고 어떤 정책을 관철하려는 민초들의 노력이 초국적 연결망을 이루는 것으로 이해된다. 그렇기 때문에 초국적 창도 네트워크(Transnational Advocacy Network)라고도 말할 수 있다.

3. 급진적 국제 관계와 협력적 지구 거버넌스

이런 초국적 창도 네트워크로서의 협력적 지구 거버넌스는 이를 분석적으로 조망해 보면 국제기구나 민족국가 같은 정치적 대리인 체제에 의해 운영되던 관행적 국제 질서의 민주적 결손을 비정부적인 사회 구성요소들의 직접적인 참여를 통해 적극적으로 보완하고 개선하려는 의지를 반영하는 것으로 이해된다. 따라서 협력적 지구 거버넌스는 광범위한 지구시민사회의 구성원들이 보다 적극적, 직접적, 초국적으로 활동한다는 점에서 지구 차원에서의 참여민주주의를 지향하자는 것으로 해석된다. 보다 광범위하고 다양한 초국적 활동자들이 대화와 소통의 장을 열어 협력적 공조 체제를 구축하고자 한다는 점에서는 숙의민주주의를 구성요소로 삼는 것이기도 하다. 그런 참여와 숙의를 가능케 하는 협력적 동반자 관계의 물리적, 기술적 토대가 자기 주도형 개인 미디어 같은 SNS의 확산에 힘입은 바가 크다는 점에서는 전자민주주의를 시사한다. 이는 국제 관계상의 관행적 질서를 극복하고자 한다는 점에서 급진민주주의를 지향하는 것에 다름 아닌 일이기도 하다. 그러나 협력적 지구 거버넌스의 이런 특성들은 엄밀히 말해 당위적, 선험적 차원의 디자인일지는 몰라도 아직 현실 세계에서 만나는 실체라고까지 말하기에는 어려운 측면이 있다. 시대의 당위이기는 하지만 현실로 자리 잡기 위해서는 충족되어야 할 과제들이 적지 않기 때문이다.

그동안 협력적 거버넌스는 주로 한 나라의 중앙정부나 지방정부 수준에서 논의하고 추진되는 것이 보통이었다. 국제지역사회나 지구 차원에서는 크게 활성화되지 않았다. 그러나 최근에는 범지구 차원에서 국제기구의 정책 결정에 대해 의견을 표명하거나 정보를 공유하고 어떤 정책 의지를 관철하고자 노력하는 초국적 시민사회 운동이 확대되고 있다. 지구시민사회 차원에서 광범위한 네트워크를 갖춘 초국적 NGO들이 지구시민과 지구 거버넌스를 연결하는 "동력 전달 장치(transmission belt)"로 활동하게 된 것이다(Steffek & Nanz, 2008: 3). 국제사회의 어떤 정책 결정과 관련하여 초국적으로 활동하는 지구시민은 이제 더 이상 수동적 존재가 아니다. 국제기구에서 활동하는 사람들을 선거를 통해 선출하거나 그런 사람들을 선발할 권리를 위임하기 위해 정치적 대리인을 선거하는 투표에 나서는 것과 같이 소극적, 간접적 참여 또는 참정권의 2차, 3차 걸치는 위임에 만족해야 했던 데에서 벗어나 보다 직접적이고 적극적인 참여를 모색하는 것이다.

그런데 이런 협력적 지구 거버넌스는 우선 인식론 차원에서 지금까지 보아온 국제 관계의 관행적인 운영 양식과 근본적인 성격을 달리한다. 지금까지 국제 관계에서 대다수의 지구촌 보통 사람들이 할 수 있는 일은 소수의 국제 관계 전문가가 주도하는 지구 현안에 대한 정책 판단이나 인식 프레임에 대해 수동적, 간접적으로 동의 또는 부동의를 표시하는 정도를 넘지 못했다. 이는 "관리자혁명론(managerial revolution)"(Burnham, 1971)에서 말하는 바와 같이 국제기구나 개별 민족국가의 분야별 전문가에게 사실상의 의사결정권이 전도되면서, 대외 관계와 관련하여 보통 사람들은 선제적으로 적극적인 주견을 가지고 있어야 할 이유가 없었음을 뜻한다. 그러나 지구시민의 직접적인 참여를 강조하는 협력적 지구 거버넌스 아래에서는 지구 현안에 대해 어떤 선험적 서사가 선제적으로 마련되어 있다고 보지 않는다. 아니 구조적으로 그럴 수가 없는 일이다. 이는 매우 당연한 것으로써 보통 사람들의 참여가 이루어지기 이전까지는 어떤 형태로도 집단적 의사가 미리 마련되어 있을 수가 없는 일이기 때문이다. 협력적 지구 거버넌스에서는 보통 사람들의 주견과 주견 사이에서 상호작용이 일어나고 그 결과 비로소 지구 차원의 일반 의지가 생성된다. 그런 점에서 지구시민사회 현상을 소여의 것으로 간주하고 이를 제3자의 눈으로 관조하려는 것이 아니라 현상 자체의 참여자들 사이에서 일어나는 간주관주의적이고, 상호작용적이며, 소통론적이고, 변증법적인 변용을 통해 형성되는 것으로 이해된다.

이는 협력적 지구 거버넌스가 운영되기 위해서는 관행적 국제 관계에서와는 달리 보통 사람들이 보다 적극적으로 자신의 정책 의지를 정립하고 밝힐 수 있어야 한다는 뜻이다. 보다 능동적으로 자신의 입장을 주도하는 능력을 지닌 지구시민이 전제되어 있어야 한다. 그런데 이런 적극적이고 능동적인 자아를 형성하기 위해서는 더욱 자기중심적인 세계관이 필요하고, 무엇보다도 생활 세계를 지구촌 차원에서 파악하고 인식하는 능력이 구비되어 있어야 한다. 그러나 현실 세계에서는 아직 그런 주견을 지닌 초국적 시민의 형성이 보편화되어 있다고 보기 어렵다. 따라서 민주적 가치에 투철한 지구시민을 육성하려는 적극적인 노력을 필요로 한다. 범지구적인 차원의 지구시민교육에 주목하게 되는 이유이다.

그런데 이렇게 주견이 확실한 지구시민의 참여가 활성화하는 경우, 소극적 참여의 시대보다는 훨씬 더 그런 주견들 사이의 격차를 시정하고 통합과 결속으로 나아가는 일이 쉽지 않게 된다. 보다 뚜렷한 주견과 주견 사이의 이견을 극복하고 통합에 이르기 위해서는 보다 효율적인 대화와 소통의 능력을 필요로 하기 때문이다. 더욱 본질적인 문제는 지구시민의 적극적인 참여가 사회 정의의 구현 문제와 직접적인 인과관계를 구성하는 것은 아니라는 데에 있다. 지구시민의 직접적인 참여의 확대가 재정 자원이 풍부한 기업이나 대규모 INGO 같이 기왕에 국제 관계에서 우월적으로 활동해 온 이들에게는 과거에 비해 보다 적극적으로 자신들의 의사를 관철할 수 있는 기회를 제공하거나 또는 학습할 수 있는 여건을 개선해 주지만, 그렇다고 해서 그동안 참여에 소극적이었던 사회적 약자나 정책적 취약계층에 대해서도 자동적으로 보다 더 확대된 참여의 동기를 부여하거나 기회를 제공하고 그 결과 정책 주도자로서의 지위를 강화해 주는 것은 아니다. 참여 기회의 확대나 참여에 대한 선험적 당위성의 제고가 참여 결과의 불평등 내지는 불균등성을 자동적으로 시정해 주지는 않는다. 오히려 적극적 참여자와 소극적 방관자 사이의 정책 능력 격차는 심화될 개연성이 훨씬 더 크다. 참여를 통한 정보의 교환이나 이견의 조정 기회가 커진다고 해서 그것이 곧바로 의사결정권의 균등 배분을 의미하는 것은 아니기 때문이다. 따라서 이런 상황을 극복하기 위한 제도적 장치의 고안과 사회 운동에 대한 수요는 오히려 더 커지게 된다. 지구시민사회의 박애주의적 가치 지향성에 대한 수요가 높아지는 이유이며, 사회경제적 약자나 취약계층을 상대로 그들의 역량 강화를 위한 개발 협력 운동에 나서야 하는 이유이기도 하다.

부언하면 협력적 지구 거버넌스 과정에서의 참여민주주의가 효율적으로 운영되기 위해서는 지구시민 개개인들이 과거보다 훨씬 더 적극적이어야 하고 더 체계적으로 상호 의사소통할 수 있어야 하며, 그동안 정책 과정으로부터 멀리 떨어져 있던 이들에게도 참여의 능력과 인센티브가 주어져야 한다. 이를 위해서는 참여의 차원을 다원화하는 것도 문제 해결의 대안 가운데 하나이다. 예컨대 EU, 아프리카 연맹(African Union), 아시아-유럽정상회의

(ASEM: Asia-Europe Meeting) 같은 국제 지역사회 차원의 거버넌스를 활성화하는 것이 대표적인 사례 가운데 하나이다. 같은 이치로 국제 지역 간의 상호작용과 협력적 네트워크를 구축하고 활성화하는 것도 같다. 이렇듯 협력적 거버넌스를 다차원화하는 경우 어떤 차원에서는 정보 자원의 비대칭성과 그에 따른 열등성을 감내하더라도 다른 차원에서는 우월적 불균형성을 통해 이를 상쇄할 수 있는 기회를 잡을 수 있게 된다. 참여의 일상화, 지속 가능성을 확장하기 위한 제도적 장치의 개발과 운영의 실질화가 시급한 과제로 제기되는 이유이다. 지구 거버넌스라고 해서 국제 지역 단위의 상호작용적 네트워크를 소홀히 하자는 의미는 결코 아니라는 뜻이다.

또한 참여에 따른 책무성 확보가 손쉽지 않다는 점도 문제이다. 협력적 지구 거버넌스에 대한 초국적 활동자들의 참여는 주로 협력과 조정, 협의 등의 양식을 취하는 것이 보통이다. 초국적 시민운동단체들이 정부나 국제기구 같은 공적 기구를 상대로 정보의 공개를 요구하거나 정책을 주문하고 평가하며 책임 추궁에 나서기도 한다. 그러나 EU 같은 예외적인 경우를 제외하고는 선거를 통해 거버넌스 운용에 대해 직접 정치적 책임을 묻거나 사법적 재결을 통해 책임의 소재를 밝히는 일은 없다. 지구 의회 같은 대의 기구를 마련하는 일이 철학적, 현실적으로 실현 가능한 일로 여겨지지도 않는다. 아직 초국적 정책 네트워크를 상대로 지구시민사회의 보통 사람들이 참여하고 평가하는 일이 지리적 이격성, 문제의 다원성, 관계의 복잡성 등으로 인해 결코 간단치 않기 때문이다. 모집단으로서의 지구시민이 하나의 정책공동체를 형성할 수 있을 만큼 동질적이냐에 대해서도 얼마든지 이견의 제시가 가능하다. 그러나 여전히 전통적으로 민족국가의 배타적 관할 영역에 속하던 환경, 인권, 발전

등의 영역을 중심으로 NGO, 기업, 언론 등의 참여 공간이 지속적으로 증가하고 있는 것만큼은 부인할 수 없는 사실이다.

둘째, 협력적 지구 거버넌스의 숙의민주주의적인 요소에 주목해 보면 지구시민들이 숙의의 실효적인 주체로 활동하기 위해서는 그들이 관련 과제에 대한 정보와 지식을 충분히 갖추고 있어야 한다. 그러나 지구시민사회 전체 차원에서 보면 그런 사람은 상대적 소수에 불과하다. 더욱이 지구촌이라고 하는 초광대역 사회공동체에 대해 필요 정보를 적시에 조달하고 공유하기란 쉽지 않은 일이다. 그렇기 때문에 숙의의 실질적인 주도력이나 영향력 행사에 있어 초국적 지구시민 사이에 일종의 계서적 격차가 생기고, 그렇기 때문에 숙의를 통한 동등 참여 내지는 합의의 도출은 매우 지난한 과제가 된다. 이 점에서 보면 참여민주주의가 지향하는 바 참여의 폭을 확장하고자 하면 할수록 성공적인 숙의의 구현 가능성은 그만큼 더 멀어지는 관계에 있다. 지구 거버넌스 자체가 초광대역 참여자를 대상으로 하는 것일 뿐만 아니라 그 가운데에서도 참여자 수가 늘어날수록 그만큼 더 참여자 사이에서 생기는 숙의 능력상의 격차는 커지기 때문이다. 이런 모순을 극복하기 위한 대안의 하나로는 흔히 다수결주의를 말한다. 그러나 불행하게도 다수결주의는 숙의민주주의가 지향하는 합의를 촉진하는 데 기여하는 장치가 아니다. 다수결주의에는 소수의 배제를 당연시하는 속성이 내재되어 있기 때문이다. 그렇다고 해서 다수결주의에 의존하지 않고 숙의민주주의의 현장을 관리하기란 쉬운 일이 아니다. 이 갈등적 상황을 해결하기 위한 제도적 장치를 고안해 내야 하는 과제가 협력적 지구 거버넌스가 풀어야 할 최우선적인 숙제 가운데 하나다. 민주주의의 기본 원리에 대한 보다 근본적인 탐구가 범지구 차원에서 모색되어야 하는 이유이다. 그렇지 않을 경우 국제 관계상에 이미 구축되어 있는 기득의 권력관계를 정당화하기 위한 또 다른 형태의 도색 장치에 지나지 않는다는 비판에서 벗어나기 어렵다.

숙의민주주의는 또한 지구시민들이 통상 합리적, 이성적이라고 알려진 논거를 통해 토론하고 그 결과 합의에 도달함으로써 공정성, 자유, 평등, 공공선 등을 추구하려는 것으로 이해된다. 그러나 초국적 활동자들은 자신의 이익을 최대화하기 위해 서로 다른 가치 척도를 동원하거나 공공선이나 공정성 프레임으로 자신의 자기 이익 우선주의를 위장하려 할 가능성이 얼마든지 열려 있다. 숙의를 통해 사회적 가치를 구현한다는 것은 선험적 규범으로서는 가능할지 몰라도 사회적 현실로 구체화하기는 쉽지 않은 일이다. 그렇다고 해서 그런 성격의 숙의가 아무런 사회적 의의를 동반하지 않는다는 말은 물론 아니다. 적어도 숙의에 참여하는 초국적 활동자들이 그런 가치를 추구하기 위해 노력한다는 사실 자체가 마음의 위안을 낳는다. 그러나 그렇다고 하더라도 숙의를 위해 무한정 시간과 자원을 배분하고 소비할 수 없다는 점도 부인하기 어렵다. 이로 인해 실제 숙의를 통해 다루어지는 과제는 지구촌이 당면한 다양한 공동의 과제 가운데 극히 일부에 지나지 않는다. 바로 이 점도 숙의민주주의가 내포하는 현실적 한계 가운데 하나다.

이런 문제를 해결하기 위한 대안 가운데 하나로 흔히 NGO를 통한 숙의의 대행 또는 지구시민사회의 조직화 전략이 제시된다. 세계사회포럼(World Social Forum)이 대표적인 사례 가운데 하나이다. 그러나 이 경우 대형 NGO와 소규모 NGO 사이에서 사회적 동원 능력의 차등화가 발생하면서 결과적으로는 숙의의 실질화 차원에서 일종의 계서가 형성된다는 점이 극복해야 마땅한 과제로 제기된다. 기존의 권력관계가 반영되면서 실질적인 지구 거버넌스의 운영을 거부하거나 배제하는 문제가 발생하는 것이다. 북반부 NGO가 남반부 NGO를 동등한 권능을 가진 숙의의 파트너로 다루지 않는 경우가 여기에 해당된다. 숙의의 대상을 자의적으로 선택하는 일은 당연히 협력적 지구 거버넌스의 정당성 기반을 약화시키게 된다. 이런 상황은 지구촌 일대의 분야별 전문가와 보통 사람들 사이에서도 발생한다. 이를 시정하기 위해서는 다원주의 체제 아래에서 어떻게 영향력을 발휘하고 타협하며 정보를 교환할 것인지에 대한 기초 지식이나 활동 능력을 개발하는 일이 중요하게 된다. NGO의 국제 활동을 개발하고 지원하는 적극적인 노력이 경주되어야 하는 이유이다.

셋째, 전자민주주의는 개인이 주도하는 전자적, 사적 네트워크가 협력적 지구 거버넌스의 중심축을 이룬다는 의미에 다름 아니다. 개인 미디어가 지구 정책 네트워크의 중심축으로 작용하고 정보의 생산과 공유를 주도하며 지구 거버넌스 구성원 간의 대화와 학습을 촉진하기 때문이다. 개인 미디어는 또 범지구적으로 적극적 지지를 동원하는 소통의 창구이기도 하다. 새로운 사회적 연결망이 추가된다는 의미 외에도 기성의 권력적 관계에 의해 유도되거나 왜곡되지 않고 보다 독자적인 양식의 발언과 대화를 가능케 한다는 점에서 주목된다. 특히 기성의 언론 미디어가 장악하고 있는 기득권 친화적인 프레임을 우회해서 보다 독자적이고 독립적인 양식으로 소통할 수 있다는 점에서 흔히 급진 민주주의의 초석으로 간주된다. 이는 이미 여러 곳에서 증명되고 있다. 2010년 이후 아랍의 봄으로 불리는 북아프리카에서의 자스민 혁명이 인터넷을 통해 촉발되었다는 사실은 이미 상식이 되어 있다. 이는 우리의 촛불민주주의나 홍콩의 우산혁명, 중앙아시아 키르키스스탄의 튤립혁명, 우크라이나의 오렌지혁명, 그루지야의 장미혁명에서도 같다.

그러나 이런 디지털 네트워크를 통해 가짜 뉴스가 양산되거나 초국적 네트워크에 대한 접근성의 차등으로 인해 정책 창도력이 누구에게나 공평하게 배분되지 않는다는 점에서는 협력적 지구 거버넌스의 새로운 위협 요인으로 간주된다. 무엇보다도 이런 소통의 통로를 건전한 정책 토론의 장으로 활용하는 것이 아니라 일종의 정서적 배설 통로로 활용하려는 경향에 대한 호소력 있는 제어 장치가 마땅치 않다는 점도 문제다. 디지털 네트워크를 커피숍이 아니라 카니발로 여기면서 가짜 뉴스가 창궐해도 이를 극복하기가 쉽지 않다. 특히 SNS는 이미 반향실(echo chamber)이 되어가고 있다는 평가를 받는다. 소통의 협송성(stratification)이 가능해지면서 사람들이 자신과 유사한 생각을 가진 이들하고만 어울리고 교류하려 들기 때문이다. 또한 SNS는 사적 영역과 공적 영역의 경계를 허물면서 공적 영역에서 통용되는 정당한 표현의 기준마저도 바꾸는 성질을 지녔다. 선정주의가 득세하고 음모론이 판을 치는 이유이다. 대중 선동가들이 편견과 무지를 이용해 인기를 누리는 놀이터이기도 하다. CNN 세대(CNN generation)라는 말에서 보듯 정보 통신 기기를 통한 정보 소통 내용의 제국주의적 독과점 현상이 정보의 왜곡이나 문화적 침탈로 구체화한다는 점도 경계해야 할 문제 가운데 하나로 지목된다. 이런 소통의 단절이나 배타적 동류 집단의 형성은 지구시민사회에 소외의 일상화라는 매우 심각한 사회적 결속의 저해 요인으로 작용하게 된다.

전자적 네트워크나 자기 주도형 소통 미디어의 확산이 저절로 협력적 지구 거버넌스의 민주성을 보장하는 것은 아니라는 뜻이다. 당연히 보다 많은 정보가 보다 다양한 양식에 의해 가공되고 소통될수록 지구시민사회의 통합과 결속에 기여할 가능성이 커지는 것은 사실이다. 그러나 무엇을 어떤 목적을 가지고 소통하고 공유하느냐가 순기능의 발현 여부를 결정하는 관건이라는 점에 주목하게 된다. 보다 이성적이고 합리적인 정보를 생산해서 공유할 수 있는 사회적인 준비가 요청된다는 뜻이다. 그뿐만이 아니다. 생산된 정보에의 접근성이나 소비 능력상의 격차가 심할 경우 오히려 민주적 결속을 해치게 될 위험성도 작지 않다. 이미 정보의 격차 문제는 단순히 정보 접근성이나 해득력 수준의 불평등 문제가 아니라 이를 활용하는 운영 능력상의 불평등 문제로까지 확대되어 일상화하고 있다. 사회구조적 차등성을 제도화하는 요인으로 자리매김하고 있다는 뜻이다. 이는 개인 간의 관계뿐만 아니라 국가 간의 관계에서도 같다.

4. 후기 지구화의 징후와 대안 모색의 과제

그럼에도 불구하고 지구화는 그의 속성상 현재 진행형이며 따라서 계속 진화하고 있고 또 진화해 나갈 수밖에 없다는 점에 주목하게 된다. 원래 지구 거버넌스 등장의 정당성 근거는 지구화를 견인해 온 대리인 체제에 대한 불신에서 비롯되었다. 서구의 관행적인 민주주의가 대중과 점차 격리되면서 민의에 의한 지배로서의 민주주의를 변절시키고 있다는 판단과 함께 정치와 일반 유권자 사이를 보다 직접적으로 연결시켜야 한다는 주장의 정당성 근거가 된 것같이 지구 차원에서도 지구 거버넌스의 등장을 정당화하는 근거가 되었다. 여기에는 민족국가의 경계를 넘어 지구화를 견인하는 지구시민사회의 자생 능력이 개별 국가의 부패하고 유리된 정치적 대리인을 압도하는 정도로 권력적 동력과 정당성 근거를 지녔다는 평가가 함께 따랐다.

그러나 협력적 지구 거버넌스가 미처 일상화, 보편화, 실체화하기도 전에 지구화에 따른 권력적 역작용으로 인해 지구화가 사실은 민족국가의 정치적 대리인들이 자신들의 편의에 따라 허용하거나 추동한 패권적 지배질서에 대한 잠정적 유예 조치의 결과물에 지나지 않는다는 사실을 확인하기라도 하듯 실로 다양한 변화들이 도처에 나타나고 있다. 이를 총칭하여 권력의 영속성에 주목하는 이들은 20세기에 풍미하던 민족주의가 21세기에 부활하는 현상이라고 말하기도 하고, 지구화의 파고가 조정기에 들어섰다는 점에서 후기 지구화 시대의 도래라고 보기도 하며, 지구화의 배면에 깔려 있던 지구 질서의 일극 체제 특히 경제적 일원주의가 무너지는 징표라는 점에서는 '신지구화(new globalizaton)'의 등장으로 명명하기도 한다.[3]

이렇듯 협력적 지구 거버넌스를 그의 운영 실제에 초점을 맞추어 민족국가 수준으로 내려와 살펴보면 지구화 현상이 개별 민족국가 내부에 미치는 영향은 쌍방향적이며 동시에 양가적임을 알 수 있다. 협력적 지구 거버넌스가 개별 민족국가의 내부 결속과 융합에 기여할 뿐만 아니라 동시에 역진적 효과를 낳기도 한다는 징표는 이미 지구촌 여러 곳에서 드러나 있다. 미국의 경우 제2차 세계대전 이후 줄곧 견인해 오던 국제 관계에서의 자유주의로부터 벗어나 역주행에 나섰다. 미국의 트럼프 행정부는 환태평양 경제동반자협정(TPP: Trans-Pacific Strategic Economic Partnership)의 탈퇴를 기정 사실화 했고 수

---

[3] "신지구화(new globalization)"는 2017년 1월 다보스 포럼에서 중국의 시진핑 주석이 연설문을 통해 미국 중심의 경제적 일극 체제가 무너졌다는 점을 강조하기 위해 처음 사용했다.

출 보조금 중단도 공약한 바 있다. 상황은 유럽도 다르지 않다. 마스트리히트 조약(Maastricht Treaty) 이후 민족국가의 경계를 넘어 보다 더 결속된 유럽을 향해 노력해 온 EU에 적신호가 켜졌다. 영국이 EU로부터의 탈퇴를 결정했으며, 프랑스에서는 인종주의와 우파민족주의를 주창하는 국민전선(the National Front)의 위세가 확산일로에 있다. 독일에서는 유로존의 해체와 이민자 유입을 반대하는 가운데 더 이상 유럽 통합이 진행되어서는 안 된다는 입장을 견지해 온 대안독일당(the Alternatives of Germany)이 성장세를 타고 있다. 이탈리아에서는 유럽회의주의(Euroskepticism) 성향을 보여 온 오성 운동(Movimento 5 Stelle)이 활발하고, 네덜란드에서는 우익대중주의, 반지구화, 반이슬람주의를 기치로 내건 자유당이 언권을 높이고 있으며, 노르웨이에서는 이민자 축소와 이슬람교 반대 등을 공약한 진보당이 힘을 얻고 있다. 핀란드에서는 국수주의(nationalism)와 유럽회의주의를 주창하는 핀란드인당이 당세를 급격히 확장하고, 덴마크에서는 반이민 정책과 노인 복지 확충을 내건 덴마크국민당이 제2정당으로 급부상했다.

이를 보다 분석적으로 접근하는 이들은 우익극단주의와 우익포퓰리즘의 등장으로 구분해서 다루기도 한다. 전자가 기존의 민주적 헌정 체제 전반에 대해 적대성을 보이며 테러와 폭력 행사를 배제하지 않는 반면 후자는 단순히 일반 대중의 선호를 추수하는 가운데 체제 전체가 아니라 사회·정치적 지배 엘리트에 반하고자 한다는 점에서 양자를 구분하고자 한다. 따라서 이들은 활동 방식이나 민주적 제도 및 선거에 대한 태도 등에서 차이가 있으며, 그만큼 그에 대한 국가나 시민사회의 대응도 다를 수밖에 없다. 다만 모든 형태의 우익극단주의와 우익포퓰리즘이 강력한 민족주의를 공통적인 가치와 이념으로 삼는 만큼 이 두 개념을 포괄하는 상위 개념으로 '우익민족주의(right-wing nationalism)'가 발양한다는 점에서는 모두 같다(한승완, 2018: 39). 따라서 우익민족주의는 '반(反) 체제(anti-system)'를 지향하는 우익극단주의의 형태로 나타나기도 하고 '반(反)기득권층(anti-establishment)'을 슬로건으로 내세우는 우익포퓰리즘의 형태로 나타나기도 하는 셈이다. 이때 우익민족주의는 현대화된 의미에서 '종족다원주의(ethnopluralismus)'를 포함하는 것으로 평가된다. 민족주의의 부활에 주목하게 되는 이유이다.

이처럼 정보사회의 도래 이후 가속도가 붙으면서 결코 돌이킬 수 없을 것처럼 여겨졌던 지구화의 열풍에 역풍이 일고 있다. 지구촌 전역을 뒤덮을 기세이다. 이대로 간다면 지구시민사회가 민족국가 중심의 국수주의와 고립주의로 회귀할 가능성도 커지게 되었다. 그렇다고 해서 현재 진행되고 있는 역풍이 지구화 시대 이전으로의 단순 회귀를 겨냥하는 것 같지는 않다. 아니 과거로의 단순 회귀가 오늘날 지구촌이 당면한 이 시대의 격랑을 조타해 낼 리는 만무한 일이다. 지구촌은 이미 산업사회에서 정보화 사회를 거쳐 지식기반사회로 진입한 상태에 있다. 이 혼돈의 시대를 후기 지구화 시대라고 한다면, 후기 지구화 시대는 아직 자신을 규정할 만큼 호소력 있는 대체 패러다임을 형성하기 이전 단계에 머물러 있을 뿐이다. 그만큼 시대 성격의 진단에 대한 사회 수요가 넓고 절박하다는 뜻이기도 하다. 아니 이 격동의 시대를 조타할 대안사회를 향한 길이 무엇인지를 알 수 없어 그냥 머뭇거리고 있다고 해야 보다 더 정확한 표현이 된다.

돌이켜 보면 지구촌에 지구화의 바람이 분 것은 결코 이번이 처음은 아니다. 그러나 제2차 세계대전 이후 사회 전 영역에 걸쳐 일관되게 진행된 이번의 지구화 현상은 그 영향의 범위, 심도, 속도에 있어 과거 그 어느 때와도 견줄 수 없을 만큼 심대하고 강력하다. 이런 급진적인 변화를 주도해 온 것은 전후 일극주의적인 패권 체제를 구축한 미국과 이를 지근거리에서 후원해 온 영국이었다. 그에 따라 브레턴우즈 협정, 우루과이 라운드, WTO, IMF를 거처 FTA, 환태평양 경제동반자협정에 이르기까지 미국을 위시한 서유럽 중심의 자유 무역 체제를 확산하고 세계 금융시장을 자유화하는 노력이 일관되고 집요하게 진행되었다. 지구화가 지구시민사회의 자생적 능력과 필요에 따라 자연발생적으로 등장한 사회 현상이 아니라 소수의 권력적 기축국들이 디자인하고 의도한 결과 생성된 일종의 포획물이라는 비판이 제기되는 이유이다.

그러나 이런 비판의 타당성 여부 내지는 진위와 관계없이 경제활동 중심의 초지구화(hyper-globalization) 현상은 그 자체로서 이익을 획득할 준비가 갖추어져 있는 집단과 그렇지 않은 집단으로 세상을 양분하는 결과를 낳았다. 국가나 지역 사이에서뿐만 아니라 한 나라의 내부에서도 계층 간 격차를 심화시켰다. 이런 현상은 미국 같이 지구화에 따른 최대 경제 수혜국 내부에서조차 예외가 아니다. 미국의 경우 1971년 61%에 달하던 중간 소득계층이 2015년에는 50%로 줄어든 반면, 최하위계층의 비율은 같은 기간 16%에서 20%로, 최상위계층의 비율은 4%에서 9%로 증가했다(이해준, 2016.08.28.). 또한 최상위계층 1%의 평균 소득이 1980년 전후 30만 달러였으나 신자유주의 정책을 통해 제2의 지구화 전략을 추동한 결과 월가 중심의 금융위기가 발생했던 2008년에는 약 100만 달러로 급증했다. 반면 중산층은 약 5만 달러에서 6만 달러, 저소득층은 줄곧 2만 달러 내외에 머물렀다(정의길, 2016.06.26.). 지구화가 급속히 진행되면서 중산층이 줄어들고 양극화가 심화된 것이다. 특히 하위

중산층의 상대적 몰락이 두드러졌다.

이렇듯 지구화로 인해 자본과 노동 사이의 권력관계가 자본 친화적으로 크게 기울고, 그에 따라 노동의 직업 불안정성이 높아지는 한편 상위 소득계층으로의 이동이 어려워지자 보호무역주의와 대외고립주의에 대한 요구가 급증하게 되었다. 지구화에 따른 계층 간 격차의 심화는 이렇듯 구조적인 문제이지만 이를 표피적으로 접근하는 일반 유권자들은 이민자와 교역 상대국에 대한 적대 의식을 감정적으로 표출해 내게 되었다. 여기에 영합한 미국의 트럼프 대통령은 스스로를 민족주의자라고 칭하면서 개방적 이민정책에 제동을 걸기 시작했다. 이런 현상은 대부분의 서유럽 국가에서도 같다. 이민정책에 후기 지구화 시대의 구조적 모순이 응축되어 나타나게 된 것이다.

이런 현상을 정치과정론의 측면에서 보면, 근대 민주주의의 최고 선진국이라는 미국에서조차 지구화의 과실이 적절히 배분되지 않았다는 의미로 읽힌다. 지구화에 대한 민주적 통제가 제대로 작동하지 않은 것이다. 미국식 민주주의가 위기에 처했음을 말한다. 보수와 진보라는 양대 대중 정당을 기반으로 국민의 다양한 이해관계를 수렴하고 조정해 나가는 것이 근대 정당 정치의 핵심이라고 한다면, 그런 대중 정당 체제로는 더 이상 복잡하게 얽혀 있는 유권자 개개인의 이해관계를 효과적으로 대변할 수 없다고 보고, 국가와 시민사회를 연결하는 보완 장치로 이익집단에 의한 로비 정치를 정당화하고 확산시켜온 것이 미국 민주주의의 골간이다. 그러나 이 이익집단 정치는 이를 지원하기 위한 정치활동위원회(PAC: political action committee)의 모금 활동을 강화하면서 금권 정치로의 전락을 피할 수 없었다. 자본과 국가가 결탁하면서 일인일표가 아니라 "일불 일표(one dollar, one vote)" 민주주의의 시대를 연 것이다.

이로 인해 지구화에 따른 잉여가치가 자본 친화적으로 누적되었다. 유권자의 다수를 형성하는 일반 대중은 상대적 박탈감에 빠지지 않을 수 없다.

여기에 더해 정보사회가 도래하자 이런 이익집단에 의한 참정의 대리 체제조차 뛰어넘어 정치인과 유권자가 직거래하는 시대를 열었다. 국가와 시민사회 사이에 정당이나 이익집단이 개입해서 현안 과제의 본질을 보다 전문적으로 분석하고 객관적, 과학적으로 평가해서 조절하는 과정을 건너뛰어 이루어지는 정치적 대리인과 유권자 사이의 직거래는 감성적, 정서적 판단에 호소하는 포퓰리즘 시대를 너무나도 쉽게 열었다. 여기에는 그동안 보통 사람들을 위해 일한다고 여겨져 온 정치적 대리인이나 전문가 집단이 사실은 소수의 권력 엘리트나 그들과 결탁한 자본의 이익을 위해 부역했을 뿐이라는 절망감도 작용했다. 엘리트 민주주의에 대한 깊은 회의감이 감성에 호소하는 포퓰리즘 또는 "코카콜라 민주주의(Coca Cola Democracy)"에 박수 치게 한 것이다. 민족주의의 부활을 경계하는 이들이 주목하는 대목이다.

따라서 후기 지구화 시대의 최우선적인 과제 가운데 하나는 무너져 내리는 민족국가 내부의 정책 결정 메커니즘에 대한 대안 모색에 나서는 일이다. 이제 정부의 실패는 일반적, 불가역적 과제인 만큼 정부 밖에 있는 비정부 요소의 역할 비중을 강화하는 데에서 대안 모색에 나서지 않을 수 없다. 이에 대한 응답으로 지구시민사회 차원뿐만 아니라 민족국가 내부에서도 거버넌스 체제의 운영을 실질화해야 한다는 목소리가 높다. 국가와 시민사회 사이의 협력적 공조를 통한 국정운영을 실체화하자는 것이다. 사실상 지구 차원의 협력적 거버넌스는 민족국가 내부의 협력적 거버넌스와 연동하여 작동한다는 의미에 다름 아니다.

5. 협력적 지구 거버넌스와 NGO의 당면 과제

이런 관점의 연장선상에서 협력적 지구 거버넌스가 다루어야 할 과제들에는 어떤 것이 있는지를 찾아보는 일은 거버넌스 운영의 효율화를 위한 선결적 과제에 해당된다. 특히 NGO가 주력해야 할 과제들을 정리해 보는 일은 NGO의 주동성을 강조하는 협력적 거버넌스의 특성상 일종의 당위에 속한다. 그런데 일반적으로 NGO의 역할은 주의주창(advocacy)과 서비스 제공(service providing)으로 나누어 볼 수 있다. 이는 그 역할의 대상이 누구냐에 초점을 맞추는 경우 초국적 활동을 겨냥한 국가 중심의 정책 과제와 NGO 중심의 사회 운동 전략 과제로 구분해 볼 수도 있다. 그리고 그런 거버넌스 과정을 통해 달성하고자 하는 목표가 초국적 차원에서의 사회공동체를 구성하고자 하는 것이라고 한다면 그의 구체적인 활동 목표는 다양한 사회 구성원들을 연결하는 네트워크를 강화해 나가는 일이라고 하지 않을 수 없다. 그런데 사회공동체 구성인자로서의 네트워크는 대체로 3개의 유형으로 구분된다. 여기에 대해서는 푸트남(Putnam, 1993)이 일찍이 민주정체의 운영 과정에서 차지하는 사회자본으로서의 네트워크에 주목한 바 있다. 그는 네트워크가 지니는 중요성을 강조하면서 내부지향적인 결속을 겨냥하는 결속형(bonding) 네트워크가 동질적 집단 내의 유대감을 강화하고자 하는 것이라고 한다면 외부지향적인 연결을 추구하는 교량형(bridging) 네트워크는 이질적 집단들 사이의 연대감을 신장하려는 것이라고 보았다. 여기에 더해 울코크(Woolcoke, 1998)는 서로 다른 층위를 이어주는 수직적 연결형(linking) 네트워크 유형을 추가한다. 이는 특히 다양한 층위를 달리하는 이질적 조직이나 단체 간의 상호의존성을 담보하는 장치로 작용하면서 공동체 구성의 핵심적인 연결핀으로 작동한다는 평가를 받는다. 이들을 지구시민사회가 요구하는 외부지향성의 정도에 따라 정리하면 교량형, 연결형, 결속형으로 나누어 볼 수 있다. 따라서 NGO의 역할 유형과 그가 추구하는 네트워크의 유형을 양축으로 하는 경우 아래의 〈표1〉에서 나타나는 것과 같이 협력적 지구 거버넌스가 추진해야 할 전략적 과제의 유형을 정리해 볼 수 있게 된다.

〈표1〉 지구 거버넌스의 협력적 과제 유형

네트워크 유형 / NGO 역할 유형	교량형	연결형	결속형
주의주창	I	II	III
서비스 제공	IV	V	VI

제 I 유형은 NGO의 주의주창 활동을 통해 외부지향적인 연결을 추구하는 경우에 해당된다. 이 점에 착안하는 경우 시민외교를 다루게 된다. 시민외교는 다른 나라와의 네트워크 확장을 통해 상호 이해와 협력의 기회와 공간을 넓히자는 것이지만 NGO로서는 그런 의의를 정부가 이해하고 공감할 수 있도록 주의주창에 나서야 하는 과제이기도 하다. 제 II 유형은 NGO의 주의주창 활동을 통해 층위를 달리하는 이질적 요소 간의 수직적 연결을 모색하는 경우에 해당된다. 여기에서는 이민정책을 대표적인 사례로 꼽고자 한다. 이민정책은 이민 유출국과 이민 유입국 간의 관계 및 유입 이민자와 기존의 유입국 시민 간의 관계 설정과 정착의 문제로 압축해 볼 수 있다. 그런 의미에서 연결형 네트워크의 문제이며 NGO의 입장에서는 어떤 특정의 이민정책 정향을 설정하여 이를 정부를 상대로 주의주창에 나서야 하는 과제에 당면한다. 제 III 유형은 NGO의

주의주창을 통해 내부지향적인 결속을 강화하고자 하는 경우에 해당된다. 따라서 여기에서는 민족주의를 대표적인 사례로 다루게 된다. 민족주의는 삶의 경험에 대한 공유를 통해 빚어지는 귀속감 내지는 내부지향적인 애정이나 충성심을 다루는 과제인 만큼 결속형 연결에 해당된다. 민족국가는 민족주의의 담지체라고 할 수 있는 만큼 NGO로서는 정부를 상대로 어떤 민족주의를 주문할 것인가를 정하고 설득에 나서야 하는 문제에 봉착한다. 배타적 민족주의가 지구화와 충돌할 소지가 큰 만큼 핵심적 의제 가운데 하나로 접근하지 않을 수 없다. 여기에서는 이들 제 I 유형, 제 II 유형, 제 III 유형이 모두 NGO의 주의주창 과제에 해당함으로 지구시민사회의 정책과제와 한 데 묶어 다루기로 한다.

제 IV 유형은 NGO의 구체적인 서비스 제공을 통해 외부지향적인 연결 강화에 나서는 경우에 해당된다. 따라서 지구시민교육이 대표적인 사례라고 할 수 있다. 지구시민교육은 지구촌에서 타자와의 관계를 확장해 나가는 데 필요한 인식, 기술, 실천의 역량을 강화하기 위해 개별 시민을 상대로 교육 훈련을 실시해 나가고자 하는 것임으로 연결형 네트워크를 확장해 나가는 일로 여겨진다. 제 V 유형은 NGO의 초국적인 서비스 제공을 통해 층위를 달리하는 이질적 요소 간의 수직적 연결을 모색하는 경우에 해당된다. 국제 지역 간의 재해 구호 활동이 대표적인 사례 가운데 하나다. NGO를 통한 국제적인 재해 구호 활동은 재해 구호 능력이나 동기에서 차등적인 위치에 있는 활동 주체 간의 협력을 말한다는 점에서 연결형 네트워크의 확장 문제로 압축된다. 제 VI 유형은 NGO의 초국적인 서비스 제공을 통해 내부지향적인 결속을 강화하고자 하는 경우에 해당된다. 여기에서는 개발 협력을 통한 수혜국 지역 주민의 역량 강화 문제가 대표적인 과제다. 오늘날의 개발 협력은 수혜국 국민의 역량 강화를 통해 자기 공동체 내부의 결속을 강화하고 그 결과 지구공동체 구성원으로서의 조화로운 공존과 협력이 가능해지도록 지원하자는 것으로 이해된다. 결속형 연결 문제를 다루는 경우로 간주되는 이유이다. 이들 제 VI 유형, 제 V 유형, 제 VI 유형이 모두 NGO의 초국적 서비스 제공 문제를 다루는 것이기 때문에 지구시민사회의 사회 운동으로 한 데 묶어 볼 수 있다.

이런 정책 과제와 운동 전략은 모두가 초국적 활동을 전제하는 것이라는 점에서 우선 공적 과제에 대한 지구공동체 차원에서의 논의가 활발하지 않다는 저간의 사정을 시정하는 계기가 되기를 기대한다. 이는 또한 지구화가 시사해 온 자유주의 가치관이 외면하기 쉬운 공동체적 가치관의 중요성에 대한 관심을 제고하는 데에도 기여하게 되기를 소망한다. 무엇보다도 지금까지의 지구 거버넌스가 사실상 민족국가 중심의 가치 편향에서 벗어나지 못했으며 그 결과 오히려 민족국가 중심의 민족주의의 부활을 재촉하는 경향을 노정해 왔다는 사실에 절망하면서 NGO를 비롯한 사회적 약자 중심의 협력적 지구 거버넌스를 여는 계기가 되기를 비는 마음도 실로 절실하다.

기존의 지구 거버넌스에 대한 논의가 암묵적으로 국가중심주의의 프레임을 벗어나지 못했다는 사실에 대한 대안적 접근의 결과로 평가되기를 기대한다. 그런 의미에서 시민사회 중심의 협력적 지구 거버넌스 구축의 논리적 토대를 구성하는 출발점이 되기를 소망한다. 강대국 중심의 지구 거버넌스가 권력적 불균형에 기반한 게임의 규칙에서 벗어나는 길도 시민사회 중심의 협력적 지구 거버넌스를 여는 데에 있다고 믿는다. 한반도 평화의 구현을 갈망하는 한민족에게 있어 시민사회 중심의 협력적 지구 거버넌스가 하나의 대안적 통로가 될 수 있기를 기원하는 마음도 절절하다.

이런 생각을 정리해 보자는 마음은 평창 올림픽을 지켜보면서 시작되었지만, 시민사회 중심의 협력적 지구 거버넌스에 대해 눈 뜨게 된 것은 아시아 태평양 YMCA 연맹 회장과 세계 YMCA 연맹의 지구시민권위원장 그리고 지구시민교육위원장으로 일하면서 국제지역사회와 지구시민사회 차원에서 전개되는 지구시민의 헌신과 결속의 현장을 경험하면서부터였다. 정통외교관 양성에 초점을 맞추고 있는 한국외국어대학교의 L&D(외교와 언어)학부 학생들을 접하면서는 비정부 영역에 대한 논의를 통해 인식론 차원에서 일종의 균형성을 유지하는 데에 기여해야 한다는 의무감도 일었다. 그런 각성에 부응하고자 한 결과물인 셈이다.

이렇듯 협력적 지구 거버넌스에 주목하는 이유는 협력적 지구 거버넌스라고 해서 북반부 NGO를 중심으로 하는 권력적 기득권의 층위로부터 완전히 자유로워지는 것은 아니지만 민족국가 중심의 관행적 국제 관계보다는 여전히 훨씬 더 자유롭고 보다 더 개선의 여지가 크다는 점에 주목하고자 했기 때문이기도 하다. 협력적 지구 거버넌스는 아직 개척의 수요와 가능성이 함께 큰 미지의 초장이라는 생각을 나누고자 한다. 그런 점에서 초국적 활동에 나서거나 이를 지원하고자 하는 NGO 활동가, 정책 입안자, 기업의 사회책임론에 주목하는 다국적 기업가, 언론인, 무엇보다도 한반도 평화를 갈망하는 일반 시민 사이에서 지구화 시대를 바라보는 새로운 시각을 여는 일에 일조할 수 있게 되기를 희망한다. 지구 차원에서 전개되는 시민사회 중심의 협력적 지구 거버넌스에 대한 논의가 아직은 일천한 만큼 부족한 부분이 적지 않을 것이라고 믿는다. 가차 없는 비판과 조언을 기대한다.

(『지구 거버넌스와 NGO』 서문, 2020.02.15.)

한국의 이민 정책과 학문 공동체의 책무

1. 한국의 이민 정책 환경 변화

오늘날을 이민이 일상화한 시대라고 해도 크게 틀리지 않을 것 같다. 전(全) 세계 인구의 7명 가운데 1명이 이민자이거나 그의 후손에 해당된다. 2017년 한 해 동안만 해도 인류의 3.7%가 이민 길에 올랐다. 이쯤 되면 이민에 대한 인식 자체가 바뀌지 않을 수 없다. 과거 이민을 예외적, 특수적, 개별적 현상으로 바라보던 데에서 벗어나 이제는 일상적, 보편적, 집단적 현상으로 받아들이지 않을 수 없다는 뜻이다. 이렇듯 이민의 성격이 질적으로 변화하게 된 데에는 실로 다양한 요인이 작용했다. 먼저 지구촌 지배질서의 변화와 그에 따른 인구의 이동을 들 수 있다. 역사적으로 볼 때 인류사 이래 가장 큰 인구의 이동을 가져온 것은 르네상스 시대의 도래와 함께 그에 따른 상업혁명과 식민 경제 체제의 구축에 있었다. 식민지 플랜테이션의 운영을 통한 농업혁명과 그에 따른 물류의 확산이 인구의 이동을 재촉했다. 같은 이치로 제2차 세계대전 이후 급속히 확산되기 시작한 자유시장경제 체제의 등장은 국경을 넘는 접촉과 교류를 강화하면서 인구의 이동을 재촉했다. 여기에 더해 현대식 학교 교육 시스템의 확장과 과학기술의 발전이 거듭되면서 다른 나라로의 이동과 정착 과정에서 발생하는 어려움을 덜어주게 되었다. 정보사회의 도래로 인해 외국의 현지 사정에 대한 정보를 보다 용이하게 수집하고 공유할 수 있게 되었다는 점도 중요한 영향을 미쳤다. 다른 나라에 대한 정보의 공유가 용이해지면서 지금껏 살아온 나라와 다른 사회, 다른 문화에 대한 두려움을 순화하게 되었을 것도 물론이다. 항공기술의 발달로 인해 이주에 따르는 경제적 비용의 지출을 줄이게 되었다는 점도 무시할 수 없는 현실적 영향 요인 가운데 하나다. 무엇보다도 사회주의 국가권이 붕괴하면서 정치적 자유의 공간이 확장되었다는 점도 거주 이전에 따르는 법제적 장애를 제거하는 데에 기여했다. 세계경제 체제의 등장 이후 국가 간 계층 간 빈부의 격차가 심화되는 가운데, 자본의 이동이 가속화하는 데 반해 노동의 이동은 제한되는 상태가 계속되면서 '강제 이민'에 대한 유인 요소가 증대했다는 점도 지적하지 않을 수 없다. 이중 국적의 취득에 대한 정당성 근거가 배가하게 되었다는 뜻이다. 기후의 변화와 그에 따른 자연재해가 빈발하면서 기근과 궁핍이 확산되고 그로 인해 정치적 불안정이 심화되면서 불가피하게 이민을 선택하지 않을 수 없는 환경이 조성되기도 했다. 정보사회의 도래 이후 자리 잡기 시작한 지구시민사회의 등장도 이민을 재촉하는 또 다른 차원의 추동 요인으로 작용했다. 지구 전체를 하나의 마을로 인식하는 삶의 양식과 문화적 질서가 창출되면서 일국주의의 폐쇄적 사고에 균열을 낳았던 것이다.

이런 시대 상황의 변화는 한국에서도 크게 다르지 않다. 특히 한국이 정보사회를 선도하게 되면서 다른 어느 나라보다도 외국에 대한 정보를 쉽게 접근하고 또 이용할 수 있게 되었다. 여기에는 국내 정치 상황이 개선되면서 언론, 표현, 결사의 자유 등 정보의 생산과 소비와 관련한 민주적 기본권이 급속히 개선된 데에도 영향을 받았다. 또한 외국 사회가 한국에 대해 갖는 관심도 가히 혁명적이라고 할 만큼 큰 변화를 낳았다. '코리아 브랜딩(Korea branding)의 시대'라는 말에서 보는 바와 같이 나라 밖에서 한국을 바라보는 시각에 혁명적 변화가 일어났다. 케이 팝(K-pop), 케이 디자인(K-design), 케이 푸드(K-food), 케이 드라마(K-drama) 등 한국의 대중문화가 세계의 유행을 선도하거나 주된 관심의 표적이 되었다. 이런 환경 속에서 인구구조에 커다란 변화가 나타나자 이를 메우기 위해 유입 이민자에 대한 수요가 급증하게 된 것이다. 한국에서는 2020년부터 매년 33만 명의 생산연령인구가 감소할 것으로 예상되고 있으며 그에 따라 노동 투입 가능 인력이 급감할 것으로 예견된다. 취업자가 감소하면서 생산 능력이 저하하고 그로 인해 소비 능력이 하락하는 것은 물론이고 경제성장률이 동반 추락할 것도 물론이다. 이렇듯 노동력 부족으로 인해 경제 상황이 악화하면서 단순히 외국에서 유입되는 이민자에게 반응적, 수동적으로 대응하는 이민정책에서 벗어나 공격적, 능동적, 주도적 이민정책을 수립하고 개발해야 한다는 인식과 수요가 급증하게 될 것은 정한 이치나 같다. 이는 특히 AI 시대로 돌입하면서 고급 두뇌에 대한 수요가 커지자 두뇌 유입 유인정책에 대한 수요가 커지게 된 데에 따르는 결과이기도 하다. 실제로 오늘날 한국에 체류하는 이민 거류자의 규모는 과거 그 어느 때보다도 크게 되었다. 외국인 체류자가 230만 명에 이르는 시대다. 이 가운데 탈북 이주민이 3만 2천 명, 조선족 체류자는 70만 명에 달한다. 지금까지 한국의 이민정책이 이민자를 단순히 경제적 과실 생산을 위한 소비재로 인식하거나, 소극적, 수동적, 반응적으로 대처하면서 종합적 대응 전략을 갖추지 못한 상태에 있었다고 한다면 이제는 더 이상 이런 파편적, 피동적 양식으로는 유효적절하게 대응해 나가기가 어렵게 되었다. 이민정책의 기본 프레임을 재검토해야 하는 이유다.

2. 이민 현상의 다면성과 이민 거버넌스의 모색

그동안 이민 현상을 인식하고 분석하는 데에는 실로 다양한 접근 시각이 제시되어 왔다. 먼저 경제적 접근을 시도하는 이들은 이민을 경제적 소비재로 보고 노동력을 공급하는 수단적 방편 가운데 하나로 다루었다. 경제적 지속 가능성의 관점에서 이민 문제를 바라보고자 한 것이다. 이는 경제적 생산과 표리의 관계를 구축하는 만큼 경제공동체의 구축, 나아가서는 자본, 기술, 정보, 문화, 생활 양식의 유통과 공유의 문제에 초점을 맞추어 관찰하고자 한 셈이다. 반면에 정치사회적 접근을 시도하는 경우에는 이민자가 출발지 지역사회와의 끈끈한 네트워크를 구축하고 유지하는 연결핀으로 작동한다는 사실에 주목하고자 한다. 이로 인해 도착지사회의 사회자본을 축적하는 핵심 인자이자 나아가서는 초국적 사회공동체를 구축하는 중요 요인 가운데 하나라고 보았다. 부언하면 연성 권력의 생산자이자 매개자로서 단순히 도착지사회뿐만 아니라 나아가서는 지구시민사회를 구성하는 핵심적 연결 고리로 활동한다는 것이다. 정통외교가 퇴조하고 시민외교가 부상하는 시대 상황을 감안하면 이민이 출발지와 도착지를 연결하는 연성 권력으로서 발휘하는 영향력을 결코 간과할 수 없게 되었다. 인본주의적 관점에서 접근하는 이들에 의하면 이민이 출발지사회의 가족 구성을 해체하고 나아가서는 지역사회 공동체의 붕괴를 유발하게 되는 만큼 사회복지 차원의 접근 수요가 작지 않다고 보았다. 이를 다른 측면에서 보면 이민은 이민자를 고리로 가족 이민, 결혼 이민 같은 연쇄 이민을 유발하는 성질이 있어 이를 감안해서 이해하는 노력이 필요하다고 보았다. 특히 자연재해나 정치적 불안정으로 인해 발생하는 '강제 이민'의 수요가 상존하고 난민 수용의 문제가 항상적 과제로 제기되는 만큼, 이를 인본주의적 관점에서 다루지 않을 수 없다는 것이다.

그런데 이민은 이를 시장주의적 관점에 접근하는 경우 연쇄 이민을 불러오면서 도착지사회의 노동 시장을 교란하고 그 결과 노동의 사회적 언권을 약화시키는 성질이 있음을 직시하지 않을 수 없다. 이민을 노동력의 수급 조절 장치로 보는 경우 당연히 경제주의와 인본주의가 충돌하는 문제를 피하기 어려운 것도 문제다. 노동과 자본이 국가를 상대로 경쟁 관계에 있다는 점도 유의해야 할 과제다. 자본은 이민의 확대를 통해 노동의 상대적 비중을 약화시키고자 하지만 노동력으로서의 이민자 입장에서는 노동력이 늘어나는 것을 반가워할 수 없기 때문이다. 따라서 이민 노동력의 수요자와 공급자 사이에서 균형을 유지해야 하는 문제가 제기된다. 신조합주의적 접근 전략이나 유사 노사정위원회의 운영에 대한 수요가 높아지는 이유다. 이렇듯 이민 문제가 지니고 있는 다원성, 복잡성, 종합성, 능동성을 적극적으로 반영해야 하는 수요가 발생하는가 하면 그렇기 때문에 대이민정책 개발의 정교성, 신속성,

지속 가능성 제고에 유의하지 않을 수 없게 된다. 그런데 이민정책이 대리인 체제에 의해 관리되는 경우 전환비용의 유발로 인해 이런 수요에 효율적으로 대응할 수 없게 되는 만큼 이를 극복하기 위한 대안의 하나로 이민정책 수립의 당사자주의에 주목하게 된다. 이민자의 이민정책 과정에 대한 참여의 공간을 확대하자는 것이다. 이민 거버넌스의 구축 수요가 증대하는 이유다.

3. 이민정책의 연구와 학문 공동체의 과제

이제 우리는 이민의 일상화 시대에 살게 되었다. 이민 노동자에 대한 수요가 급증하고 특수 이민자가 크게 증가하는 시대다. 이민의 다면적 특성을 재인식하는 가운데 보다 적극적, 종합적 대응에 나서야 하는 이유다. 이를 위해서는 더 이상 파편적, 단선적 대응을 수용하고 감내하기는 어렵다. 보다 더 통합적인 대응 체제의 구축에 나서야 한다. 이를 위해서는 기획재정부, 노동부, 보건복지부, 교육부, 과학기술정보통신부, 통일부, 외교부, 국정원 등 관련 부처를 연계하는 이민정책 네트워크 체제의 구축이 시급한 과제로 제기된다. 지방자치단체의 역할을 강화하고 이민청을 신설하는 문제도 심각히 검토해 보아야 할 문제다. 그런데 이를 위해서는 관련자들을 설득하고 공감을 이끌어 내는 일이 관건인 만큼 이민 문제를 보다 체계적으로 논리 정연하게 해석하고 분석, 검토하는 이론적 향도의 역할이 차지하는 비중이 커지게 된다. 학문 공동체와의 협력적 공조 체제 구축이 시급한 현안 과제 가운데 하나로 부상하는 이유다. 그런데 기존의 학계에서는 이민의 문제를 주로 노동시장과의 관계를 중심으로 경제적 관점에서 접근한 것이 대종을 이루어 왔다. 범분과 과학적인 협동적 노력이 결여되었다는 뜻이다. 이민 현상이 다면적 요소를 내포하는 만큼 사회학, 경제학, 지리학, 통상학, 행정학, 법학, 정치학, 인구사회학, 심리학, 국제관계학 등 범분과 과학적인 협동적 노력이 경주되어야 마땅한 일이다. 이민을 바라보는 기본 프레임 자체를 혁신할 필요성이 제기된다는 뜻이다. 무엇보다도 일국주의의 시각에서 지구시민사회의 관점으로 접근 시각의 교정에 나서는 일이 선결 과제로 제기된다. 이민을 보다 다원적 관점에서 다루어야 하는 이유다. 이런 점을 감안해 볼 때 이민과 관련한 학문 공동체의 사회책임이 결코 가볍지 않다는 점에 유의해야 하겠다.

(한국이민정책학회, 한국행정연구원 하계 공동학술회의 초청 강연문, 2019.07.05.)

지구시민사회의 형성과 NGO의 발흥

1. 지구화, 무엇이 문제인가?

오늘날에는 민족국가의 경계를 넘어 개인이나 집단이 서로 긴밀하게 상호 작용하고 영향을 미치는 일이 일상화되었다. 단순히 한 나라의 경계를 넘어 이뤄지는 상거래나 여행, 시민 운동을 말하려는 것이 아니다. 정보통신기술의 발달로 인해 인터넷이 급속히 확산되면서 일상을 영위하는 프레임 자체가 지구공동체를 바탕으로 언제나, 즉각적으로, 광범위하게 작동하게 되었다. 지구촌 전역이 시간의 지체나 지역 또는 영역의 격차 없이 서로 영향을 미치게 된 것이다. 이를 토대로 범인류 차원의 지구촌 공통 과제도 확산을 거듭하고 있다. 환경오염과 기후변화, 문명사 차원의 감염병 확산 등 지구민의 공동 대처를 필요로 하는 과제들이 빈발하고 있다. 우리는 이제 가히 지구화 시대에 산다고 해도 과언이 아니다.

문제는 이런 지구화 현상이 다차원에 걸쳐 지금까지 경험해 보지 못한 일상의 과제들을 제기한다는 데에 있다. 먼저 정치적 관점에서 볼 때, 민족국가의 경계를 넘는 초국적 일원주의의 심화를 불러오면서 민주주의의 이격성과 이완의 문제를 야기한다. 민족국가는 국민주권과 대리인 체제에 대한 권위의 승인을 기초로 하는 국가권력의 정당성을 전제로 운영된다. 그러나 지구화 시대의 도래와 함께 이런 국가권력이 미치는 경계 범위 밖으로 개인의 활동 영역이 확장되면서 국민주권과 자결권의 범위 밖에서 발진하는 영향력의 요소들이 민족국가의 권위를 훼손하는 일도 일상화되었다. 국가의 경계를 넘는 개개인의 활동을 일일이 국가가 관리하고 통제할 수 없다는 점에서는 국가의 쇠퇴를 말하고 그런 만큼 개인 차원에서 이뤄지는 사익 추구가 방치된다는 의미이기도 하다. 이렇듯 민족국가의 경계가 느슨해지면서 단일 민족의 이름으로 관리되던 국가권력의 이완은 소수 민족의 자율성 추구를 분출하는 결과를 낳았다. 미국의 흑인 폭동이나, 영국의 스코틀랜드 독립 투표, 스페인의 카탈루냐와 바스크 지역에서 벌어지는 독립 운동 등이 대표적인 사례다. 경제적으로는 경제활동의 대외 의존도가 심화되면서 선진국에 의한 패권적 지배가 강화되는 변화가 이뤄지고 있다. 시장의 가치를 제고하면서 총체적 상품화와 과도 경쟁을 촉발하는 것은 물론이고, 대량 소비와 그에 따른 대량 착취, 환경 파괴를 낳기도 한다. 강자 승 약자 필패를 약속하는 시장의 질서는 비교 열위 산업의 퇴출, 기업의 파산, 실업의 확대, 정리 해고의 빈발, 빈곤의 확장, 직업 불안정성의 심화를 불러오기도 한다. 국가 간, 계층 간, 영역 간 소득의 격차를 유발하면서 자본주의의 파국을 초래한다는 주장도 제기되어 있다.

지구화는 시장자유화라는 이름으로 분장한 '제국주의의 새로운 마스크(New Mask of Imperialism)'에 지나지 않는다는 평가가 대두되는 이유다. 이런 변화로 인해 사회적으로는 자살과 범죄의 확산, 공동체의 이완, 사회적 가치의 배척, 등이 만연하게 되었다. 문화적으로는 이문화 간의 충돌과 갈등을 증폭시키는가 하면, 종교적 근본주의자의 등장을 재촉하기도 한다. 보다 강한 문화를 중심으로 이뤄지는 문화적 정체성의 융합과 약한 문화의 증발, 그로 인한 문화제국주의의 심화를 불가역적 현상으로 간주하게 되었다. 기계 문명과 합리주의가 신앙화되고 있으며, 토착 문화의 상품화가 아무렇지도 않게 자행되면서 전통사회의 붕괴가 거듭되는 변화도 불러왔다.

2. 지구촌의 분노 폭발과 지구시민 연대 활동

이런 지구화에서 비롯되는 정치, 경제, 사회, 문화적인 충격은 1995년의 멕시코 금융위기, 1997년의 한국, 태국, 인도네시아가 경험한 바 있는 금융위기를 통해 구체화되어 나타났다. 1995년에 있었던 프랑스 노동자의 사회보장제도 수호 투쟁도 같은 맥락에서 벌어진 일이다. 빈곤을 심으면 분노를 거두어들인다는 사회복지 투쟁의 슬로건에서 보는 바와 같이 기업 경쟁력의 유지를 위해 세금을 줄이면 재정 적자를 낳고, 이는 필연적으로 사회복지 예산의 삭감을 초래하게 된다. 노동권의 축소를 불러오면서 대규모 시위를 유발하게 되는 이유다. 이런 사태는 캐나다의 온타리오주, 멕시코 등에서도 목격된 바 있다. 2001년에 벌어진 미국발 서브프라임 모기지 사태나 2005년 프랑스의 방리유 지역에서 벌어진 이민자 폭동도 같은 맥락에서 발생했다. 2011년의 영국 런던에서 벌어진 폭동 사태와 2012년 프랑스 아미앵 지역에서 있었던 청년 폭동도 청년 실업이 불러온 사회적 불만의 분출 결과다.

이런 범지구적인 현상에 직면하여 이에 대응하려는 지구시민 연대 활동이 부상하게 될 것은 당연한 이치이다. 1979년 니카라과 혁명이 발발하자 미국이 반 산디니스타 정책을 도입하기 시작했으며, 그린피스, 앰네스티, 옥스팜 등은 초국적, 반패권적 네트워크 형성에 나섰다. 1999년에는 시애틀에서 열리는 WTO 반대 시위를 통해 반신자유주의 운동에 시동이 걸렸다. 이는 2000년 워싱턴에서 있었던 WTO 반대 시위, 프라하에서 얼어난 IMF 및 세계은행(IMF & World Bank) 연차총회 반대 시위, ASEM 서울회의 반대 시위로 이어졌다. 보다 체계적인 반지구화 운동이 필요하다는 판단 아래 2001년에는 제1차 세계사회포럼(World Social Forum:WSF)이 브라질의 포르투알레그리(Porto Alegre)에서 개최되었다. 또한 신자유주의와 패권적 지구화 현상에 대한 반대 운동이 생태주의와 연결되면서 범지구적인 몬샌토(Monsanto) 반대 운동에 불을 지폈다. 다국적 식량 기업인 몬샌토가 생산하는 제초제가 인체에 치명적인 암을 유발한다는 사실이 밝혀지고 유전자 조작 종자(GMO)가 인체에 유해하다는 연구 결과가 발표되면서 GMO에 대한 의존도가 높은 인도를 중심으로 반몬샌토 운동이 일어난 것이다. 이탈리아 제노바에서 열린 G8 정상회담이나 2003년의 칸쿤 WTO 5차 각료회담 반대 시위가 일어난 것도 다국적 기업의 범지구적인 패권적 지배에 대한 저항이었다. 2004년에는 제4차 세계사회포럼(World Social Forum:WSF)이 인도의 뭄바이(Mumbai)에서 열리면서 적극적으로 패권적 자본주의 반대 투쟁에 나섰다. 이는 다시 2005년의 스코틀랜드 에든버러에서 열린 G8 정상회담 반대 투쟁, 2006년의 러시아 페테르

부르크에서 열린 G8 정상회담 반대 투쟁으로 이어졌다. 지구촌 소수자의 권익 투쟁도 분출하기 시작했다. 2007년 케냐의 나이로비에서는 아프리카 빈민의 목소리를 지구촌에 내놓자는 운동이 벌어졌다. 2008년에는 지구촌 착취 구조에 반발하는 행동과 운동에 나설 것을 촉구하는 모임이 개최되었다. 2009년 브라질의 벨렝시에서는 스페인의 바스크족, 팔레스타인의 커드족, 티베트의 소수 민족, 오스트레일리아의 원주민 같은 인종적 소수자와 그들에 의해 구성되는 국가를 위한 국제기구의 탄생을 보게 되었다. 2010년 에콰도르의 키토에서는 이민 문제를 다루는 미국의 사회포럼(US Social Forum)이 열렸다. 2011년 세네갈의 다카르에서는 '대안 세계가 가능하다'는 슬로건 아래 아랍의 봄'을 여는 반패권, 반식민 운동이 촉발되었다. 2012년 포르투알레그리에서 열린 시민사회 모임에서도 자본주의가 위기에 처했음을 고발하는 지구촌 운동이 일어났다. 2013년 튀니스에서는 옥스팜이 수혜국민의 긍지를 강조하는 선언문을 내놓았다. 원조국 중심의 패권 체제에 대한 일종의 경종인 셈이다.

이는 모두 노동 없는 자본주의, 세금 없는 자본주의를 반대하고 공정 무역 운동과 반전 평화 운동을 주창하면서 자본의 범지구적 독점 카르텔에 대한 저항 운동에 나섰음을 뜻한다. 일국 중심의 반독재 민주화 투쟁의 관점에서 보면 지구적 맥락이라는 새로운 정책 논쟁의 공간을 개척하게 되었다는 의미가 된다. 일국중심주의 내지는 국가중심주의의 고식적인 프레임에서 벗어나 민주적 의사결정 과정을 보완하는 새로운 차원의 비전통적인 정치 과정이 개발되었다는 의미로도 해석해 볼 수 있다. 보다 이상적인 지구 규칙과 인도주의적 틀을 개척함으로써 군사력이 아니라 국제적, 법적 강제성을 통해 지구

윤리를 정립해 나가자는 것으로도 해석된다. 보다 향상된 사회정의의 구현을 시도하려는 셈이다. 지구화 과정의 민주화를 위해서는 시민 중심의 적극적 참여가 대안이라고 본다는 점에서 특히 그렇다.

3. 지구시민사회의 다원적 특성

문제는 지구시민사회를 어떻게 이해하느냐에 따라 그에 대한 대응 전략이 달리 정립될 수밖에 없다는 점이다. 그런데 지구시민사회가 무엇이냐에 대해서는 그동안 실로 여러 차원에서 다양한 관점이 제시되어 왔다. 먼저 1) 초국적 사회정책론의 관점에서 보면 지구시민사회는 초국적 기업에 대한 항의 결사체의 구성 및 연대 활동으로 이해된다. 그렇기 때문에 민주주의 확산에 필요한 사회 하부 구조의 범지구적 구축이 관건이라고 보게 된다. 예컨대 NGO의 발흥이 필수적 과제라는 것이다. 나아가서는 이를 통한 인도적 지원의 범지구적 보급 내지는 사회적 약자를 위한 범지구 차원의 연대 활동에 주력하게 된다. 지구촌 구성원 간의 연결과 교류의 증대를 촉진함으로써, 새로운 지배질서를 창출하자는 것이다. 지구화가 동반하는 소외와 박탈의 문제에 조응하고자 하는 사회정책망의 범지구적 결성과 확대가 관건이라고 보고자 한 결과인 셈이다. 반면에 2) 글로벌 거버넌스 이론은 어떻게 자본의 범지구적 독점 카르텔 구축을 극복하기 위한 사회정책망을 구성하고, 관리할 것인가에 주목한다. 그리고 그 대안으로 일국 중심의 거버넌스 체제를 초국적으로 확장하여, 지구화의 역기능에 범지구적으로 대응하고자 한다. 그럴 경우 글로벌 거버넌스 자체가 새로운 차원의 지구화를 초래하는 것이라거나 또는 그의 일부라는 문제에 봉착하게 된다. 글로벌 거버넌스는 그 자체가 지구화 현상이기도 하고 지구화에 따른 결과적 소산이기도 한 이중성을 지녔다는 의미이다. 글로벌 거버넌스가 문제 해결을 위한 대안이라는 점에서는 규범적 당위이지만 이를 통한 문제 해결에 나서기 위한 구체적 전략이라는 점에서는 경험적 실체이기도 한 이중성을 지녔다는 점에도 주목하지 않을 수 없다. 글로벌 거버넌스가 국제기구의 핵심적 구성요소라는 점에서는 국제기구를 약화시키기도 하고 강화시키기도 하는 이중성을 동반하기도 한다. 민족국가의 경계를 넘어 작동한다는 점에서는 민족국가를 위축시키기도 하고 또 강화시키기도 하는 이중성을 지니는 것이기도 하다. 그런데 세계사회포럼(WSF)에서 보는 바와 같이 글로벌 거버넌스에서 차지하는 NGO의 활동에 비중을 두어 접근하는 경우에는 3) 초국적 시민 네트워크 이론에 이르게 된다. 정부 중심의 정책 관리적인 요소 대신에 시민사회의 네트워크적인 요소에 비중을 두어, 민주적인 요인를 강조해서 보고자 한 결과다. 글로벌 거버넌스가 경험적 실체라기보다는 그렇게 되기를 소망하는 당위적, 규범적 요소를 동반한다는 점에서 보면 초국적 시민 네트워크는 상대적으로 전자의 가치판단적인 요소를 배제하고, 보다 가치중립적이고 객관적인 입장을 추구한 결과로도 이해된다. 그러나 NGO를 이상주의적 관점에서 이해하고자 한다는 점에서는 지나친 낙관주의에 빠졌다는 비판으로부터 자유롭지 못한 것도 사실이다. NGO 중심의 네트워크를 통해서도 갈등적, 범죄적, 파괴적 요소의 소통 및 교류가 발생할 수 있다는 사실을 애써 외면한다는 비판도 가능하다. 개인주의적인 발상, 가부장적 행태, 이기적인 간여, 도덕적 해이, 기업에의 의존성 등으로 인해 이미 NGO 실패의 불가피성이 제기되어 있음에도 불구하고 이를 반영하지 않기 때문이다. NGO를 중심으로 하는 지구화 현상이 지구시민사회로 연결되려면 공동체적 윤리와 가치관을 동반해야 한다는 사실을 외면하고 있다는 의미이다. 뭄바이의 저항에서 보는 바와 같이 국제 관계에서 활동하는 NGO가 대부분의 경우 북반구 주류 NGO에 의해 포획되어 있어 사실상 제국주의의 침탈 양식 가운데 하나라고 평가된다는 점도 문제다. 이런 점을 직시한 4) 초국적 창도 네트워크(Transnational Advocacy Network) 이론은 지구시민사회를 적극적 의지를 가지고 어떤 정책을 관철하려는 노력의 초국적 연결망이라고 보고자 한다. 단순한 지구 차원의 거버넌스 체제거나 정책 형성의 네트워크 이상의 것으로서 특정 방향으로의 주의주창이나 개혁을 지향하는 적극적 변화의 의지가 내포되어 있다고 보려는 것이다. 사회책임과 공동체 의식이 일상화되면서 지구시민 의식과 지구 문화 창출의 동력으로 작용하게 된다고 보려는 것이기도 하다. 이런 변화로의 의지가 지구시민사회의 등장으로 전환된다는 주장이다. 그에 따라 등장하는 5) 지구시민사회론은 간단히 요약하자면 지구 차원의 시민사회 형성을 말하고자 하는 것에 다름 아니다. 이 관점은 비국가적인 행위자들의 초국적인 관계가 범지구적인 결사체 혁명(global associational revolution)을 유발한 결과, 세계시민 의식과 윤리 의식이 내면화하면서 지구적인 연결이 보편화된 상태가 지구화 현상이라고 본다. 부언하면 지구 표준에 의한 제도적, 문화적, 동형화(institutional, cultural isomorphism)의 확산으로 이해하고자 한다. 이는 '국가 이성'에 대한 회의, 아래로부터의 참여 욕구 팽창, 국제 과제를 다루는 NGO의 확장이 불러온 결과물로 규정하려는 것에 다름 아니다. 문제는 이런 식의 접근 시각은 이념적 수사가 지나치게 부풀려진 상태를 시사한다는 점이다. 국제 관계에서의 책임성과 민주성을 추구하려는 관점이 결여되어 있으며, 북반부 주도와 남반부의 소외를 당연시하면서 결과적으로는 지구촌 문제 해결에 기여하기보다는 오히려 증폭시키는 결과를 낳는다(Anderson & Rieff, 2005)는 점도 문제다. 이에 반해 6) 초국적 사회운동(transnational social movements) 이론은 지구시민사회의 운동성을 강조하는 가운데 지구화 및 지구시민사회 현상의 가치창출적 역동성에 주목하고자 한다. 그 결과 초국적 기준이나 국제 규범을 만드는 적극적 행위의 총체로 지구화 현상을 이해하고자 한다.

4. NGO의 범지구적 발흥

결국 지구시민사회의 형성은 지구적 맥락에서 활동하는 NGO의 발흥으로 구체화되어 나타난다는 의미에 다름 아니다. 다만 이렇듯 NGO가 범지구적으로 확산하게 된 동기에 대해서는 실로 다양한 시각이 제시되어 있다. 먼저 1) 인도주의적 시각에 따르면 지구시민사회에서 NGO가 발흥하게 된 이유는 패권적 지배 질서에 대한 반동으로 사회적 약자의 권익을 신장하고, 인류의 평화에 기여하며, 과거의 지원에 보은하는 등 인본주의적 가치의 범지구적 확산에 기여하고자 한 결과라는 것이다. 2) 제국주의적 시각은 팽창 이론의 관점에서 일국의 패권적 지위를 확장하는 데에 기여하기 위해 NGO가 동원되었다는 생각이다. NGO가 비록 인본주의적 관점에서 수혜국에 대한 대외 원조 활동에 나선다고 하더라도 결국은 원조국이 지구촌에서 누리는 발언권 신장이나 의사결정권 확대에 기여하는 결과를 낳는다고 보았다. 따라서 NGO의 발흥을 문화적 침략이나 대외 의존성 심화 과정으로 이해하는 신식

민지화 이론의 틀을 제공하는 셈이 된다. 과거 근대화 초기에 식민지 건설을 통해 유럽화 전략이 추구하던 것과 유사한 양식으로 전개되는 패권적 지배의 새로운 버전(new version)에 다름 아니라는 관점이다. 3) 합리주의적 시각은 지구화 과정의 역기능을 순화하거나 극복하기 위한 대응 전략의 하나라는 인식이다. 지구촌의 글로벌 통합에 맞선 창조적 대응(Delcore, 2003)의 결과라는 관점이다. 이는 NGO 개입의 동기를 객관화해서 보려는 시도의 하나로서 평가의 선입견이나 정서적 편애를 극복하려는 노력의 하나로 평가된다. 문제는 이런 관점들이 인간을 합리적 의사결정의 주체로 이해하고 이를 토대로 지구시민사회에서 이뤄지는 NGO의 발흥을 설명하고자 하지만 과연 인간이 그렇게 합리적인 존재인가에 대한 원초적 질문이 제기되지 않을 수 없다는 점이다.

따라서 NGO의 범지구적 활동에 대한 평가는 실로 다양하다. 이를 종합해 보면 대체로 부정론과 긍정론으로 정리해 볼 수 있다. 먼저 1) 부정론은 기업이나 시장의 이익을 배타적으로 보장하는 데 기여함으로써 일국의 패권적 지도력 형성을 유도하는 데에 기여한다고 보았다. 기존의 기득권 체제가 영속화하는 데에 봉사한다는 뜻이다. 2) 긍정론은 지구화에 따른 다양한 역기능에 대항하기 위한 유일 대안이거나 최소한 효과적인 균형추로 작용한다고 보는 것에 다름 아니다. NGO의 발흥 자체가 밀집형 지구시민사회의 확산에 기여한다는 것이다. 그러나 3) 대안론은 NGO가 외부의 간섭 없이 자율적인 삶의 양식을 유지한다는 사실에 주목하고자 하면서 군사적 충돌이나 긴장 없이 시민사회를 형성하는 데에 기여한다는 점을 강조하고자 한다는 특성을 지녔다.

(2017.02.13.)

개발이란 무엇인가?

지금은 지구촌의 선도국을 자임하는 부강한 나라가 되어 내외에 뽐내는 마음이 없지 않게 되었지만 우리에게도 발전 또는 개발도상국이라는 이름으로 불리던 때가 있었다. 당시만 해도 주변을 돌아보면 저발전 상태 또는 하루 세 끼를 미처 다 채우지 못하는 이들이 있어 형편이 어려운 데도 우리를 대접해서 점잖게 부르는 이름으로 알아듣곤 했다. 제2차 세계대전 이후 수혜국에서 원조 제공국으로 변한 유일한 나라라고 하니 이제 선도국 역할을 제대로 하기 위한 고민도 올바로 해야 할 때가 되었다. 사실 원조를 하려면 무얼 위한 원조인지 또는 누구를 위한 원조인지를 분명히 해야 한다. 당연히 수혜국의 개발을 위한 것이어야 하겠지만 사실 개발이라는 말처럼 논쟁적인 용어도 많지 않다. 흔히 발전과 개발을 구분해서 전자가 자율적, 내발적, 진보적, 질적 변화를 지칭하는 데 반해 후자는 타율적, 외발적, 보수적, 양적 성장을 시사하는 것으로 구분해서 이해하는 것이 보통이다. 이들 모두를 장기적 시관에서 조망하는 경우는 진화(evolution)라고 보는 데 반해, 단기적 시관에서는 변환(transformation)으로 규정지어 다루기도 한다. 개발 문제를 다룬 가장 대표적인 사례는 2000년 UN이 채택한 새천년개발목표(MDGs; Millenium Development Goals)가 아닌가 생각된다. 그에 따르면 개발에 따른 결과적 현상으로서 극단적 기아와 빈곤의 극복, 보편적 기초 교육의 달성, 성평등의 촉진, 어린이 사망률의 감소, 산모의 건강 수준 향상, HIV/AIDS 같은 질병에 대한 대처 능력의 신장, 환경 지속 가능성의 확보, 글로벌 파트너십의 발전을 지목하고 있다. 이는 그 내용 면에서 보면 1994년 유엔개발계획(UNDP: United Nations Development Programme)이 발표한 인간개발보고서(Human Development Report)의 복사판에 다름 아니다. 동 보고서는 지구촌 전역이 갈등과 대립을 일삼는 군사 안보에서 벗어나 화해와 공존을 지향하는 인간 안보로 전환할 것을 제안하면서 빈곤 퇴치에 주목해야 한다고 보았다. 구체적 대안으로 소득 창출을 통한 경제 안보, 교육 및 영양 공급을 통한 식량 안보, 질병의 퇴치를 통한 보건 안보, 자연 보전을 통한 환경 안보, 신체의 안전을 통한 개인 안보에 주력하자고 했다. 사회문화적 참여 및 동질성 제고를 통해 공동체 안보를, 인권 및 발언권 보장을 통해서는 정치적 안보를 확보하자고 제안하기도 한다. 이는 에드워드(Edwards, 1999)가 말하는 바 물질적 기본욕구의 해소와 함께 다수가 선호하는 삶의 양식을 영위하여 사회의 민주성을 제고하자는 것에 다름 아니다. 이를 콜리어(Collier, 2007)는 발전을 바라보는 데 두 개의 서로 다른 시각이 있다고 말하면서, 경제 중심 접근 시각이 경제 성장에 주목하는 데 반해 사람 중심 접근 시각은 사회적 배제의 극복, 나아가서는 이를 가능케 하는 사회자본의 축적에 주목하기 마련이라는 견해를 폈다. 경제적 풍요와 정치적 자유의 확장에 주목하고자 한 것에 다름 아니다.

이는 인류의 오랜 소망이기도 한 만큼 여러 차원에서 사회과학의 고전 이론이 다루어 왔다. 먼저 근대화 이론(Modernization Theories)은 전통사회로부터 전수된 문화적 장애를 극복하는 일이 발전을 구현하는 데 있어 결정적 관건이라고 보았다. 여기에는 경제성장단계론(W.W. Rostow, 1960)에서 보는 바와 같이 유일 발전 경로를 상정하고 이를 통한 단선적 진화의 결과, 서구화에 이르러야 한다는 생각이 내포되어 있다. 이는 경제 성장 과실의 확산 이론(trickle down effect)이나 서구 자본주의형 민주주의(Newtonian Democracy)를 기계론적 관점에서 조망함으로써 순율적, 단선적 진화를 가정한다는 점에서 스스로 한계를 갖는다. NGO를 비롯한 시민사회의 역할과 기여에 둔감하다는 점도 문제점으로 지적된다. 반면에 종속 이론(Dependent Development Theory)은 한 나라의 내부 질서가 아니라 이를 에워싸고 있는 세계 체계의 구조를 개선하지 않고서는 결코 '저발전의 발전'을 강요하는 숙명적 굴레로 부터 벗어날 수 없다는 주장을 펴 주목을 받았다. 기술과 자본의 축적이 부족한 제3세계 여러 나라는 구조적으로 대외 무역 의존형 발전 전략을 채택하지 않을 수 없으나 세계 체계의 불평등 교역 조건을 개선하지 않고서는 발전의 성취가 불가능하다는 입장을 견지한다. 다만 사회 운동을 기성의 세계 체계로부터 해방되거나 변화를 추동하는 힘으로 간주한다는 점에서 기존의 이론과는 다른 견해를 보여 주었다. 그러나 이런 거대 담론들이 현실 적합성에 있어 한계를 지닌다는 생각은 실용주의적 접근 시각의 등장을 재촉하는 결과를 낳았다. 기존의 거대 담론이 발전 과정의 차이를 사상하거나 구체성을 상실하는 가운데 현상을 설명하고 있어 비실용적이라고 보고, 기계론적 프레임에 기초한 선형체계론의 단속성을 부정하면서 후기 근대론의 영향을 받아 새로운 시각을 개발한 결과다. 선험적 대이론의 존재 가능성을 부정하는 가운데 사회문화적 다양성과 시공간적 차이를 존중하면서 맥락적 접근의 중요성을 강조하게 된 것이다. 기성의 거대 담론에는 식민주의를 정당화하는 요소가 내포되어 있다고 보고 이를 극복하고자 한다는 평가도 있었다.

이런 유형의 개발 이론 가운데 대표적인 것으로는 신자유주의론을 들 수 있다. 신자유주의는 개발의 전제 조건으로 시장 개방, 공공 지출과 사회복지 서비스의 삭감 같은 구조 조정을 사회 변동의 전제 조건으로 삼고자 한다. 이는 정부의 개입을 줄이거나 그로 인해 자유 처분권의 범위를 확장하려는 자본가의 시각과 가치를 반영한 것에 다름 아니다. 흔히 범지구 차원의 기득권을 확보하고 있어 기존의 질서를 유지하는 것이 유리하다고 판단하는 미국 기업가들의 가치관을 반영하고자 한다는 뜻에서는 워싱턴 컨센서스(Washington Consensus) 내지는 워싱턴 합의로 지칭되었다. 미국식 시장경제 체제를 개발도상국의 발전 모델로 삼자고 합의하는 근본 이유는 자본주의를 범지구적으로 확산하고자 하는 데에 있다고 해석되는 이유다. 따라서 원조 과정에서의 국가중심주의를 피하면서도 효율성을 강화하기 위한 관리 기술의 개발과 전수에 주목하고자 하는 특성을 지녔다. 당연히 NGO의 역할에 주목하면서 민주화의 유연한 중개자 내지는 민간 부문에서 이뤄지는 서비스 전달의 매개자로 이해하고자 했다. 반면에 서유럽 기득권 국가 중심의 개발 이론에 대한 반동으로는 '탈개발론'을 들 수 있다. 개발 자체가 서유럽 기득권 국가 중심성을 내포하는 것인 만큼 개발 자체를 극복하는 일이 관건이라는 다소 혁명적인 시각에 기초한다. 개발에 대한 적극적 수정주의의 결과물이라고 말할 수 있다. 이런 관점의 연장선상에서 쿡과 코타리(Cooke and Kothari, 2001)는 개발이란 부국의 힘을 빈국으로 확장하는 수단에 다름 아니라고 보았다. 수혜국의 역량 강화란 지역 권력 구조의 은폐 수단이거나, 가난한 이들의 순치 수단에 지나지 않는다는 것이다. 그렇기 때문에 에스코바르(Escobar, 1995)는 신사회 운동이 대안이라고 보고 토착적, 자율적 발전 전략을 강조하고자 했다. 비슷한 관점에서 도미니크와 템플(Dominique Temple, 1997)은 개발이 전통사회에 자본주의 가치를 전파하기 위한 일종의 트로이 목마에 해당한다고 보았다. NGO에 대해서도 비판적으로 평가하면서 NGO가 사실상 수혜국에 대한 문화적 파괴나 경제적 침투를 위한 중간 매개 장치에 해당된다는 주장을 내놓았다. 그러면서 지역의 사회 운동이 유일한 대안이라는 견해를 폈다. 이런 시각은 대안개발론(alternative development)과 연동된다. 사회 체계나 구조가 문제가 아니라 사람이 문제라는 인식으로 전환한 결과다. 이는 후기근대론의 영향을 받아 개발에는 일반화된 선험적 경로가 따로 마련되어 있는 것이 없다고 본다. 따라서 지역사회의 자조적인 노력과 공동체 정신을 강조하면서 풀뿌리 운동과 집단 활동에 주목하고자 한다. 이 경우 아래로부터의 참여 역량을 강화하는 일에 주력하고자 할 것은 당연한 귀결이다. 따라서 NGO의 역할을 비중 있게 다루면서 사회 하층민과 근거리에 위치하면서도 상의하달식의 정통적인 발전론에 도전할 수 있는 능력을 보유한 사회집단의 등장이 관건이라는 견해를 편다. 결국 대안 이론은 개발에 대한 국가중심주의를 부정하고자 하는 것에 다름 아니다. 국가중심주의는 지역주민을 수동적 수혜자로 인식하고 개발 과정의 참여를 배제하는 오류를 범하고 있으며, 정부의 실패나 무임승차론, 전환비용론에서 보는 바와 같이 국가 개입에 따른 구조적 한계를 지녔다고 보기 때문이다. 국가의 중심축이라고 할 수 있는 관료제가 경직성, 법규중심주의, 지체, 문서중심주의 같은 병리 현상에 노정되어 있어 문제라고 보는 것도 같다. 원조 기부자 중심의 관점으로 인해 원조의 수용자 입장에서 보면 타인의 프레임에 따르는 낭비, 상관성 결여와 그에 따르는 수용성 부족을 유발하게 된다는 것이다. 수원 기관의 내재적 통제 장치 결여로 인해 부패와 비경제가 일상화하는 것도 문제라고 보았다. 이해관계자(stakeholders)에 의해 포획되는 일이 일상화하게 된다는 진단이다.

이런 인식은 대안적 개발 이론에 주목하도록 했다. 시민사회 중심의 발전 전략이 불가피하다는 주장이다. 사회의 발전을 위해서는 사회자본의 축적이 관건인 만큼 상호 신뢰, 상호주의, 네트워크, 사회적 규범의 정립이 필수적 과제라고 보았다. 이런 조건이 충족되어 있는 사회를 시민사회라고 한다면 시민사회는 국가와 시장을 제외한 나머지의 사회적 공간으로서 시민적 가치가 준수되는 곳 내지는 조직화된 시민의 활동 공간으로 이해되었다. 이를 자유주의 시각에 기초한 시민사회라고 한다면, 급진주의 시각에서 본 시민사회는 권력 투쟁의 장소로서 시민적이지 않은 것으로 채워져 있어 개발에 부정적인 영향을 미치는 요소가 적지 않은 것으로 평가된다. 따라서 자유주의 시각에 기초한 시민사회의 구현을 위해 적극적 노력을 경주해야 할 것은 당연한 이치이다. 대안적 개발 이론은 이를 시민운동에서 찾고자 했다. 시민 권력의 강화와 참여를 통해 사회적 관계의 근대성을 구현하고자 한 것이다. 나아가서는 산업화, 시장자본주의, 행정 권력의 전 지구적 패권화 등에 대한 저항의 한 양식으로도 인식된다. 이런 대안적 개발의 구현 전략으로는 흔히 시민참여와 역량 강화(empowerment)가 지적된다.

먼저 시민참여는 외재적 통제의 한 양식에 해당된다. 국정운영 과정에 대한 시민의 의견이 반영되면서 정책 역량을 강화하게 되는 것도 물론이다. 매슬로의 인간 욕구 성장 5단계론에 따르면 자기 문제를 자기 스스로 해결하는 자아실현의 욕구(self-actualization)가 가장 높은 단계에 해당된다. 자신의 잠재력을 최대한 발휘하고자 하기 때문이다. 시민참여는 바로 이 자아실현의 도구에 해당되는 셈이다. 또한 후기 근대는 정책 과정의 경제성, 민주성, 성찰성을 근간으로 삼는다. 그런데 시민참여는 국정운영의 전환비용을 감축함으로써 경제성을 제고하는 것은 물론이고 직접 참여를 통해 국민주권의 민주성을 구현하며 그 과정에서 스스로 깨닫고 반추할 수 있게 된다는 점에서는 성찰성을 동반한다. 화이트(White, 1995)는 이런 시민참여를 그 참여의 강도에 따라 4단계로 나누어 설명하고자 했다. 가장 저급한 수준의 참여를 일상적 참여 내지는 정상적 참여라고 한다면 이는 정부 동원형에서 보는 바와 같은 명목적 참여의 과시에서 찾아볼 수 있다. 다음으로는 제도적 참여로서 법적으로 보장되는 참여를 말한다. 정부의 구조 조정에 따라 인력을 대체한 결과 시민참여의 공간이 마련되는 경우가 여기에 해당된다. 다음 단계의 대표적 참여는 이익집단 정치나 로비활동을 통해 정치 과정에 영향을 미치게 되는 경우다. 가장 적극적인 것으로는 변환적 참여로서 참여자 주도형 또는 자치형 참여를 말한다. 이런 유형의 진정한 참여가 이뤄지기 위해서는 시민의 역량 강화가 전제되어야 할 것은 물론이다. 이런 시민참여의 적극적 통로로는 흔히 참여예산제와 타운홀 미팅(21c Town Hall Meeting)을 드는 것이 보통이다. 참여예산제는 브라질의 포르투알레그리(Porto Alegre)시에서 발원하여 재정 자원의 민주적 배분, 정치적 효능감의 증대, 시민 역량의 강화에 기여한 것으로 평가된다. 타운홀 미팅은 가장 미국적인 경험의 한 양식으로서 시민의 참여와 주도에 따른 합의제 의사결정을 지향한다.

반면에 역량 강화(empowerment)는 시민의 가치관 변화를 전제로 한다. 예컨대 저개발 내지는 가난에 대한 인식에 있어 물질적 자원의 결핍이 아니라 불평등한 권력관계가 불러온 결과물이라고 보는 인식 능력의 제고를 말한다. 프리드만(Friedman, 1992)에 따르면 권력에는 3가지 유형이 있다. 사회권력이 정보나 기술에의 접근 능력, 사회 조직에의 참여 능력, 재정 자원의 확보 능력 등에 의해 결정되는 것이라고 한다면, 정치권력은 정책 과정에의 참여 능력에 따라 좌우되며, 심리권력은 자기 자신에 대한 신뢰의 결과 빚어지는 정치적 효능감이나 자아 존중감 등에 의해 결정된다. 롤랜즈(Rowlands, 1985)는 이런 권력 동원 능력을 강화하기 위해서는 3가지 차원의 노력이 경주되어야 한다고 보았다. 개인 차원에서는 자긍심, 관계 차원에서는 긴밀성, 집단 차원에서는 연계성과 협동성을 제고해야 한다는 것이다. 결국 개발이란 이를 역량 강화로 이해하는 경우 자신에 대한 신뢰 능력, 긴밀한 사회적 관계의 창출, 공동체 구성원 사이의 협동력 등을 제고해야 한다는 의미에 다름 아니다. 이를 위해서는 가치관의 변화가 전제되어야 하는 만큼 문화적 질서 내지는 인식의 프레임을 개선하는 과정으로 이해되어야 마땅한 셈이기도 하다.(2015.10.10.)

제 3 장

정치 개혁과 민주시민교육

국회의원 연임 제한 무엇이 문제인가?

정치권에서 국회의원 연임 제한 논의가 다시 제기되었다. 한 때 국민의힘 비상대책위원장은 같은 지역구에서 3선 이상 당선된 의원은 공천하지 않아야 한다고 말한 바 있다. 이제는 같은 당의 공천관리위원장이 3선 이상 연임 시 공천 자격 심사에서 15% 감점 요인으로 다루어야 한다고 천명하고 나섰다. 과거 더불어민주당에서도 3연임 국회의원에 대해서는 공천을 제한해야 한다는 논의가 제기된 바 있다. 이런 논의가 빈발하는 가장 큰 이유 가운데 하나는 정치권이 정치개혁을 바라는 국민 정서에 부응하려고 노력한다는 메시지를 보다 적극적으로 전달하려는 데 있는 것 같다. 오늘날 이 나라의 정치가 퇴락한 책임이 지금까지 정치권에서 현역으로 활동해 온 이들에게 있는 만큼 그들을 문책해야 한다는 뜻도 담겼을 것이다. 보다 구체적으로는 현역 국회의원이 지니고 있는 기득권 박탈을 통해 보다 공정한 선거 경쟁 환경을 조성하고 그 결과 정치권의 물갈이를 촉진해 보려는 것으로도 해석된다. 부도덕하거나 공정하지 못한 방식을 통해 연임이라는 지금의 정치적 기득권이 구축되어 있는 만큼 이를 박탈하는 것이 윤리적으로 타당할 뿐만 아니라 정치개혁을 추동하기 위한 전략적 대안으로도 효율적이라고 판단했을 법하다는 뜻이다. 현역 의원은 인지도, 동원 가능한 정치자금, 참모 조직이나 선거구 내에서의 인적 네트워크 등에서 도전자보다 유리한 환경을 누리게 되는 것이 보통이다. 대부분의 나라에서 현역의원의 재선율이 높은 이유다. 그런데 그런 기득권이 부도덕한 기성 정치권의 유산이라면 이를 용인해야 할 이유가 없다는 생각인 셈이다. 무엇보다도 새로운 비전과 높은 도덕율을 지닌 인물로 정치권을 물갈이 하려면 먼저 기존의 정치권이 점유하고 있는 의석을 비워야 신인으로 채울 수 있는 기회 공간이 생겨나기 마련이다. 이를 보다 자세히 들여다보면 연임을 지향하는 국회의원은 지역구 관리를 위해 선심성 정치에 매몰되거나 지역 현안과 관련해 국가 재정을 오로지 자신의 지역구를 위해 쏟아붓는 등 국가 재정의 건전성을 해치는 일도 서슴지 않게 된다. 국가 전체의 유익을 지향해야 할 국회의원이 지역 현안 해결에 매달리면서 흔히 상충적 이해관계의 올무에 빠져 헤어나기가 쉽지 않게 된다는 뜻이리라. 연임 제한은 이런 올무에서 벗어나게 하려는 대안 가운데 하나로 읽어 볼 수도 있을 것 같다.

더욱이 대의민주주의의 철학적 원리 면에서 보면 연임을 제한해야 공직의 교체임용주의를 구현하기가 수월해진다. 그래야 보다 다양한 사람이 공직에 참여할 수 있는 기회 공간이 확장되고 그 결과 대표성 구현에 상대적으로 유리한 환경이 마련된다. 이런 교체임용주의는 국민의 대표자들이 장기간에 걸쳐 활동하는 가운데 이익집단과 밀접한 관계를 구축하고 나아가 그들에 의해 포획되는 현상을 차단할 수 있게 된다는 의미를 함축하기도 한다. 무엇보다도 유권자의 입장에서 보면 보다 다양한 선택지가 주어지면서 선택의 자유 행사 범위가 넓어지는 변화를 맞이할 수 있게 된다. 역사적인 연원도 깊다. 교체임용주의는 그리스 · 로마 시대에 시작하여 르네상스 시대의 베니스와 피렌체에서 활성화된 후 미국으로 건너가 확산되었다. 그러나 이런 교체임용주의가 대의민주주의의 철학적 원리에 반하지 않으려면 어떤 형태로든 유권자가 자신의 대표자를 선출하는 과정에서 그의 자유로운 선택지를 보장해 주어야 마땅한 일이다. 다선 의원이라도 그를 선택하고자 한다면 자유롭게 선택할 수 있어야 한다는 뜻이다. 교체임용주의가 안고 있는 또 다른 문제는 다선 의원이 임기 동안 활동하면서 체득하고 축적했을 분야별 전문 지식이나 경험 또는 관계 기관 인사들과의 네트워크나 인간적인 유대 등이 유실되는 결과가 되기도 한다는 점이다. 기존의 의원들이 지향하고 견지해 왔던 정책의 기조나 방향 등이 단절되거나 왜곡되는 변화를 가져올 위험성도 있다. 특히 정책의 효율적인 운용을 위해서는 일정 기간 동일한 정책기조를 유지하는 것이 유리하다는 점을 상기해 보면 연임 제한은 매우 위험한 도박이 되기도 할 것이다. 상대적으로 다선의원일수록 의회의 기관 기억 장치로서의 효용성이 높다는 점에서 보면 의회가 기관 역사의 문맥 아래에서 정책을 심의하고 법률을 제정하는 능력을 퇴행시키는 결과가 되기도 한다. 의원이 빈번히 교체되는 가운데 행정 관료는 지속적으로 신분을 유지한다는 점에서 보면 의회의 대행정부 통제력을 약화시키는 결과가 되기도 한다. 그렇지 않아도 의회가 행정부보다는 상대적으로 단기적 시관에 따라 정책을 심의하기 마련인데 이처럼 연임 제한이 강제되는 경우 그런 경향이 더 강화되지 않을 수 없다. 보다 빈번하게 선거를 치루게 된다는 점에서 보면 의원들이 진중하고 중장기적인 관점에서 정책을 논의하기 보다는 오로지 선거에 매몰되도록 유인하는 결과를 낳기도 한다. 이런 까닭에 멕시코나 필리핀 등과 미국의 플로리다, 루이지애나, 오하이오 같은 주의회 일부가 연임 제한제도를 두고 있을 뿐 대부분의 나라에서는 그렇지가 않다. 유권자의 자유로운 선택지를 보장하는 데에 최우선적인 목표를 두고자 한 결과다. 타산지석으로 삼을 일이다. 비록 자기모순적이기도 하고 동의반복적이기는 하지만 대의민주주의의 골간인 자유민주주의는 자유와 민주를 지키는 가운데 운영되어야 그의 목적 가치인 자유와 민주가 구현되는 자기 충진형 장치이자 이념 공간임을 되새기지 않을 수 없게 된다.(2024.01.18.)

다수당의 책임 정치를 주문한다

흔히 20대 국회가 최악이었다고 말하지만 21대 국회도 크게 다르지 않다. 후반기 국회 원 구성을 놓고 공전이 거듭되고 있다. 여야 협상이 결렬되면서 지난달 30일 이후 국회는 기능적 공백 상태에 빠졌다. 작동 불능 상태이니 사실상 의회가 없는 것과 같다. 그러니 우리는 지금 민주정체에서 산다고 말할 수 없는 셈이다. 의회민주주의를 빙자한 반의회주의 쿠데타를 겪고 있는 것과 다를 바 없다.

사태는 국회의장 선출과 상임위원장 배분에 대한 정파 간 이견을 좁히지 못하면서 비롯되었다. 그런데 근대 의회민주주의의 본향이라는 영국 의회의 역사적 연원을 추적해 보면 의회는 국민의 청원에 대한 유사 사법적 재결권 행사로부터 비롯되었다. 이로 인해 국회의장은 단순히 원내 구성원의 이견을 관리하는 중립적 사회자 이상의 의미를 함축한다. 의회의 의사를 내외에 대표할 뿐만 아니라 원내 갈등의 종국적 해결권자에 해당된다. 그렇기 때문에 본회의장에서 행하는 국회의원의 발언은 반대당 의원을 향하는 것이 아니라 실제로는 이견의 종국적 평결권자인 국회의장을 향해 자신의 주장을 피력하고 호소하는 것으로 해석된다. 따라서 국회의장의 선출은 국회라는 집합적 의사결정 기관의 최종적 의사결정권자에게 그 구성원인 국회의원 모두가 그 권위를 승인하는 일종의 서약 절차에 해당된다. 국회가 존립하려면 국회의장의 선출이라는 원 구성 절차에 국회의원 모두가 최소한 한 번은 합의에 응해야 한다는 의미다. 그렇기 때문에 국회의장의 선출 문제는 국회의원 개개인이 누리는 재량적 판단권 범위 밖의 일이다. 국회의 구성은 국회의원에게 부여된 권리가 아니라 헌법상 지워진 최우선적이고 가장 기본적인 책무라는 뜻이다. 따라서 어떤 이유로도 국회의장 선출 자체를 협상의 대상으로 삼을 수는 없다. 의회가 협상과 대화의 장이라는 말은 일단 의회가 구성되고 난 뒤에나 성립 가능한 수사에 해당된다.

그럼에도 불구하고 현재 소수당이 국회의장 선거에 불응하는 이유는 거대 다수당이 상임위원장 자리를 독식하려 한다고 보기 때문이다. 상임위원장 자리를 여야가 협상을 통해 배분하는 관례가 13대 국회 이래 지속되어 온 건 사실이다. 조정과 타협을 기관 특성으로 삼는 의회에서는 모든 걸 법률과 규칙으로 정해 둘 수는 없는 만큼 유연 규범으로서의 선례가 갖는 의미와 비중은 남달리 크고 또 존중되어야 마땅한 일이다. 그러나 잘못된 관행을 시정하는 일 또한 그만큼 중요하다. 13대 국회 이전의 관행은 다수당이 상임위원장 자리를 독식했다는 사실에 주목할 필요가 있다. 국민 대표성의 관점에서 보면 다수당이 상임위원장 자리를 차지하는 것은 매우 자연스러운 일이기 때문이다. 우선 책임 정치의 구현이라는 점에서 그렇다. 개별 상임위원회에서 다수 의석을 점유하는 정당이 위원장을 배출하는 것은 다수결의 원리를 부정하지 않는 한 당연한 귀결이다. 다수결의 원리가 비록 궁극적으로 소수파의 의견을 배척하는 흠결을 동반하는 것이 사실이기는 하지만 아직까지는 국민 대표성 구현의 배분적 정의를 보장하는 가장 현실적이고 또 효율적인 장치로 이해된다. 이해충돌을 조정하는 가장 평온한 방법 가운데 하나로 인식되기 때문이다. 국회의원 자체가 다수결의 원리에 따라 선출되었음도 췌언을 요하지 않는다.

그런데 국민 개개인의 입장에서 보면 상임위원회제도가 국민 대표성을 왜곡하는 요소를 지녔다는 점에 유의할 필요가 있다. 자신이 직접 선출한 국회의원이 배정되지 않은 위원회에서는 사실상 대표성 발현이 차단되고, 반대로 그렇지 않은 위원회에서는 다른 지역의 유권자에 비해 과대 대표되는 결과를 낳는다. 여기에 더해 여야 협상을 통해 의도적으로 특정 위원회에 특정 정당을 과대 대표시키거나 또는 과소 대표시킨다면 국민 대표성 구현에 결정적 왜곡을 낳게 된다. 사실 여야 협상을 통해 상임위원장 자리를 배분하는 관행은 상임위원회를 마치 정당의 전리품처럼 다룬다는 의미에 다름 아니다. 이를 시정하여 국민이 위임한 대표성 정도에 따른 비례 배분을 통해 각 위원회에 국회의원을 배정해야 할 것은 물론이다. 그럼에도 불구하고 국회가 상임위원장을 여야 협상을 통해 분배해 온 것은 소수당을 동원하기 위한 일종의 정치적 회유 수단으로 활용되어 왔음을 뜻한다. 도대체 무엇을 기준으로 어느 위원회는 소수당이 주도하고 또 다른 위원회는 다수당이 관리한다는 말인가? 국민의 위임에 따라 다수 세력을 구성한 정당이 다수결의 원리에 따라 상임위원장을 선출하고 그에 따른 정치적 책임을 다음 선거에서 묻는 체제로 전환하는 것이 옳다. 미국의 연방 의회가 대표적인 사례이다.

그러나 이를 위해서는 우선 의회 자체가 정당의 지나친 구속으로부터 벗어나야 한다. 원내 정당제도가 도입되면서 이는 일견 모순된 주문으로 비춰지지만 그렇기 때문에 오히려 정당이 의회를 직접 관리하고 통제하려는 의도는 보다 더 적극적으로 배척되어야 마땅한 일이 되었다. 그렇지 않을 경우 정당을 매개로 행정부의 의회 장악이 현실화하면서 지나치게 권력을 융합하거나 의회와 행정부 사이의 갈등을 강화하면서 권력의 견제가 지나쳐 국정의 마비를 불러올 가능성이 커지기 때문이다. 우리처럼 소수의 정당 수뇌부가 당내 의사결정권을 독식하는 환경 속에서는 특히 더 그렇다. 그런 점에서 개별 상임위원회 운영상의 독립성 확보는 효율적인 대통령제 운영의 핵심 장치 가운데 하나라고까지 말할 수 있다. 각 상임위원회가 독립적으로 자체 구성의 원리에 따라 각기 위원장을 선출하도록 자율권을 보장해 주어야 한다. 국회의원은 자신이 소속된 정당의 구성원이기 이전에 국회를 구성하는 독립적 헌법기관이라는 인식이 선행되어 있어야 한다. 소속 정당이 아니라 위원회 자체에 대한 충성심을 우선시하고 위원회 위원으로서의 정체성을 당원으로서의 그것에 앞세워야 한다.

이런 방향으로의 운영 개혁을 위해서는 정당의 내부 민주주의를 활성화하는 일은 이를 아무리 강조해도 지나치지 않는다. 그래야 정파 간 협상을 통해 상임위원장 자리를 배분하던 관행을 타파하는 일을 두고 패권적 지배력 강화 같은 지극히 원시적 차원의 권력욕 충족에 나섰다는 오해로부터 벗어날 수 있다. 국회가 진정한 의미의 국민 대의 기관으로 탈바꿈하고자 스스로 나설 때가 되었다. 거대 야당의 등장은 사실 제발 의회다운 의회를 한번 만들어 보라는 주문으로 해석해야 마땅한 일이다. 국회의 운영과 구성 전반에 걸쳐 보다 적극적이고 체계적인 점검을 통해 본질적인 개혁 대안 모색에 나설 때 대국민 설득력을 더할 것도 물론이다. 원칙 없는 조정과 미봉적인 타협은 굴종이거나 야합일 뿐이다. 더 이상 야합에 빠져 허덕이는 국회를 바라보기도 지겹다.

그런 점에서 여야가 우선적으로 다뤄야 할 과제는 평의원의 독립성과 자율성을 확대하고 정당 수뇌부의 과두적 통제권을 타파하는 일이다. 이런 관점의 연장선상에서 보면 교섭단체제도의 폐지도 우선적으로 고려해야 할 과제 가운데 하나다. 지금까지 교섭단체는 정당 수뇌부가 평의원을 관리하는 일방적 통제 장치 가운데 하나로 작동해 왔다. 의회민주주의의 모국이라는 영국과 미국 모두 교섭단체제도를 두지 않는다. 우리 같은 정치 환경에서 같은 정당 소속이라도 정치적 이해관계의 차이에 따라 평의원이 자유롭게 합종연횡할 수 있는 정치적 토대를 마련해 주지 않는 한 국회가 진정한 의미의 정치적 갈등 조정과 타협의 장으로 거듭나기는 쉽지 않다. 이제 이런 족쇄로부터 평의원을 풀어 주어야 한다. 그렇지 않을 경우 아무리 정파 간 이견이 조정된다고 하더라도 혹 패권의 조정에 기여할지는 몰라도 결코 국회 운영의 정상화에 기여하기는 어렵다. 원내 다수당의 지혜와 양식이 어느 때보다도 목마른 이유다.(2022.06.23.)

잘못된 국회 법사위의 개혁 방향

국회가 법제사법위원회(법사위)의 역할을 조정하는 국회법 개정안을 통과시켰다. 개정안은 법사위의 체계·자구 심사 기간을 현행 120일에서 60일로 단축해 법사위가 조속히 법안 심사를 마치도록 한다는 것이다. 또한 법사위가 체계·자구의 심사 범위를 벗어나 심사할 수 없도록 명문화하기도 했다. 이로써 법사위의 '상왕' 기능을 개선할 수 있을 것이라는 주장이다. 법사위가 다른 위원회의 역할과 권위를 침해해서 그의 독립성을 훼손하는 일은 더 이상 없을 것이라는 견해다. 그러나 불행하게도 그런 생각으로 개정안을 통과시켰다면 이는 어불성설이자 자기기만에 해당된다.

먼저 법률안의 체계·자구 심사제도는 법률안 내용의 위헌 여부, 다른 법률과의 저촉 등 입법 기술상의 적절성 여부를 심사해서 법안의 완성도를 높이자는 것이다. 그렇지만 법률안의 작성 자체가 체계와 자구를 통해 입법 의도를 구체화하는 일인 만큼 엄격히 말해 법률안이 담고 있는 다른 위원회의 입법 의도를 해치지 않으면서 법사위가 법률안의 체계와 자구만을 기술적으로 심사한다는 것은 처음부터 성립 불가능한 과제다. 법률은 글자 하나 또는 쉼표나 마침표의 위치를 바꾸는 것만으로도 의미 내용이 달라지는 성질을 지녔다. 그러니 법률의 내용을 건드리지 않고 체계 · 자구 심사만으로 간여의 범위를 한정한다는 것은 그 자체가 성취 불가능한 일이다.

법률의 체계와 자구에 대한 검토가 관련 분야의 전문 기술적인 판단을 필요로 하는 일이라면 이는 관련 분야의 전문가가 다룰 사무 가운데 하나지 국민의 의견을 대변하는 정치적 업무에 매진해야 할 국회의원들로 구성되는 위원회가 개별 안건으로 다루어야 할 과제는 아니다. 그렇기 때문에 대부분의 선진 의회에서는 사무처 소속의 법제 전문가나 위원회 소속 입법 관료로부터 법제 기술상의 자문을 받도록 하고 있을 뿐 특정 위원회가 다른 위원회가 발의한 법률안을 심사하도록 하는 일은 거의 없다. 심지어 전산 시스템의 개발을 통해 법제 기술상의 오류를 기계적으로 찾아내고 수정, 보완하는 장치를 운영하고 있을 뿐 정치적 판단의 개입 여지가 있는 다른 위원회가 나서서 별도의 심의 안건으로 다루지는 않는다. 이렇듯 전산 시스템을 이용하는 경우 입법 경쟁 상태에 있는 국회의원들로서는 법률 초안의 내용을 외부에 노출하지 않으면서도 자기만의 법률안을 마련할 수 있다는 이점도 있다.

국민의 참정권을 동등하게 위임받아 활동하는 국회의원의 국민 대표성 원리에서 보더라도 똑같은 권한을 지닌 국회의원에 의해 구성되는 위원회는 상호 독립성과 평등성을 견지해야 마땅한 일이다. 그런데 비록 법제상의 기술적 검토에 국한한다고 하더라도 특정 위원회가 발안, 심의한 법률안을 다른 위원회가 그 위원회의 관할 범위를 넘어 간여한다는 것은 국민 대표성의 원리를 훼손하여 위원회 간의 균형을 깨뜨리는 일이기도 하다. 법사위가 상왕처럼 군림해서는 안 되는 이유다.

이런 탓에 법사위 심사 기간을 비록 60일로 줄였다고 하지만 이는 결코 법사위 체계·자구 심사권이 안고 있는 근본 문제 해결에는 아무런 도움이 되지 않는다. 외려 불필요하게 최장 60일씩이나 법률안의 심사 기간을 지연하는 일에 일조하고 있을 뿐이라는 비난을 피할 수 없다.

법사위의 법률안 체계·자구 심사권 문제는 그동안 국회 개혁의 최우선 순위 과제 가운데 하나로 거론되어 왔다. 그 결과가 이런 식의 개정이라면 도대체 개정안의 입법 의도가 무엇인지를 묻지 않을 수 없다. 아무리 국회가 복마전이라고 하지만 무언가 조금씩은 전향적으로 개선되는 기미를 보여줘야 지켜보는 이들도 참을 만한 것은 아닐까. 지켜보는 국민의 인내에도 한계가 있다는 점을 일깨워 주고 싶다. 법사위의 법률안 체계·자구 심사권은 전면 폐지하고 국회사무처의 법제실을 통해 기술 지원을 받는 체제로 전환하는 것이 대안이다. 이 경우 법사위는 당연히 사법 분야의 과제를 다루는 상임위 가운데 하나로 개편해야 하고 그런 만큼 사법위원회로 탈바꿈해야 마땅한 일이다.

(2021.09.01.).

의회행정연구의 부활을 꿈꾸며

1. 정치 발전과 의회행정

국회가 한국 사회가 겪는 만악의 근원처럼 간주된 지는 꽤 오래 되었다. 오늘 아침에도 여야의 원내 대표가 교체되면서 법사위원장 자리의 여당 독식을 놓고 여야 간 격돌이 예고된 것이나 다름 없다는 소식이 전해졌다. 그런데 권력관계를 다루는 정치학은 그의 본질적 특성상 주로 의회와 시민사회 같이 의회 외부와의 관계 내지는 민주주의의 철학적 원리에 따른 당위적, 규범적 질서의 모색에 주력하기 마련이다. 법사위원장의 충원이라는 인사 문제 또는 위원회의 편제라는 조직 구성의 과제를 놓고 처방적, 실천적 대안을 제시하는 일에는 의회행정의 논리와 접근 시각이 제격이다.

이런 관점에서 보면 국회 법사위원회는 지구촌 어느 곳에도 없는 변종에 다름 아니다. 원래 위원회제도는 그의 정당성 근거를 분업의 원리에 둔다. 국민 대표성의 원리에 따르면 국회가 다루는 모든 업무에 모든 국회의원이 직접 간여하도록 해야 옳다. 그러나 폭증하는 업무량과 전문성 제고에 대한 수요로 인해 분업의 원리를 도입했다. 모든 위원회가 동등성과 독립성의 원칙에 따라 구성, 운영되어야 마땅한 이유다. 그러나 법사위원회에는 법률안의 체계와 자구의 검토라는 미명 아래 이미 다른 위원회가 다룬 법안을 다시 심사하는 권한이 부여되었다. 아무리 체계와 자구의 검토라고 하지만 법률안 자체가 입법 의도를 체계와 자구로 나타낸 것인 만큼 다른 위원회의 심의 결과에 대한 내용상 간여를 피할 수 없다. 이를 빌미로 법사위원회를 통과하지 않으면 안건의 심의 자체가 더 이상 진행될 수 없다는 점에서 항용 단원제인 국회 내부에서 상원과 같은 지위를 누리는 것으로 평가된다. 다른 위원회의 독립성과 국민 대표성이 지향하는 평등성의 원리를 심각하게 침해하는 일이다. 여야가 법사위원회의 위원장 자리를 놓고 다툴 것이 아니라 법률안의 체계와 자구 심사권 폐지를 놓고 경쟁에 나서야 옳을 일이다.

여기에서 보듯 의회행정이 다루는 과제와 접근 시각에 대한 사회적 인식이나 수용성 정도가 높았더라면 한국 정치가 퇴행적 관행에서 벗어나는 데 지금보다는 훨씬 더 크게 일조할 수 있었을 것이라는 아쉬움이 작지 않다. 필자가 정치학의 고식적인 발전 전략, 즉 한 나라의 정치 발전이 의회 발전을 낳고 의회가 발전되어야 의회 내부의 질서를 개선할 수 있다는 관점과 달리 의회행정의 개선이 의회 발전을 낳고, 의회 발전이 정치 발전을 향도하며 나아가 한 나라의 민주주의를 발전시킨다는 역진적 전략을 선호하게 된 데에는 대학 졸업 후 국회 사무처에서 사회 활동을 시작한 데 따른 영향이 컸다. 현장에서 그의 실체와 기능적 비중을 체감했을 뿐만 아니라 조작적 대안의 개발이 가능한 이점이 있다고 보았다. 이에 따라 의회행정을 체계적으로 연구하는 곳을 찾아보니 미국 뉴욕주립대학교 부설 비교발전연구소가 유일한 곳이었다. 비교행정연구회(CAG)에서 활동하던 히피(James J. Heaphey) 교수와 그의 동료들이 비교행정연구의 한 양식으로 의회행정연구를 개척한 결과다. 이곳에서 의회행정과 비교행정을 전공했다. 귀국하여 의회행정론을 학부와 대학원에 교과 과목으로 개설하고, 「한국의회행정론」, 「한국의회윤리론」, 「한국의회개혁론」, 「한국전자의회론」, 「Legislative Staff in Korea」 등을 출간했다. 그러나 은퇴 후 어느 곳에서도 의회행정론을 교과로 다룬다는 말을 아직 듣지 못했다.

2. 비교행정연구와 의회행정연구

의회행정연구의 쇠퇴는 그의 모태라고 할 수 있는 비교행정연구에 대한 행정학계의 관심이 퇴락한 데에 따른 영향이 적지 않다. 사정은 비교행정연구의 발원지라는 미국에서도 크게 다르지 않다. 의회행정연구가 독립적 연구영역으로 뿌리내리기도 전에 비교행정연구회의 제1 세대가 은퇴하면서 비교행정연구에 대한 행정학계의 열기가 식었다. 보다 근본적으로는 비교행정연구에 대한 행정학계의 부정적 평가가 적지 않았다. 비교행정연구가 행정학 연구 대상의 분산, 연구 방법의 다양화를 촉진하면서 지배적 패러다임 형성을 방해하고 나아가 통합적 정체성 확립에 역진적 영향을 미쳤다는 것이다. 이런 현상은 비교행정연구 자체에도 나타나 비교연구의 대상과 범위 및 방법론이 어떤 지점을 향해 수렴되지 않고 파편적 분산을 거듭하면서 독자적 연구 영역으로서의 자기 정체성 확립에 실패했다. 비교행정연구가 정통 행정학의 한계와 위선에 대한 가장 치열한 도전 가운데 하나이기는 했지만 지나치게 현학적이었다는 반성도 제기되었다. 미국중심주의를 탈피한다면서 비교행정연구 자체가 가장 미국적인 것 가운데 하나였다는 지적도 있다. 행태론적 접근이나 실증주의에 의존하면서 정작 문화적 맥락의 차이를 당사자의 입장에서 연구에 실질적으로 반영하는 일에는 실패했다는 것이다. 비교행정연구를 학문적 모태로 삼는 의회행정연구가 비교행정연구의 이런 한계를 고스란히 승계했을 것은 두말할 나위도 없다.

그러나 비교행정연구로 인해 행정학 전반에 걸쳐 방법론으로서의 '비교'에 눈뜨게 되고 그의 중요성과 활용도가 커지면서 과학으로서의 행정학 발전에 기여했음은 결코 부정할 수 없다. 무엇보다 중요한 것은 정통 행정학의 본질적 한계인 내부지향성(inward looking)에서 벗어나 외부지향성(outward looking)을 추구할 수 있게 되었다는 데 있다. 아니 지금도 비교행정연구의 행정학 과학화를 위한 외부지향적 실험은 계속되고 있으며 오히려 이에 대한 수요는 앞으로 더 늘어날 것으로 관측된다. 비교를 인식론 차원의 방법론으로 삼는 행정연구는 비교행정연구회의 태동 이후 부침을 거듭했지만 결코 중단된 일이 없으며 다만 시대 상황의 변화에 따라 자신의 지배적인 기준율을 수정하거나 세련화하면서 경계를 조정하고 명칭을 바꾸어 정체성의 중심점을 이동해 왔다. 국가와 국가 간의 경계 종단 비교를 통해 발전행정(Development Administration), 국제행정(International Administration), 지구 거버넌스(Global Governance)가 개척되었고; 국가와 시민사회의 경계 종단 비교를 토대로 신공공행정론(New Public Administration)이 거버넌스(Governance)로 확장되었으며;

국가와 시장의 경계 종단 비교로는 신공공관리론(New Public Management), 신공공서비스론(New Public Service) 등이 모색되었다. 코로나-19의 범지구적 확산과 더불어 제기되는 과제는 일상적 맥락과 비일상적 맥락의 경계를 종단하는 비교를 토대로 위기관리론(Crisis Management) 내지는 위기 거버넌스(Crisis Governance)에 대한 수요가 커졌다는 점이다.

3. 의회와 행정학의 상호작용

이런 비교연구의 인식론적 프레임을 토대로 국가 기관 간의 경계 종단 비교의 한 양식으로 등장한 것이 바로 의회행정연구다. 그러나 보다 본질적으로는 의회 자체에 행정학적 수요가 있고 행정학 자체가 의회에 대한 연구를 필요로 하기 때문에 의회행정연구가 태동한 것이라고 보아야 옳다. 의회는 보통 사회적 가치를 실현하기 위한 정치 과정의 일부 또는 사회공동체의 연장선상에 있는 역동적 구조물의 하나로 인식된다. 이로 인해 의회 자체가 어떤 목적과 의도를 가지고 협동적 노력을 경주해 나가는 조직체적인 단면(organizational dimension)을 내포한다는 사실을 간과하기 쉽다. 그러나 의회는 조직체적 단면을 내포하는 유기체 또는 기관임에 틀림없다. 의회는 사회적 요구의 자연스러운 분출물 이상의 것으로서, 그를 에워싸고 있는 환경과의 접촉을 통해 승인된 하나의 제도에 다름 아니기 때문이다. 즉 사회적 요구에 대한 단순 대응 이상의 것으로서 의도적으로 계산된 행동을 구사할 줄 아는 이상주의와 편의주의의 융합물이며, 사회적 가치와 계획된 의도 사이에서 이루어지는 상호작용의 복합물에 해당된다. 의회의 초기적인 형태가 사회공동체의 연장이라는 의미 이상을 내포하지 못하는 것이었다고 하더라도 점차 현대사회의 복잡하고 다양한 과제들을 다루게 되면서 상설화했고, 내부 조직의 분업과 전문화를 촉진함으로써 하나의 정착된 질서를 갖추게 되었다. 그런 의미에서 의회는 사회적 요소와 관리적 요소 또는 정치적인 단면과 조직체적인 단면 모두를 내포하는 복합 구조물에 해당된다. 이렇게 의회가 조직의 일종이라는 사실은 조직 이론을 토대로 구축된 행정학 일반 이론이 의회의 이해와 설명에 나선다고 해서 당연히 문제될 것이 없음을 말한다.

또한 의회가 다루어야 할 정책 과제가 정보사회의 도래와 함께 고도기술화, 복잡화, 다원화, 전문화함으로써 과거와 같이 단순히 정치적 절차를 준수하거나 일상적 지식에 의존하는 것만으로는 소여의 역할을 다하기가 어렵게 되었다. 그만큼 의회의 내부 조직이나 기술 지원 장치, 입법 관료의 충원, 전문지식의 생산과 보급 등에 있어 혁명적으로 개선하지 않고서는 의회쇠퇴론이 예견하는 바와 같이 그의 존재 가치 자체를 유지하기 어려운 지경에 이르렀다. 특히 고도의 전문 기술과 정보를 토대로 제시되는 행정부의 의견을 검토하고 분석 · 평가하기 위해서는 의회의 정책 평가 능력을 크게 강화해야 마땅한 일이다. 나아가 대통령제의 경우 행정국가적인 현상의 도래와 함께 의회가 행정부에 의해 압도되는 상황을 시정하지 않고서는 그의 핵심적 운영 원리인 3권 간의 분립과 견제가 유명무실해질 것은 당연한 이치다.

무엇보다도 행정 통제 역할을 제대로 수행하려면 행정부의 내부 작동 원리나 관련 정보 및 필요 지식을 축적하고 있어야 한다. 이는 입법 활동에 있어서도 같다. 법률이 작성된 이후 이를 행정부가 받아 집행하는 과정에 대한 이해가 충분히 이루어져 있어야 보다 효율적인 법률안의 작성이 가능해질 것은 자명한 일이다. 보다 중요한 것은 입법 활동이 결코 일회적인 작업의 결과물이 아니라는 점이다. 일단 의회를 통과한 법률이 행정부를 통해 집행된 후 그 성과를 측정하고 평가하여 이를 법률의 수정이나 제정에 반영함으로써 정부 정책의 완결성을 높여야 한다. 따라서 보다 이상적인 입법 활동이 이뤄지기 위해서는 정책의 평가와 행정 통제가 전제되어야 하며, 이를 위해서는 행정부를 연구 대상으로 삼아 관련 정보를 축적하고 있는 행정학의 지원과 조력이 불가피하게 요청된다.

행정학의 학문적 출발점이었던 정치 · 행정 이원론이 쇠퇴하고, 정치 · 행정 일원론 내지는 혼합적 관계론이 당연시되면서 행정 현상에 대한 접근 시각이 행정관리설로부터 통치기능설, 발전기능설, 정책기능설, 거버넌스 등으로 변화해 왔다. 정치와 행정의 관계도 이원론으로부터 상호 유기적인 것 또는 상호작용 관계에 있는 것으로 인식하게 되었다. 여기에서 더 나아가 정치와 행정의 혼합적 관계설에 이르면 정치적 현상에는 당연히 행정적 요소들이 혼재되어 있고, 행정적 현상에도 정치적 요소들이 혼합되어 있다는 입장에 이르게 된다. 부언하면 정치적 현상과 행정적 현상은 본디 서로 다른 관찰의 대상을 말하는 것이 아니라 동일한 현상에 대한 관점의 차이에 지나지 않는다는 뜻이다. 동일한 현상의 관리적 측면을 강조해서 보면 행정적 현상이며, 권력적 측면을 강조해서 보면 정치적 현상이라는 견해다. 이렇게 보면 행정 현상에 대한 이론화 작업의 결과물을 통해 통상적으로 정치적 현상으로 간주되어 온 의회의 행정적 단면을 분석한다고 해서 하등 문제될 것이 없다.

나아가 이런 혼합적 관계설 내지 일원론의 입장에서 보면 지금까지 경제적 인간, 관리적 인간, 또는 사회적 인간으로 간주되어 온 조직 내의 인간을 권력적 실용주의를 추구하는 정치적 인간으로 규정해 볼 수 있게 된다. 행정 관료는 언제나 탈정치적이거나 정치적으로 중립적인 존재가 아니다. 권력관계론의 관점에서 보면 그것 자체가 다원주의적인 성질을 지니며 정치 과정에 참여하는 여러 압력집단 가운데 하나다. 의회에 정치적 의사를 투입하는 주요 행위 주체 가운데 하나이기도 하다. 전략적 정보의 제공을 통해 권력의 확대를 추구하기도 하고, 의사소통의 정략적인 지연을 통해 권력의 누수를 유인하기도 한다. 지방정부와 중앙정부 간의 갈등이나 행정 각 부처 간의 필요 자원 선점 경쟁 등이 모두 권력 투쟁의 성질을 갖는다. 따라서 이런 관점 아래에서 구축된 행정 이론의 틀을 가지고 권력적 관계에 기초하는 의회를 분석, 검토한다는 것은 당연한 일이 아닐 수 없다.

또한 현대 행정학의 근간이라고 할 수 있는 개방체계론과 환경론의 관점에서 보면 의회와 행정부는 결코 서로 분리되어 있는 별개의 기관이 아니다. 서로 연동되어 있는 만큼 행정 과정의 능률성은 의회에 의한 정책 사업의 결정과 그에 따른 예산의 배정 그리고 사업 집행에 대한 통제와 감독에 따라 좌우된다. 그런데 의회의 역할은 의회가 조직체적인 단면을 내포하고 있는 한 의회 내부의 구조나 운영 절차 등에 따라 영향을 받지 않을 수 없다. 결국 행정 과정의 성패는 의회의 조직체적 단면이 어떻게 관리되느냐에 따라 결정되는 셈이다. 실제로 행정 과정의 효율성 진작을 위해 고안된 계획예산제도(PPBS)가 실패한 이유는 의회가 이 제도의 요체라고 할 수 있는 예산기획 관련 전문기술성을 결여했기 때문인 것으로 평가된 바 있다.

4. 에필로그: 남겨진 숙제

행정학의 의회 간여와 관련한 보다 본질적인 과제는 행정이 과연 '문제 해결'을 위한 것이냐는 점이다. 지금까지 행정학은 행정이 문제 해결을 위한 것이라는 가정 아래 논의를 전개해 왔다. 행정이 전환 과정(throughput)의 POSDCORB를 관리 · 운영하는(steering) 것이라는 데에서 출발하여, 산출물(outcome)을 전달(delivery)하고, 나아가 사회적 영향성(impact) 형성에 기여하는(serving) 것으로 다루어 왔다. 행정 과정의 단계별 비교를 통해 행정에 대한 이해의 중심점을 외부지향적으로 이동해 왔지만 이들은 모두 '문제 해결'을 지향하는 범주 내의 것에 다름 아니다. 여기에서 한 단계 더 중심점을 이동하는 경우 '문제 해결'이라는 선제적, 고식적 경계 범주를 벗어나면서 환류(feedback)를 통한 치유(healing)의 역할을 상정해 볼 수 있게 된다. 이 경우 의회에 대한 행정학의 기여 가능 공간은 혁신적으로 확대된다. 의회 자체가 일종의 사회적 환류 장치에 다름 아니기 때문이다. 정부의 실패가 일상화되어 있는 한국 사회의 경우 행정의 치유 역할에 대한 수요가 훨씬 더 크고 또 절대적일 것은 췌언을 요하지 않는다. 가장 본원적인 과제는 행정에 의한 문제의 해결이 실패를 거듭하면서 이제는 행정이 '문제 해결'을 위한 것이라는 가정적 전제의 정당성 자체를 보다 근원적으로 그리고 보다 더 치열하게 점검해 보아야 할 지점에 이르게 되었다는 점이다. 이는 행정학이 더 이상 정통 행정 이론의 재활용(recycling) 수준에 머물러서는 안 되며 새로운 관점, 연구 영역 내지는 정체성 모색에 나서야 한다는 의미다. 비교행정의 부활을 고대하게 되는 이유이고 의회행정의 사회적 책무를 되새기게 되는 까닭이기도 하다. 현장 실무자들이 행정학으로부터 배울 것이 없다는 핀잔을 거듭한다는 사실은 이제 행정학자에게 있어 더 이상 피안의 화재가 아니다.

(「한국행정포럼」 173호, 2021. 여름.)

상임위 독립과 자율성 침해하는 법사위 심사권 없애자

제21대 국회 개원과 함께 여야 간 샅바 싸움이 한창이다. 핵심은 어느 쪽도 법사위원회의 자구와 체계 심사권을 내놓을 수 없다는 데 있다. 지켜보는 국민으로선 서로 자기 아이라고 주장하는 여인들에게 아이를 반으로 갈라 나누라던 솔로몬 왕의 지혜가 부럽지 않을 수 없다. 진정 아이를 사랑하는 어미라면 당연히 아이의 온전함을 위해 소유권 포기에 나서야 옳다. 같은 이치로 법사위원회 위원장을 어느 당이 맡느냐의 문제는 파당적 이해관계가 아니라 국회 운영 개혁의 관점에서 접근해야 마땅한 일이다. 같은 상임위원회 가운데 하나인 법사위원회는 다른 상임위원회가 검토를 마친 법률안에 대해 법률의 자구와 체계에 관한 심사권을 갖는다. 그런데 모든 국회의원은 헌법상 동등한 권한과 책임을 지니는 독립 기관인 까닭에 그들에 의해 구성되는 상임위원회도 모두 동등한 지위와 권한을 갖는다. 그럼에도 불구하고 국회의 상원이라고 별칭하는 데서 보듯 법사위원회는 소관 상임위원회에서 심사를 마친 법률안을 자구와 체계의 검토라는 미명 아래 수정하거나 수정 권고하도록 되어 있다. 어불성설이 아닐 수 없다. 법률의 자구와 체계를 심사하는 일은 일견 기술적 검토 작업 같지만 법률 제정 자체가 자구와 체계를 통해 입법 의도를 구체화하는 작업인 만큼 자구와 체계의 수정은 당연히 법률의 내용이나 입법 의도를 손질하는 결과를 낳는다. 이는 개별 상임위원회의 독립적 운영과 자율적 의사결정권 행사에 대한 심대한 침해가 아닐 수 없다. 그런 까닭에 다른 상임위원회가 심의한 법률안을 그 내용의 심의 과정에 참여하지 않은 법사위원회가 그의 자구와 체계를 심사하도록 한 나라는 우리 말고 어디에도 없다.

더욱이 모든 법안이 법사위원회의 심의를 거쳐야 하는 까닭에 병목 현상이 생겨 법안 심사가 무한정 지체되는 일을 지켜보는 일도 이제 임계 범위를 넘었다. 흔히 법률 제정과 관련해 지체된 정의는 부정의라고 하지 않는가. 입법 수요가 있다고 판단되는 경우 가급적 신속히 대응해야 할 것은 췌언을 요하지 않는다. 대부분의 의회 선진국에서는 법률 초안의 자구와 체계에 대한 검토를 사무처의 법제실이나 의회 소속 전문 변호사를 통해 지원받게 한다. 뉴욕주 의회에서는 AI 시대에 걸맞게 법률 초안 작성 소프트웨어를 통해 해당 상임위원회나 발안자가 자체 검증하도록 한 지 오래다. 입법 경쟁으로 인한 정보 유출 우려 때문에 법률 초안에 대한 대면 자문을 저어하는 이들에게 인기다. 입법 과정의 정보관리기술 도입 차원에서도 검토해 볼 만한 일이다.

다만 법사위원회의 자구와 체계 심사권을 폐지하는 경우 지금 같은 거대 여당 체제 아래에서는 국회가 정부의 우월적 지위를 보장하는 일종의 동원 장치로 전락할 우려가 가중되는 것이 사실이다. 따라서 국회의 대행정부 감독권 강화를 위한 개선책 마련을 병행할 필요가 있다. 국회에 대한 행정부의 영향력 강화가 정당 지도자에 대한 포획을 통해 이뤄지는 만큼 원내정당 운영의 민주화가 시급한 과제다. 이를 위해서는 평의원의 자유로운 의정 활동을 보다 더 확대 보장한다는 의미에서 교섭단체제도를 철폐하는 방안도 모색해 볼 일이다. 평의원이 소속 정당의 구속으로부터 훨씬 더 자유로워져야 상임위원회의 독자성도 확대된다. 그래야 국회의원 개개인의 기관으로써의 국회에 대한 충성심도 커진다. 평의원의 자율권이 큰 미국과 영국 의회에는 교섭단체제도가 없다. 국회에 대한 기관 충성심을 유지하면서도 여야의 이해관계를 반영한다는 뜻에서 법사위원회의 자구와 체계 심사권 폐지와 교섭단체제도 폐지를 동시에 진행해 보는 것은 어떨까? 정당 지도부의 일방적 통제력이 줄어드는 만큼 여야 모두 원치 않을 가능성이 크다. 그러나 이 말은 해두고 싶다. 원칙 없는 협상은 굴종이거나 야합이다.

(「중앙일보」 리셋 코리아, 2020.06.15.)

권력적 파당성 극복 없이 국회의 정상화 없다

북한이 남북공동연락사무소를 폭파한 데 이어 '서울 불바다'를 위협하는 등 연일 도발 수위를 높이고 있다. 안보 위기가 임계치를 넘나드는 상황에서도 국회 정상화의 기미는 찾기 어렵다. 지금처럼 여야가 평행선을 달리는 경우 당연히 국회의장이 나서야 하지만 그마저 실효성을 기대하기는 쉽지 않게 되었다. 제21대 전반기 국회의장이 제1야당이 불참한 가운데 선출되었기 때문이다. 이는 전반기 국회 내내 국회의장의 권위가 도전받지 않을 수 없게 되었음을 뜻한다. 국회의장의 정치적 중립성을 담보할 수 없기 때문이다.

원래 국회의장의 역할은 국회의원 개개인에 의한 권위의 승인에서 비롯되는 만큼 자신의 정치적 중립성에 의구심이 제기될 만한 행동은 이를 삼가는 것이 서구 의회에서의 불문율이다. 그런 탓에 국회의장은 당선과 동시에 일종의 수도사 같은 삶의 길을 자청하기도 한다. 평소 평의원과는 식사도 같이 하지 않는다. 의장이 누구와 가깝다는 식의 인상을 주지 않으려 하기 때문이다. 이럼에도 불구하고 상임위 배정을 둘러싸고 여야가 극한 대치하는 가운데 국회의장이 야당 의사에 반해 상임위원 강제 배정에 나섰다. 의장에게 그럴만한 권한이 부여되어 있는 것은 사실이다. 그러니 위법은 아니다. 문제는 지금의 국회의장에게 그럴만한 권위가 확보되어 있느냐다. 아니 이로 인해 앞으로 의장의 권위가 훨씬 더 위협받지 않겠느냐는 우려가 이는 것은 어쩔 수 없다.

국회의장에게 갈등이나 다툼의 최종 조정권을 부여하는 이유는 단순히 다툼을 종결짓자는 데에만 목표가 있지 않다. 다툼에서 유발되기 마련인 기울어진 운동장을 최대한 수정해 보라는 의의가 함축되어 있음을 알아야 한다. 일당 독재도 가능한 거대 여당이 등장한 만큼 국회의장의 균형자 역할에 대한 주문이 그 어느 때보다도 클 수밖에 없다. 그런 점에서 보면 국회의장이 여당 출신 전직 의원을 국회 사무총장에 임명하는 것도 문제다. 입법 지원 체제를 총괄하는 사무총장은 업무의 성격상 정파적 이해관계로부터 자유로워야 한다. 권력적 파당성은 물론이고 정책적 선호를 통해 특정 가치를 지향하는 것조차 금기시해야 한다. 그럼에도 불구하고 국회는 꽤 오랜동안 다수당 출신 전직 국회의원을 사무총장에 임명해 왔다. 이제 엽관주의에 의한 자리 배분을 부끄러워할 때도 되었다. 정치적 균형추 역할을 자임함으로써 현명하게 처신할 줄 아는 국회의장의 탄생을 고대하게 되는 이유다.(2020.06.10.)

의회란 무엇인가?

민주주의를 지향하는 나라에서 의회는 법률 제조 공장에 해당된다. 그런데 이런 의회를 나라마다 달리 불러 왔다. 독일의 분데스타그(Bundestag), 영국의 팔리아먼트(Parliament), 우리나라의 내셔널 어셈블리(National Assembly), 미국의 콩그레스(Congress) 등이 대표적인 사례다. 이때 분데스타그(Bundestag)는 독일의 연방의회를 부르는 이름인데 이는 독일어의 Bund와 Tag에서 유래한다. 이때 Bund는 한 묶음을 의미하는 만큼 연합이나 연맹을 뜻하는 데 반해 Tag는 날짜(Day)를 의미한다. 따라서 정해진 날짜에 주기적으로 회의가 열린다는 의미를 함축하는 셈이다. 영국에서는 팔리아먼트(Parliament)라고 하는데 이때의 팔리아먼트는 라틴어의 Parliamentum, 불어의 Parley 또는 영어의 Parlar에 어원을 두고 있어 말하다(talk)를 뜻한다. 따라서 팔리아먼트는 의회가 말하는 장소 내지는 말을 통해 토론과 숙의가 이루어지는 장소라는 의미를 시사한다. 내셔널 어셈블리(National Assembly)의 National이 국가를 말하는 데 반해 Assembly는 Assemble에서 비롯된다. 그런데 Assemble에는 사람들이 공동의 목적을 위해 한자리에 모인다는 의미와 어떤 것의 부분 구성 요소들을 짜 맞춘다는 의미가 내포되어 있다. 따라서 한 나라의 부분 구성요소들이 공동의 목적을 위해 한데 모이는 자리라는 의미가 함축되어 있는 셈이다. 콩그레스(Congress)는 라틴어의 Congressus에서 유래하는 후기 중세 영어로서 (전장에서) 적을 맞닥뜨린다는 의미로 해석된다. 따라서 견해나 입장을 달리하는 이들의 모임터를 뜻한다고 할 수 있다. 다른 한편으로는 영어의 Converge에서 유래한다는 설명도 있다. 그런데 Converge는 어떤 한 곳으로 (생각이나 목적 등)이 수렴된다는 의미이므로 다양한 의견을 한 곳으로 취합하는 곳이라는 뜻으로 해석해 볼 수 있겠다. 콩그레스를 다양한 의견을 취합, 조정하는 곳으로 이해하게 되는 이유이다. 이들을 종합해 보면 의회는 나라를 구성하는 국민의 대표들이 일정 시점에 만나 대화를 통해 의견을 결집시켜 나가는 곳이라고 말할 수 있다.

그러나 이를 입법과정론의 관점에서 보면 의회를 이스토니언 모델(Eastonian model)이 말하는바 투입, 전환, 산출, 환류의 단계로 나누어 검토해 볼 수 있다. 먼저 투입 단계는 정책 우선순위에 대한 유권자의 의견을 결집하고 표출하는 과정에 해당된다. 이때 정당이 시민사회와 의회 사이에서 유권자의 의견이나 요구를 의회로 전달하는 중간 매개 장치로 작동하도록 되어 있다. 문제는 정보사회의 도래와 함께 정당의 이런 역할이 무력해졌다는 점이다. 여론 형성의 즉시성과 정책 투입 과정의 시간 공간이 증발한 결과다. 이로 인해 투입 과정이 무력화되면서 이에 대한 대안 모색의 수요가 제고될 것은 당연한 이치이다. 결사체민주주의에서 참여민주주의 내지는 숙의민주주의로의 이동이 필요해졌다는 뜻이다. 이를 위해서는 흔히 30만 명 이상의 전자 서명으로 의회가 심의할 의제를 선정하는 전자국민발안제, 의회의 웹사이트를 통해 유권자가 직접 진정, 청원을 형성하고 처리하는 전자진정 · 청원제, 유권자의 근거리에 위치하는 의회 지역 사무소 및 로비스트 등록제도의 도입과 공청회의 필수화 등이 제안된다. 이를 지원하기 위한 장치로는 NGO와의 연계 작업을 담당하는 시민사회국이나 입법 과정의 지식 정보 체계화를 촉진하기 위한 지식정보처의 설치 등 입법지원조직의 혁신을 필요로 한다.

전환 과정은 투입 과정에서 제기된 문제의 해결을 위해 대안을 개발하는 단계다. 사실과 가치의 융합 과정이라는 점에서는 균형민주주의의 구현 현장을 전제로 한다. 의원이 지향하는 목적가치와 이를 구현하기 위한 물적 토대로서의 현실사회에 대한 진단이 상호작용하는 단계다. 이때 필요한 진단 능력의 강화를 위해 미국 연방 의회는 CRS를, 한국의 국회는 입법조사처를 설치해서 운영한다. 그러나 단순히 사실 정보뿐만 아니라 이를 지향하고자 하는 목적 가치와 융합하는 일이 필요하다는 점에서는 미국의 연방의회처럼 상임위원회 지원 입법 관료를 정당중심제로 개편할 필요가 있다. 중립적 전문성과 정파적 가치 지향성을 혼합하는 작업을 강화하자는 것이다. 같은 이치로 국회의원 개인보좌관제도도 개선이 필요하다. 정책 담당 보좌관과 지역담당 보좌관을 기능적으로 구분하고 일정 자격 규정을 두어 전문성을 확보할 필요가 있다. 행정정보공개법의 개정을 통해 국회의원 개인 보좌관에게 행정정보 열람권을 부여하는 문제도 전향적으로 검토해 보아야 할 과제다. 상임위원회 위원장 및 위원의 임기를 현재의 2년에서 4년으로 연장할 필요성도 제기된다. 전문성 제고가 필요하다고 보여지기 때문이다. 이럴 경우 현재의 교섭단체 정책연구위원제도나 정당정책연구소 지원은 이를 폐지하는 방법도 검토해 보아야 한다. 전문성의 확보가 전제된 후 이를 토대로 정당정책의 구현에 기여하자는 것이지만 현재의 제도 운영 현실을 검토해 보면 전문성 확보가 쉽지 않아 보이기 때문이다.

산출 과정은 개발된 정책 대안을 법제화하는 과정이 주류를 이룬다. 그러나 현재의 국회 상황은 법제실의 기능적 취약성으로 인해 이를 감당하는 데에 한계가 있다. 따라서 법제처의 국회 이관 내지는 공동 활용 방안을 모색할 필요가 있다. 법제관을 대폭 확장하는 문제도 고려해 보아야 한다. 보다 근본적인 문제는 당연히 현재 행정부와 이원화되어 있는 법률제안권을 국회로 일원화하는 일이다.

환류 과정은 입법 의도가 행정 과정에 투영되어 실제로 구현되었는지의 여부를 확인하자는 것이다. 특히 법률의 집행을 위해 행정부가 고안해서 실시한 사업의 적실성 여부를 검토할 필요가 있다. 정책 감사 내지는 사업 검사가 필요한 이유다. 이는 흔히 행정부 내부 감사로 일컫는 회계 감사, 직무 감사, 위법성 감사와의 차별화가 필요한 이유이기도 하다. 이런 목적을 위해 국정에 대한 감사와 조사가 가능하게 되어 있지만 그 운영 실제에 있어 정략적 필요에 따라 지나치게 정치 감사화 되어 있다는 점은 문제다. 이를 개선, 보완하기 위해서는 미국의 일반회계처(GAO)를 벤치마킹해서 정책평가처를 신설, 운영할 필요가 있다. 현재의 예산정책처를 확대 개편하는 경우 가능할 것으로 생각된다. 감사원의 국회 이관도 검토해 볼 만한 과제다. 이와 관련하여 국정 감사를 정책 감사 중심으로 재편하는 문제도 고려해 보아야 한다. 당연히 감사 결과를 입법 과정과 연계하여 법률의 제정과 개정으로 대응해야 할 것은 물론이다. 특히 입법 과정의 정치적 책임성 확보를 위한 노력을 배가할 필요가 있다. 점호투표제의 활용과 입법실명제의 확대가 요청되는 이유다. 국민고충처리위원회를 국회 소관 부서로 이설하는 경우 현재보다는 훨씬 더 정치적 비중과 권위가 커지면서 기능적 효율성이 제고될 것으로 여겨진다. 국정 과정에 대한 시민참여 내지는 고충 처리 장치의 확대를 도모한다는 점에서는 옴부즈만을 국회 내부 기관으로 설치 운영할 필요성도 제기된다. 무엇보다도 국회사무처의 대대적인 개편을 통해 지식정보처, 법제실 등을 신설 또는 확대 개편하고 국회사무처는 최소한의 행정 지원 업무만을 담당하는 사무 관리 기구로 축소 개편할 필요성도 있다. 무엇보다도 사회 환경의 급변화가 상시화하고 있는 만큼 국회 개혁 내지는 정치 개혁의 일상화에 부응하기 위한 장치로 정치제도연구실을 신설하여 운영할 필요성이 있다. 그런 점에서 의정연수원의 확대 개편은 불가피한 과제로 여겨진다.(2019.09.19.)

진화형 민주주의 시대의 민주시민교육

1. 촛불민주주의와 진화형 민주주의

현대 한국 정치의 전개 과정에 등장한 중요 변곡점으로는 흔히 1987년의 6월 항쟁과 그로부터 30년 만인 2016년 가을에 박근혜 정부의 퇴진을 불러온 촛불 시위를 들 수 있다. 6월 항쟁이 법적, 절차적 차원의 민주화를 통해 군부 권위주의 체제를 마감하고 87년 체제를 탄생시켰다면, 2016년의 촛불 시위는 87년 체제의 한계를 초극하는 대안 모색을 주문한 것에 다름 아니다. 촛불 시위가 '광장'을 통해 주문한 것은 단순히 박근혜 정부의 퇴진만이 아니었던 것이다.

현행 헌법대로라면 대통령의 탄핵이 필요할 경우 국정의 정치적 대리인들에 의해 구성되는 국회가 먼저 나섰어야 옳다. 헌법이 대통령 탄핵권을 국회에만 부여하고 있기 때문이다. 그럼에도 불구하고 연인원 천만 명 이상이 광장에 나가 박근혜 정부의 퇴진을 직접 요구한 것은 그런 대리인 체제의 실효성을 더 이상 믿을 수 없다고 판단한 것에 다름 아니다. 국가와 시민사회를 이어주는 정치적 신뢰의 연결 핀이 끊겼다는 점에서 국회는 사실상 박근혜 정부의 몰락 이전에 이미 '탄핵'된 것이나 같다.

또한 촛불 시위는 87년 체제가 마련한 헌법에 따라 선출된 대통령을 그 헌법이 정한 임기 만료 이전에 퇴진시켰다는 점에서 이 나라의 최고 법규범이 이제 더 이상 우리의 실질 권력관계를 규율하지 못한다는 사실을 확인시켜 준 것이나 다름없다. 87년 체제의 기본 정신을 제도적으로 구체화한 것이 현행 헌법이라고 한다면 87년 체제는 명목상으로만 우리의 사회관계를 다루는 정치적 질서일 뿐 실질적으로는 권력관계 규율 장치로써의 권능이나 정당성 기반을 크게 상실하게 되었음을 뜻한다.

이렇듯 2016년의 촛불 시위는 기존의 국정운영 양식에 대해 단순히 이견을 제시하는 정도를 넘어 권력 레짐의 전복을 통해 국가로부터 시민사회 친화적인 양식으로 권력의 이동을 불러왔다. 더 나아가 그 과정이 시민의 직접 참여와 '광장' 민주주의를 통해 진행되었다는 점에서 촛불민주주의의 본질은 87년 체제가 의존하던 간접민주주의의 한계를 넘어 직접민주주의로의 이행을 촉구한 것에 다름 아니다.

그런데 직접민주주의는 시민의 정치적 판단과 선호를 보다 더 적극적으로 그리고 직접적으로 국정에 반영하고자 한다는 점에서 참여민주주의를 말한다. 보다 광범위한 국민의 여망을 수렴하기 위해 정치적 대화와 소통의 '광장'을 열고자 한다는 점에서는 숙의민주주의를 뜻한다. 또 그런 참여와 숙의를 가능케 하는 물리적, 기술적 토대가 자기 주도형 개인 미디어 같은 SNS의 확산에 힘입은 바가 크다는 점에서는 전자민주주의를 시사한다. 그런데 이들이 실로 오랜동안 당위적 규범으로 여겨온 대의제 민주주의를 초극하고 보다 새로운 대안을 적극적으로 모색해 보려고 한다는 점에서는 급진민주주의(radical democracy)에 다름 아니다.

따라서 87년 체제가 제도와 절차의 민주화를 통해 근대 산업사회의 사회적 관계에 기초한 관행적 민주주의(conventional democracy)의 정상화를 겨냥한 것이었다고 한다면, 촛불민주주의는 그런 관행적 민주주의의 한계를 뛰어넘는 대안으로 급진민주주의의 길을 열고자 한 셈이다. 전자가 국가중심주의의 관점에서 국정운영의 산출 단계에 주목하려는 것이라고 한다면, 후자는 시민사회중심주의의 시각에서 투입 단계에 주력하려는 것으로 여겨진다. 전자가 뉴턴식 민주주의(Newtonian democracy) 내지는 기계론적 세계관에 기초한 것이라고 한다면, 후자는 비선형체계론 내지는 후기 근대의 인식론적 프레임에 정초한다는 점에서 대비된다.

그러나 급진민주주의가 그의 운영 실제에 있어 간접민주주의를 직접민주주의로 단숨에 대체하게 되는 것은 아니다. 다만 인식의 프레임이 그럴 뿐이며 운영 실제에 있어서는 양자를 점진주의적으로 혼합하면서 실로 다양한 양식으로 구체화되어 나타난다. 유동적인 민주주의 또는 액상민주주의(liquid democracy)로 지칭하게 되는 이유이다. 관행적 민주주의가 다수결의 원리 내지는 집적민주주의(aggregative democracy)에 기초하는 일원적인 대표성을 중시하는 것이라고 한다면 급진민주주의는 대표성을 인정하지 않는 데 반해, 양자를 혼합하는 액상민주주의는 부분적인 직접 참여와 부분적인 대리인 참여를 선택적, 전략적으로 혼용한다는 점에서 다원적 대표성을 지향한다.

이렇듯 촛불민주주의는 관행적 민주주의가 결코 유일한 규범적, 당위적 선택지가 아니며 시대의 성격과 수요의 변화에 따라 실로 다양한 양식의 민주주의가 가능하고 또 그렇기 때문에 그런 민주주의를 찾아 나서야 한다는 사실을 일깨워 주었다. 민주주의가 지향하는 목적 가치가 통시적으로 불변적이라고 하더라도 그런 목적 가치를 구현하기 위한 수단으로써의 민주주의는 시대 성격의 변화에 따라 유동적이며 또 그렇기 때문에 진화한다는 인식의 문을 연 것이다. 그렇기 때문에 디지털 시대에는 또 거기에 합당한 민주주의를 모색해야 한다는 사실을 환기시켜 주는 것이기도 했다.

또한 급진민주주의의 구현체인 액상민주주의는 간접민주주의와 직접민주주의를 얼마의 비율로 배합하느냐에 따라 실로 다양한 양식의 민주주의가 가능하다는 사실을 웅변한다. 전자통신기술의 발전 정도에 따라 동원 가능한 기술 지원의 내용이 달라지고 그에 따라 배합의 비율이 달라질 것도 물론이다. 관행적 민주주의의 틀을 벗어나는 경우 거기에는 실로 다양한 양식에 의한 민주주의로의 길이 열려 있음을 뜻한다.

더 나아가 급진민주주의나 액상민주주의는 모두 후기 근대의 프레임 위에 구축되어 있다. 그 운영 내용에 있어 해체주의적이며 동시에 간주관주의적으로 생성되고 진화한다. 더 이상 어떤 고정적인 모형이 선험적으로 구축되어 있어 제3자에 의한 객관적 관조나 대서사의 구술이 가능한 것이 아니라 정체의 구성원 스스로가 지속적으로 상호작용하고 의사소통하는 과정에서 변증법적으로 생성되고 진화한다.

이렇듯 촛불민주주의가 물꼬를 튼 87년 체제 이후의 대안민주주의는 그의 본질적 특성에 있어 지속적으로 유동하고 생성되는 가변형 민주주의에 다름 아니다. 이를 자기 진화형 민주주의라고 한다면 촛불민주주의가 지향하는 바는 바로 이 진화형 민주주의의 구현에 있는 셈이다.

2. 진화형 민주주의 시대의 민주시민교육

그런데 이런 자기 진화형 민주주의는 엄밀히 말해 당위적, 선험적 차원의 디자인이거나 인식론적 프레임일지는 몰라도 아직 현실 세계에서 구현되는 실체는 아니다. 시대의 당위이기는 하지만 현실로 자리 잡기 위해서는 충족되어야 할 과제들이 적지 않기 때문이다.

우선 진화형 민주주의의 핵심 구성요소 가운데 하나인 참여민주주의가 관행적 민주주의와 크게 다른 점은 국정 현안에 대한 인식론적 접근 시각의 차이에 있다. 관행적 민주주의는 흔히 엘리트 민주주의로 규정된다. 보편적 참정권의 향유를 표방하지만 국정운영의 실제에 있어 다수의 보통 사람들이 할 수 있는 일은 소수의 전문가가 주도하는 정책 판단이나 인식 프레임에 대해 수동적으로 동의 또는 부동의를 표시하는 정도를 넘어서지 못한다. 주어진 선택지 가운데 어떤 것을 선택하거나 거부하는 자유 내지는 권한이 행사될 뿐이다. 따라서 국정운영과 관련하여 보통 사람들은 선제적으로 적극적인 주견을 가지고 있어야 할 이유가 없다. 그러나 참여민주주의에서는 국정 현안에 대해 어떤 선험적 대안이 선제적으로 마련되어 있지 않다. 아니 구조적으로 그럴 수가 없다. 이는 매우 당연한 일로써 참여민주주의에서는 보통 사람들의 참여가 이루어지기 이전까지는 어떤 형태로도 집단 의사가 미리 형성되어 있을 수가 없기 때문이다. 참여민주주의에서는 보통 사람들의 주관과 주관 사이에서 상호작용이 일어나고 나서야 그 결과로서 어떤 사회 차원의 일반 의지가 생성된다.

이는 민주정체를 운영하기 위해서는 보통 사람들이 관행적 민주주의 시대와는 달리 자신의 입장을 보다 적극적으로 정립하고 밝힐 수 있어야 한다는 의미에 다름 아니다. 보다 적극적으로 자신의 입장을 주도하는 능력을 지닌 능동적 시민이 전제되어 있어야 한다. 그런데 이런 적극적이고 능동적인 자아를 형성하기 위해서는 보다 더 자기중심적인 세계관이 필요하고, 자기중심적인 세계관을 위해서는 개인주의에 기반한 민주주의의 핵심 가치에 보다 더 투철해야 한다. 기성의 전통적인 엘리트나 제도에 대한 복종을 당연시하거나 과거의 관성을 무비판적으로 답습하는 데에서 벗어나려는 독립성과 이를 견지하는 개인 역량을 필요로 한다. 보다 더 민주적 가치에 투철한 시민의 육성을 위해 특단의 조치가 취해지지 않는 한 참여민주주의의 구현은 당위론의 범주를 벗어나기 어렵다. 민주시민교육에 주목하게 되는 이유다.

그런데 이렇게 주견이 확실한 시민의 참여가 활성화하는 경우, 소극적 참여의 시대보다는 훨씬 더 그런 주견들 사이의 격차나 이견을 시정하고 통합과 결속으로 이끌기가 쉽지 않게 된다. 보다 더 뚜렷한 주견과 주견 사이의 이견을 극복하고 통합에 이르기 위해서는 과거보다는 훨씬 더 효율적인 대화와 소통의 능력을 필요로 한다. 민주주의의 운영 기술에 대한 정보의 축적과 훈육의 강도가 훨씬 더 강화되어야 하는 이유다. 아니 필요로 하는 정보의 축적이나 소통의 능력이 다루는 정책에 따라 다르고 정치사회적 환경의 변화에 따라 가변적이라는 점에서는 현장 연동적인 또는 상황 조응적인 민주시민교육에 대한 수요가 커진다는 뜻이다.

보다 더 본질적인 문제 가운데 하나는 시민의 적극적인 참여가 사회 정의의 구현 문제와 직접적인 인과관계를 구성하지 않는다는 데에 있다. 참여의 확대가 기왕에 국정운영 과정에 참여해 온 이들에게는 과거에 비해 보다 적극적으로 자신들의 의사를 관철할 수 있는 기회를 제공하거나 또는 학습할 수 있는 여건을 개선해 주게 되지만, 그렇다고 해서 참여에 소극적인 사회적 약자나 정책적 취약계층에 대해서도 자동적으로 보다 더 확대된 참정의 기회를 제공하거나 그 결과 정책주도자로서의 지위를 강화해 주게 되는 것은 아니다. 참여 기회의 확대나 참여에 대한 선험적 당위성의 제고가 참여 결과의 불평등 내지는 참여 정도의 계서적 격차를 시정하지는 않는다는 말이다. 적극적 참여자와 소극적 방관자 사이의 정책 능력 격차는 오히려 심화될 개연성이 훨씬 더 크다. 참여를 통한 정보의 교환이나 이견의 조정 기회가 커진다고 해서 그것이 곧바로 의사결정권의 균등 배분을 의미하게 되는 것은 아니기 때문이다. 따라서 이런 상황을 극복하기 위한 제도적 장치의 고안이나 개선에 대한 수요가 커지게 된다. 참여민주주의가 본래의 의도대로 구현되기 위해서는 제도로서의 참여민주주의에 대한 사회적인 학습과 연구가 강화되어야 한다는 뜻이다. 민주시민교육에 대한 수요가 커질 수밖에 없다.

둘째, 숙의민주주의 아래에서 보통 사람들이 숙의의 실효적인 주체로 활동하기 위해서는 그들이 관련 과제에 대한 정보와 지식을 충분히 갖추고 있어야 한다. 그러나 사회 전체 차원에서 보면 그런 사람은 상대적 소수에 불과하다. 그렇기 때문에 숙의의 실질적인 주도력이나 영향력 행사에 있어 보통 사람들 사이에 일종의 계서적 격차가 생기게 되고, 그렇기 때문에 숙의를 통한 동등 참여 내지는 합의의 도출은 매우 지난한 과제가 된다. 이 점에서 보면 참여민주주의가 지향하는바 참여의 폭을 확장하고자 하면 할수록 성공적인 숙의의 구현 가능성은 그만큼 더 멀어지는 관계가 형성된다. 국정 참여자의 수가 늘어날수록 그만큼 더 참여자 사이에서 생기는 숙의 능력상의 격차는 커지기 때문이다.

이런 모순을 극복하기 위한 대안의 하나로 흔히 다수결주의를 말한다. 그러나 불행하게도 다수결주의는 숙의민주주의가 지향하는 합의를 촉진하지 않는다. 다수결주의에는 소수의 배제를 당연시하는 속성이 내포되어 있다. 의견의 기계적인 집적을 통해 결과의 산출에만 유의하기 때문이다. 반면에 숙의는 대화를 통한 정보의 교환, 정보의 추가에 따른 학습과 성찰, 성찰에 따른 선호의 변경과 합의의 도출을 지향한다. 선호 변경을 전제로 하는 개방적 자세와 상호존중의 윤리적 태도가 선행되어야 하는 이유이다. 이를 지원하기 위해서는 비판적 사고 능력, 의사소통 기술, 다른 이의 정당성을 승인하는 관용성, 다양성에 대한 수용력 등을 필요로 한다. 일반 시민의 이런 역량을 강화하기 위해 민주시민교육이 절실히 요청될 것은 물론이다.

숙의민주주의는 또한 일반 시민들이 통상 합리적, 이성적이라고 알려진 논거를 통해 토론하고 그 결과 사회적 합의에 도달함으로써 공정성, 자유, 평등, 공공선 등을 추구하려는 것으로 이해된다. 그러나 제한된 자원을 배분하는 과정에 참여하는 보통 사람들은 자신의 이익을 최대화하기 위해 서로 다른 가치척도를 동원하거나 공공선이나 공정성 프레임으로 자신의 자기 이익 우선주의를 위장하려는 경향성을 지녔다. 숙의를 통해 사회적 가치를 구현한다는 것은 선험적 규범으로는 가능할지 몰라도 사회적 현실로 구체화하기는 쉽지 않다. 그렇다고 해서 그런 성격의 숙의가 아무런 사회적 의의를 동반하지 않는 것은 물론 아니다. 최소한 숙의에 참여하는 보통 사람들이 그런 가치를 추구하기 위해 공동의 노력을 경주한다는 사실 자체가 마음의 위안을 낳는다. 그렇다고 하더라도 숙의를 위해 무한정 시간과 자원을 배분하고 소비할 수는 없는 일이다. 이로 인해 실제 숙의를 통해 다루어지는 과제는 그 사회가 당면한 다양한 공동체 의제 가운데 극히 일부에 지나지 않게 된다. 바로 이 점도 숙의민주주의가 내포하는 현실적 한계 가운데 하나다.

이런 문제를 해결하기 위한 대안 가운데 하나로 흔히 NGO를 통한 숙의의 대행 또는 시민사회의 조직화 전략이 제시된다. 실제 촛불민주주의의 전개 과정도 이와 유사한 양식을 선보였던 것이 사실이다. 그러나 이 경우 대형 NGO와 소규모 NGO, 또는 조직화된 NGO와 일반시민 사이에서 사회적 동원 능력의 차등이 발생하면서 결과적으로는 숙의의 실질화 차원에서 일종의 계서가 형성된다는 문제에 봉착한다. 이를 시정하기 위해서는 다원주의 체제 아래에서 어떻게 영향력을 발휘하고 타협하며 정보를 교환할 것인지에 대한 보다 더 깊이 있는 기초 지식이나 활동 능력을 개발하는 일이 중요하게 된다. 민주시민교육이 시급한 과제로 제기되는 이유이다.

액상민주주의가 다루는 주제에 따라 직접 참여하거나 또는 대리인을 통해 참정권을 위임할 수 있게 하고 그 위임권을 재위임할 수도 있게 하는 등 참여의 실질 범위를 조절하고자 하는 이유도 바로 이런 숙의의 실질화 문제와 연동되어 있다. 그러나 그런 참정권의 위임 여부를 판단할 수 있기 위해서도 정보의 공유, 공개, 사적 자유, 프라이버시, 전문 지식 등 숙의에 필요한 일반 소양과 능력이 갖추어져야 한다는 문제에 봉착한다. 새롭게 진화하는 민주정체 자체에 대한 정보와 이해력을 높여야 할 것도 물론이다. 이를 지원하기 위해서도 민주시민교육이 필요할 것은 물론이다.

셋째, 전자민주주의는 개인이 주도하는 전자적, 사적 네트워크가 정치적 동원과 참여의 중심축을 이룬다는 의미에 다름 아니다. 개인 미디어가 사회 연결망 구축의 중심축이 되고 정치 정보의 생산과 공유를 주도하며 사회 구성원 간의 대화와 학습을 촉진하기 때문이다. 개인 미디어는 또한 적극적 지지를 동원하는 소통의 창구이기도 하다. 새로운 사회적 연결망이 추가된다는 의미 외에도 정치 엘리트나 기성의 제도와 절차에 의해 유도되거나 왜곡되지 않고 보다 독자적인 양식의 발언과 대화를 가능케 한다는 점에서도 주목된다. 특히 기성의 언론 미디어가 장악하고 있던 기득권 친화적인 프레임을 우회해서 보다 독자적이고 독립적인 양식으로 소통할 수 있다는 점에서 흔히 급진민주주의의 초석으로 간주된다. 이 점은 촛불민주주의의 전개 과정에서도 같았다.

그러나 이런 디지털 네트워크를 통해 가짜 뉴스가 양산되거나 정치적 소통 장치에 대한 접근성의 차등으로 인해 사회 변화를 견인하는 힘이 누구에게나 공평하게 배분되지 않는다는 점에서는 민주주의의 새로운 위협 요인으로 평가된다. 무엇보다도 이런 소통의 통로를 건전한 정책 토론의 장으로 활용하는 것이 아니라 일종의 정서적 배설 통로로 활용하려는 경향에 대한 호소력 있는 제어 장치가 마땅치 않다. 디지털 네트워크를 커피숍이 아니라 카니발로 여기는 데에서 오는 결과다. 이렇듯 공적 과제를 정서적으로 접근하는 데에서 비롯되는 과잉 동조 현상은 노빠, 황빠, 문빠 같은 정치적 팬덤의 형성과 그에 따르는 가족주의적 편애와 배척을 일상화하는 문제도 낳는다. 이런 사회적 소통의 단절이나 배타적 동류 집단의 형성은 소외의 일상화라는 매우 심각한 사회통합 저해 요인으로 작용하게 된다.

전자적 네트워크나 자기 주도형 소통 미디어의 확산이 저절로 참여민주주의나 숙의민주주의를 지원하게 되는 것은 아니라는 뜻이다. 당연히 더 많은 정보가 더 다양한 양식에 의해 가공되고 소통될수록 사회적 통합과 결속에 기여할 가능성이 커지는 것은 사실이지만 무엇을 어떤 목적을 가지고 소통하고 공유하느냐가 순기능의 발현 여부를 결정짓는 관건으로 작용한다. 보다 이성적이고 합리적인 정보를 생산해서 공유할 수 있는 사회적인 준비가 필요하다. 그뿐만이 아니다. 생산된 정보에 대한 접근성이나 소비 능력상의 격차가 심할 경우 오히려 민주적 결속을 해치게 될 위험성도 크다. 이미 정보의 격차 문제는 단순히 정보 접근성이나 해득력 수준의 불평등 문제가 아니라 이를 활용하는 운영 능력상의 불평등 문제로까지 확대되어 있다. 따라서 이런 디지털 시대의 수요에 맞는 민주시민교육을 개발하여 공유하는 노력에 대한 수요가 팽대해 있다. 온라인을 통해 실시간으로 필요한 정보를 수집하고 공유하며 토론하는 능력을 공급해 줄 수 있느냐의 문제가 제기된다. 인터넷 기술의 지속적인 발전에 따라 정치적 수단의 개선도 지속될 것임으로 늘 새로운 정치적 수단에 대한 정보 제공과 학습도 이루어져야 마땅한 일이다.

3. 민주시민교육의 과제와 성격의 변화

따라서 진화형 민주주의가 필요로 하는 민주시민교육은 우선 그 내용 면에서 관행적 민주주의가 필요로 하는 것과는 크게 다르다. 이제 민주시민교육은 87년 체제가 지향하던 것과 같이 국가 중심의 어떤 정형화된 민주적 제도나 절차에 대한 이해를 촉진하거나 그에 따라 시민이 소극적으로 대응하는 능력과 자세를 훈육하는 수준에서 벗어나 자기 주도형 정치 참여를 적극화, 생활화하는 데 필요한 교육을 강화해야 한다. 진화형 민주주의가 정치적 참여의 확대를 겨냥한다는 점에서는 그동안 정치적으로 소외되어 온 사회적 약자나 경제적 취약계층의 정치적 참여 기회를 강화하는 일에도 유의해야 한다. 디지털 민주주의의 경우도 디지털 사회 자본의 축적이 결핍된 사회 세력의 소외를 시정하는 일에 주목해야 한다. 그런데 디지털 시민에 대한 교육은 민주시민교육에 대한 접근성에 있어 사회경제적 우등 세력 중심의 빈익빈 부익부 현상을 불러올 개연성이 크다. 사회경제적 우등 세력일수록 디지털사회에 대한 접근성과 이해력 정도가 높을 것이기 때문이다. 이에 대한 대응 전략의 모색이 필요할 것은 물론이다. 민주시민교육에 대한 접근 기회의 균등성 제고가 매우 중요한 과제로 제기되는 이유이다.

이런 사회경제적 차등성의 시정 문제는 민주시민교육을 실시할 일선 교육 담당자와의 관계에서도 같다. 이는 공교육 현장이냐 사교육 현장이냐 또는 정규 교육 과정이냐 사회 교육 과정이냐를 가리지 않고 보다 더 적극적으로 고민하고 배려해야 할 과제다. 민주시민교육을 실시하는 일선 교육 담당자들이 진화형 민주주의가 필요로 하는 민주시민교육을 연구하고 학습할 수 있는 기회가 즉각적으로 그리고 공정한 양식으로 제공되어야 한다는 뜻이다. 지속 가능한 불평등 시정을 위해서는 민주시민교육을 담당하는 이들의 불평등 시정이 선결 과제이다. 그래야 같은 수준과 내용의 민주시민교육을 담당하는 이들이 언제 어느 곳에나 편재하게 되고, 그렇기 때문에 사회경제적 기득권의 크기에 관계없이 누구나 동등하게 균질의 민주시민교육을 제공받을 수 있게 된다.

그러나 진화형 민주주의 시대의 민주시민교육은 단순히 민주시민교육 기회의 평등성을 보장하는 것만으로는 충분하지 않다. 우선 사회공동체 구성원의 다양성과 그런 다양성을 수용하려는 관용성의 확장이 그 어느 때보다도 중요한 과제로 제기되기 때문이다. 참여의 증대와 숙의의 활성화는 보다 더 확장된 사회적 다양성의 수용을 전제하는 것이 된다. 특히 디지털 시대의 사회관계는 여러 차원에서의 다양성 확장을 의미한다. 그런 다양한 요소의 확대는 그만큼 그들이 지니는 가정적 전제가 다르고 가치관이 다르며 기존의 질서에 대한 평가의 기준이 다르고 나아가 사회 문화의 기초에 대한 이해가 다르며 다변화한다는 것을 뜻한다. 그런 다양성을 수용하고 용인하려는 자세가 준비되어 있지 않을 경우 그들 사이의 상호작용에 의해 이루어지는 대화와 소통, 그에 따른 학습과 성찰을 기대하기는 어렵다. 민주시민교육에서 관용성 훈련이 차지하는 비중이 커져야 하는 이유이다.

이는 또 지구화 시대가 불러오는 불가피한 과제이기도 하다. 지구화 시대의 도래는 시장 경제와 대의민주주의의 권력적 관계를 역전시키면서 다른 나라의 노조 대표나 자본가가 자기 나라의 기업 활동을 조정하거나 관리하는 결과를 낳아도 이를 수용하지 않을 수 없는 환경을 낳았다. 한 나라의 자율권과 자치권이 국외적인 요인에 의해 침식되는 일이 일상화된 시대이다. 국제관계의 비중이 커지면서 의회와 행정부의 관계에서 행정부의 비중을 강화하는 요인으로 작용하기도 한다. 신자유주의가 효율성을 강조하면서 민주적 가치의 비중을 약화시킨다는 것은 이미 잘 알려져 있는 바와 같다. 이런 변화는 관행적 민주주의가 의존해 온 일국주의를 대체할 대안 정부의 모색 내지는 정치의 재창조에 대한 주문을 강화하는 결과로 나타나 있다. 한 나라의 정치 체제가 국외적인 변수까지 고려해야 하다면 그에 따른 다양성의 증대와 그런 다양성을 수용할 수 있는 관용성의 제고에 대한 수요가 함께 커질 것은 당연한 노릇이다. 지구시민사회에 대한 민주시민교육의 수요가 커지는 이유이다.

보다 더 본질적인 문제는 관행적 민주주의 아래에서는 민주시민교육과 민주정체의 운영이 단속적, 순차적, 일원적 관계를 구축하는 것으로 이해된다는 점이다. 민주정체의 효율적인 운영이 가능하기 위해서는 우선 일반 시민의 민주정체에 대한 정보와 지식의 축적 정도를 높이거나 정치 과정에 간여하는 데 필요한 기술이나 적성 따위를 개선하고 나아가서는 민주적 가치를 중시하는 시민적 덕성을 함양하는 일이 선결되어 있어야 한다고 본 것이다. 효율적인 민주정체의 운영을 위해서는 그 전제 조건으로서 성숙한 민주시민이 먼저 갖추어져 있어야 한다는 의미이다. 민주시민교육을 일종의 지식 전달 과정으로 이해하면서 투입 자원의 하나로 간주한 셈이다. 교육 과정에 필요한 정보가 미리 마련되어 있어 이를 전달하는 과정으로 인식하는 것에 다름 아니기도 하다.

그러나 진화형 민주주의 아래에서는 정치 과정과 관련하여 어떤 것도 미리 정해진 것이 없고 정치 현장의 상황에 따라 스스로 터득하고 점진적으로 재구성하며 새롭게 구축되어 나간다. 그런 만큼 민주시민교육도 필요한 지식이나 정보를 미리 생산해 두기 어렵다. 아니 민주시민교육의 성격 자체가 민주정체의 운영을 위한 전제적, 선제적 조건이 아니라 민주정체의 핵심적 구성요소 가운데 하나로서 상호 영향을 주고받는 변증법적 변화를 거듭하는 관계에 있다. 민주정체와 민주시민교육이 병치되어 있어 항상 상호작용하면서 재생산하는 구조를 형성한다는 뜻이다. 민주시민교육을 투입 자원이 아니라 환류 자원으로 이해하고 접근해야 한다는 의미이기도 하다. 이 경우 민주정체 자체가 지속적으로 진화하는 만큼 그에 대한 정보나 지식 또는 기술을 선제적으로 교수하는 일은 불가능하고 또 바람직하지도 않다. 예컨대 정보통신기술의 발전에 따라 참여나 숙의의 양식이 지속적으로 변화하는 상황에서는 그에 따라 필요로 하는 지식이나 덕성의 내용 및 강도가 지속적으로 달라질 수밖에 없다. 이렇듯 진화형 민주주의에서는 민주시민교육이 보다 나은 정치과정을 위한 전제 조건 가운데 하나가 아니라 그것 자체가 민주정체의 핵심적 구성 요소인 만큼 민주시민교육 없이 민주정체의 운영은 성립 자체가 불가능한 일이다. 진화형 민주주의 시대에 들어선 우리가 민주시민교육의 제도화를 더 이상 늦출 수 없는 결정적인 이유이다.

(「민주시민교육의 현황과 과제」,

민주화운동기념사업회 주최 국회 토론회 기조발제문, 2019.08.29.)

민주시민교육의 민주적 교육 방침은 무엇인가?

민주시민교육에 대한 요구가 뜨겁다. 아무리 정치의 현장에서 개혁과 변화를 요구한들 보다 더 적극적인 시민의 참여와 감시가 전제되지 않는 한 현실 정치의 모순을 타개하고 개혁적 진화를 기대하기는 어렵다고 여겨지기 때문이다. 그렇다고 해서 무작정 전면적인 민주시민교육에 나선다거나 무엇이든 민주시민교육의 이름으로 가르치려 하는 일도 합당치 않기는 마찬가지이다. 특히 우리처럼 민주주의교육 내지는 시민교육이라는 이름으로 국민교육 내지는 정화교육이 실시된 경험이 있는 곳에서는 더욱더 조심하지 않을 수 없다. 그렇기 때문에 민주시민교육의 범위를 한정 짓는 일은 민주시민교육의 핵심적 쟁점 내지는 선결적 과제에 해당된다. 특히 교육자의 입장에서는 무엇을 가르칠 것인가가 자신의 존립 근거를 정당화하는 일에 버금가는 만큼 실로 조심스럽게 접근하지 않을 수 없다.

이런 점을 감안해 볼 때, 민주시민교육은 우선 시민에 대한 지식과 정보를 나누는 일로 조심스럽게 정리해 볼 수 있다. 시민이 중심이 되는 정치제도와 장치에 대한 정보와 지식을 이해하고 공유하려는 것으로 이해하자는 것이다. 이는 시민의 정치적 판단력을 제고하기 위해서는 먼저 그에 필요한 기초 정보를 공유하는 일이 선결 과제라고 보기 때문이다. 이에 따라 영국의 경우에는 법치주의, 범죄와 시민법, 정부와 정치, 세금과 경제, 영연방, EU, UN의 역사, 민주주의, 정의 등의 과제를 교습하고 있다. 나아가 오늘날에는 지구시민교육이 추가되고 있다. 단순히 관련 지식을 전달하는 것이 아니라 더 나아가 경험을 통한 지식의 생산을 중시하는 까닭에 시민적 간여에 유의하고자 한다. 국정 과정에 시민이 직접 간여하는 데 필요한 기술이나 적성을 개발하거나 개선하는 일에 초점을 맞추려는 것이다. 그런데 이는 통상 참여를 통해 구체화되기 마련이다. 따라서 참여에 필요한 토론 능력, 상대에 대한 존중, 타인 중심의 사고력, 애국심, 다른 의견에 대한 수용력, 다른 집단에 대한 관용력 등을 배양하는 일에 유의하고자 한다. 이에 필요한 의사소통 능력, 정보 관리 능력, 타인과의 공동 작업 능력, 문제 해결 능력, 학습 증진 능력 등을 개발하고자 할 것도 물론이다. 이를 위해서는 먼저 시민적 태도 정향이 정립되어 있어야 한다고 보고, 이를 위해 시민적 덕성, 윤리적 분별력, 정치적 관용력, 시민의 자유에 대한 믿음, 윤리적 책임 및 도의심의 개발에 주목하고자 한다. 이런 관점이 주로 무엇을 가르칠 것인가의 입장에서 개발되는 것이라고 한다면 무엇을 배울 것인가의 관점에서 접근하는 이들은 문제의 처리 능력 개발에 주목하게 된다. 이와 관련하여 유엔 교육 과학 문화 기구(UNESCO)는 학습자의 관점에서 볼 때 인지력, 공감력, 행동력 개발이 선결적 과제라고 보았다.

문제는 교육의 목표 내지는 과제에 대해 합의를 본다고 하더라도 이를 어떻게 전달하느냐가 교육의 민주성 확보와 관련하여 핵심적 과제로 부상하지 않을 수 없다는 점이다. 교육은 교육의 목표는 물론이고 이를 실행하는 과정에서 영향을 받기 때문이다. 1) 참여자 중심성의 원칙, 2) 정치적 균형성의 원칙, 3) 내용 다양성의 원칙, 4) 추진 적극성의 원칙, 5) 교육 전문성의 원칙 내지는 적극적 전문성의 개발에 유의하게 되는 이유이다. 나아가 국가관 교육과 관련하여서는 인간의 존엄성과 개인의 자유, 자유민주주의 같은 국가의 기본 구성 원리, 역사와 전통문화에 대한 존중, 국가 공동체 구성원으로서의 자질 등을 훈육 개발하는 데에 유의해야 한다고 보았다. 특히 한국적 현실을 감안하는 노력이 병행되어야 한다는 점이 강조되어 왔다.

이와 유관하여 관련 학자들 사이에서 '한국의 시민교육 실행을 위한 원칙 및 준거'에 대한 논의가 전개되어 왔을 것은 물론이다. 이를 종합해 보면 우선 1) 본질적 원칙으로 학습 논쟁성의 원칙, 정치 균형성의 원칙(강압, 교화의 금지), 내용 다양성의 원칙, 학습자 중심성의 원칙, 실천 중심성의 원칙, 추진 적극성의 원칙(민주시민교육의 적극적, 항상 적 실시), 교육 전문성의 원칙(교육자의 적극적 전문성 개발, 유지)을 강조한다. 2) 환경적 준거로는 지구시민교육 추가의 준거, 생활 정치 중심의 준거(생활민주주의, 사실과 자료의 중시), 역사교육 유보의 준거, 도덕성 강조의 준거, 자존감 배양의 준거(피해 의식의 탈피), 자유-공화 균형의 준거, 치유 상담의 준거, 관용성 제고의 준거 등에 주목한다. 3) 원칙 및 준거 운영의 원리로서는 민주시민교육의 실시 방법과 관련한 원칙과 준거, 원칙과 준거에 대한 합의의 잠정성과 유동성의 인식, 원칙과 준거의 적실성 제고를 위한 논의의 지속성 유지, 원칙과 준거의 실시를 위한 시험 및 평가제도의 개선에 주력하고자 한다. 사회 환경의 변화를 지속적으로 반영하여 수정, 보완하는 노력이 경주되어야 한다는 뜻으로 해석된다.(2019.08.11.)

제10차 개헌 논의, 무엇이 문제인가?

1. 들어가며

개헌 논의가 지지부진하다. 이대로 간다면 이번의 개헌이 2018년 6월의 지방선거와 동시에 실시되기는 어려울 것 같다. 나아가 사실상 2018년 이내에 이루어지기 힘들 것이라는 전망도 전혀 근거 없어 보이지 않는다. 자유한국당이 지금처럼 반대하는 한 어떤 개헌안도 국회를 통과하고 국민투표에 부쳐지기는 쉽지 않을 것이기 때문이다(이옥진, 2018.02.02.).

그러나 보다 더 심각한 과제는 지금 같은 양식과 내용으로 개헌 논의가 진행된다면 설사 개헌이 이루어진다고 하더라도 그것이 과연 이 시대의 이데올로기적인 수요를 반영하는 헌법이 될 것인지에 대해 확신이 서지 않는다는 데에 있다.

이번의 제10차 개헌은 과거의 개헌과 여러모로 그의 정당성 근거를 달리한다. 우선 박근혜 정부의 몰락을 불러온 촛불민주주의의 산물이라는 점에서 그렇다. 촛불민주주의가 '광장'을 통해 주문한 것은 단순히 박근혜 정부의 퇴진만이 아니었다. 현행 헌법대로라면 대통령의 탄핵이 필요할 경우 국정의 정치적 대리인인 국회의원이 먼저 나서야 옳을 일이다. 헌법이 국회에 대통령 탄핵권을 부여한 탓이다. 그럼에도 불구하고 연인원 천만 명 이상이 광장에 나가 박근혜 정부의 퇴진을 직접 요구한 것은 그런 대의제의 실효성을 더 이상 믿을 수 없다고 판단했던 탓이다. 그런 점에서 국회는 박근혜 정부의 몰락 이전에 이미 '탄핵'된 것이나 같다.

촛불민주주의는 또한 현행 헌법이 규정한 절차에 따라 선출된 대통령의 퇴진을 요구했다는 점에서 이 나라의 최고 법규범이 이제는 더 이상 우리의 사회권력 관계를 규율하는 효율적인 장치가 아니라는 점을 확인해 준 것이기도 했다. 현재의 헌법이 명목상으로만 사회관계를 다루는 최고의 규범일 뿐 실질적으로는 우리 사회의 권력운용 과정을 규율하는 규범 헌법으로서의 기능이나 정당성을 상실했다는 의미다. 따라서 '촛불'은 현행 헌법을 실질 권력관계를 반영하는 새 헌법으로 개정해야 한다는 점을 알리는 신호탄이기도 했다.

이렇듯 현행 헌법이 우리 사회의 실질 권력관계를 반영하지 않아 단순히 명목 헌법으로 평가될 수밖에 없는 이유 가운데 하나는 현행 헌법이 전제하는 국가와 시민사회 간의 실질 권력관계가 촛불민주주의를 통해 보다 더 시민사회 친화적으로 이동했음을 확인하게 되었기 때문이다. 우리 국민이 과거의 수동적, 순응적 시민에서 보다 더 적극적이고 능동적인 시민으로 다시 태어나게 되었음을 이번의 촛불민주주의는 여실히 보여주었다. 따라서 이렇듯 변화된 권력관계를 반영하여 국가와 시민사회 간의 계약 성과물로서의 헌법을 재작성하는 일은 이제 불가피하게 되었다. 문제는 이때의 계약을 기존 계약의 일부 수정 문제로 볼 것이냐 아니면 전면 수정에 따른 신규 계약 체결에 버금가는 과제로 보고 접근해야 할 것이냐에 있다.

이 문제에 대한 답을 구하기 위해서는 먼저 오늘날 우리가 추진하는 개헌 작업의 성격을 주관적 차원과 객관적 차원으로 나누어 진단해 볼 필요가 있다. 주관적 차원에서는 개헌 작업이 과연 실질적으로 국민적 합의에 기초하고 있느냐의 문제를 점검해야 하며, 객관적 차원에서는 헌법의 핵심 과제 가운데 하나인 권력분립이나 국정운영 양식 같은 국가 조직의 기본 원리가 오늘날의 사회 현실을 제대로 반영하는지의 여부를 확인해 보아야 한다. 전자가 헌법의 절차적 정당성을 묻는 것이라고 하다면, 후자는 내용상의 규범적 타당성을 확인해 보려는 것이다.

2. 근대 입헌주의 헌법의 객관적 타당성 검토[4]

1948년에 제정된 우리 헌법은 기본적으로 근대 입헌주의 이데올로기에 기초해서 마련된 일종의 모방 헌법에 해당된다. 제헌 헌법의 기본 프레임을 서구의 역사문화적 소산인 근대 입헌주의 헌법에서 차용한 까닭이다. 그런 점에서 우리는 시민혁명이라는 역사문화적 대전환의 학습 없이 시민혁명의 결과적 소산인 입헌주의 헌법을 채택한 셈이다. 그런 탓에 그동안 우리 헌법이

---

[4] 『옴부즈만 : 제4부』(2019, 박재창)을 참조했다.

장식 헌법 내지는 명목 헌법의 지위에 머물렀다고 해서 결코 놀랄 일은 아니다. 존재론적인 헌법유형론의 창시자인 뢰벤스타인에 의하면 1948년의 제헌헌법은 명목 헌법, 1961년 이후의 제3공화국 헌법은 장식 헌법에 해당된다(김선택 외, 2010: 8). 이 경우 우리 사회의 실질 권력관계와 헌법상의 규범적 질서가 상합하지 않았을 것은 당연한 이치이기도 하다.

1) 입헌주의와 평등주의의 대립

이런 입헌주의 헌법이 지향하는 기본 가치를 구현하기 위해서는 헌법을 해석하고 집행하는 일이 전제되지 않을 수 없고, 그 과정에서 헌법을 해석하는 엘리트 내지는 전문가의 우월적 지위를 수용하지 않을 수 없다. 법 만능주의 내지는 엘리트에 의한 권력 독점의 위험성이 내재되어 있다는 뜻이다. 따라서 사회적 평등이 충족되지 않은 상태에서 지나치게 개인의 자유와 권리를 강조하거나 보호하려는 경우, 실제로는 사회적 엘리트나 사회 상층부의 이해를 우선적으로 대변하는 결과를 불러오기 십상이다. 상황이 이런 만큼 전문가 제일주의 내지는 소수에 의한 다수의 지배가 발현할 위험성을 경계해야 한다는 경각심을 가져야 마땅한 일이 된다.

이런 가운데 산업사회의 도래와 함께 근대 자본주의가 발달하자, 다수의 노동자를 중심으로 새로운 사회 권력의 주체라고 할 수 있는 시민계급이 등장하게 되었다. 이들이 참정의 권한을 주창하면서 참정권의 보편화가 이루어지고, 이를 구현하기 위한 장치로 정당정치가 고안되었다. 다수의 지배를 정당화하고 또 그것을 구현하려는 참정의 시대, 즉 평등을 으뜸 가치로 다루려는 대표성의 시대가 도래한 것이다. 이로써 입헌주의가 지향하는 자유주의적 요소와 대중민주주의가 구현하고자 하는 평등주의적 요소가 충돌하는 결과를 낳게 되었다. 국정운영 과정에서는 준법성과 대표성이 갈등을 빚는 이유이기도 하다. 이는 입헌민주주의의 경우 입헌주의와 대중민주주의가 결합하면서 실질 권력의 주체가 개인이 되어야 하느냐 아니면 다수가 되어야 하느냐를 내포적 갈등 과제로 떠안게 되었음을 뜻한다.

그럼에도 불구하고 입헌주의가 국가권력의 자의적 운영을 방지하려 한다는 점에서 민주정체를 유지하기 위한 핵심적 장치, 또는 전제 조건에 해당한다는 사실은 이를 부정하기 어렵다. 그러나 민주주의의 기본 원리와 유리된 채 운영될 경우, 사회 구성원의 진정한 자유를 보장하기 어려운 것도 사실이다. 이렇게 놓고 보면 오히려 민주정체가 입헌주의의 전제 조건에 해당된다고 말할 수 있다. 공정한 경쟁의 조건, 기회의 평등 등이 확립되지 않을 경우, 입헌주의의 핵심 기제라고 할 수 있는 헌법 내지는 법치주의 또는 기계적인 평등이 사실은 개인의 실질적인 자유를 왜곡하기 때문이다. 그러나 그렇다고 해서 민주주의의 핵심 가치만을 강조하는 경우 다수에 의한 횡포 내지는 그에 따른 전제주의의 위험성을 피하기 어렵다. 따라서 여하히 자유와 평등 또는 입헌주의와 자유주의 간의 긴장을 완화하고 균형을 유지할 것인가가 민주정체 운영의 핵심 과제로 제기된다.

2) 수평적 권력 분립의 실패와 제3의 대안 모색

이런 요구에 부응하여 고안된 국정운영 전략 가운데 하나가 바로 수평적 권력 분립이다. 수평적 권력 분립은 국가권력 내부의 분업을 통해 분립된 국가 기구들 사이에 권력을 분산하고, 분산된 기구들 사이의 상호 간여와 견제를 통해 힘의 균형을 이루고자 한다. 이렇듯 균형 정부(balanced government)는 권력의 집중을 막아 국가권력의 자의적 운영을 적극적으로 차단해 보자는 의도의 소산물이다. 나아가 운영 실제에서 이를 보장하기 위해서는 분립된 기구의 담당자들 사이에서 겸직을 통한 권력의 융합이 발생하지 않도록 해야 한다고 보았다. 인적 자원의 분립을 국가권력 분립의 핵심 구성요소 가운데 하나로 삼는 이유다. 이를 기능론의 관점에서 보면, 국가 기구들 사이의 분업을 통해 입헌주의와 대중민주주의 사이의 긴장과 대립을 완화하자는 것이기도 하다.

그런데 권력 분립의 대표적인 운영 양식 가운데 하나인 3권분립론은 국가 기능을 3개의 국가 기관으로 나누어 다수에 의해 대변된다고 간주되는 대중민주주의의 평등성에 대한 요구를 입법부가 수렴하고, 소수의 엘리트를 중심으로 하는 입헌주의의 자유권 보호 정신을 행정부를 통해 반영하며, 자유와 평등 내지는 대중민주주의와 입헌주의 간의 긴장을 순화하기 위한 가치의 해석 내지는 적용의 과제를 사법부가 맡도록 했다. 이럴 경우 국가권력이 분립하는 것은 물론이고 분업의 원리에 따른 분야별 전문성이 제고되며, 나아가 국정운영의 효율성을 높이게 된다고 본 것이다. 이는 민주주의의 핵심 가치인 평등, 자유, 정의를 기능적 분업을 통해 구현하자는 것에 다름 아닌 일이기도 하다.

권력 분립은 이렇듯 기관 분립, 인적 자원 분립, 기능 분립을 통해 완성된다. 그러나 이의 운영 실제에서 보면 3권 간의 분립 내지는 '견제와 균형'을 서로에 대한 불간섭이 아니라 개입과 간여를 통해 구현하고자 한다는 점에 주목할 필요가 있다. 이는 행정부의 내각이나 대통령이 의회 해산권이나 긴급입법권을 갖고, 의회가 대통령 탄핵권이나 내각 불신임권을 갖는 데에서 극명하게 나타난다. 의회가 입법권을 갖는 데 반해 사법부가 위헌법률심판제청권을 갖는 것도 같다. 이로 인해 3권 간의 분립은 그 운영 실제에 있어 사실상 균형 정부가 아니라 혼합 정부를 초래한다는 문제를 낳는다. 기관 간의 기능적 경계가 무너지면서 권력의 융합이 발생하고, 그 결과 부분적인 권력 분립과 부분적인 권력 융합이 동시에 발현하는 현상을 불러왔다. 여기에 더해 정당정치가 발달하면서 정당을 매개로 국가 기관 간의 권력 분립이 사실상 융합되는 결과를 낳았다. 이런 현상은 권력융합형 정체를 지향하는 내각책임제 국가에서 보다 더 명료하게 드러난다. 그런데 내각책임제의 경우는 행정부 고위직을 입법부 소속 국회의원이 차지하고 대통령제하에서는 정당 추천 인사들로 채우면서 엽관제에 의한 폐해가 일상화하게 되었다. 인적 자원 분립의 원칙이 무너지면서 행정부에 대한 효율적인 통제가 사실상 무력화하게 된 것이다[5].

---

[5] 황도수(2016, 110-113)는 현대사회에서는 권력 분립을 권력 남용 방지 보다는 권력운영의 합리성 제고에 초점을 맞추어 이해해야 하며, 그럴 경우 정당 개입으로 인해 무력화 되는 것이 아니라 여당과 야당 간의 관계로 권력 분립 전선이 이동했을 뿐이라는 점을 지적하면서도, 정당은 국가 기관이 아니며 분점 정부의 경우 사실상 야당에 의한 집권 여당의 견제나 통제가 무력화 되고 있어 한계점이 적지 않다는 점을 지적한다.

3. 정보사회의 도래와 거버넌스의 수요[6]

따라서 보다 효과적인 행정 통제를 위해 제3의 대안을 모색해야 한다는 주장이 팽대하게 될 것은 정한 이치나 같다. 이런 생각은 정보사회가 도래하면서 보다 더 증폭되었다. 정보사회는 정보 소통 양식의 신속성, 복잡성, 다양성, 역동성으로 인해 사회적 관계를 혁명적으로 바꾸고, 그 결과 정부의 대응 전략에도 급진적인 변화를 촉구하게 되었다. 먼저 사회관계가 매우 빠르게 변화하면서 그에 조응해야 하는 정부의 관료적 의사결정 체제는 너무 느리다는 평가를 받는다. 이는 관료제가 안정성과 자급자족성에 기초해 고안된 것인 만큼 당연한 귀결이다. 조직의 변방에서 일어나는 현상에 대한 일차 정보를 기관 내부의 일사분란한 계서 질서를 통해 일원적으로 집적함으로써 정보 유통 과정의 생산성을 담보하고자 한 것이 관료제 구축의 핵심 추동 요인이다. 따라서 정부가 사회문제 해결에 보다 더 즉응적으로 대처하기 위해서는 의사결정의 중추를 현장에 접근시켜 정보 자원의 수직적 전환에 따르는 시간 비용을 절약할 필요성이 제기된다. 그렇지 않을 경우 사회문제 해결의 지체로 인해 국민 고충이 도처에 산재할 것은 너무나도 당연한 일이다.

정보사회는 또 사회관계의 복잡성을 높이게 된다. 그런데 관료제는 상대적으로 느슨한 사회관계망을 전제로 분업의 원리에 기초해서 구성된다. 복잡한 사회 정책 과제를 몇 개의 부분 구성요소로 분해해서 이를 개별적으로 처리함으로써 전체로서의 완성과 문제 해결에 이르고자 한다. 이런 관리 양식은 부분 구성요소 사이의 상호의존성 정도가 상대적으로 낮을 때에나 적실성을

---

[6] 박재창(2010, 300-304)의 일부를 발췌, 수정, 보완했다.

갖는다. 사회관계의 빈도나 밀도가 높아지면서 부분 구성요소 간의 상호의존성 정도가 심화되는 경우, 다양한 사회 정책 과제가 서로 얽혀 있게 마련이며 그렇기 때문에 이들 모두를 관통하는 '총합적 접근시각(holistic approach)'(Kettl, 1996)이 아니고서는 효율적으로 문제 해결에 이르기가 쉽지 않다. 고식적인 분업의 원리로는 다양한 정책 분야를 관통하는 사회 문제 해결에 적절히 대응할 수 없다는 뜻이다.

이는 정부와 시민 간의 관계에서도 같다. 시민은 문제 해결의 객체이고 정부는 그런 문제 해결의 독립 주체라는 인식은 사회공동체가 당면한 과제를 기능적으로 구분해서 접근하려 한다는 점에서 일종의 분업의 원리에 기초한 할거주의의 산물인 셈이다. 그런데 국가와 시민사회를 이렇게 이원론적으로 구분하는 경우, 정부는 사회 현상의 외부에서 제3자의 눈으로 사회문제의 인과관계를 추적해야 한다. 그러나 정보사회의 도래로 인해 사회관계의 밀도가 높아지면서 그 구조의 복잡성과 유동성으로 인해 현상의 외부에서 제3자의 눈을 통해 인과관계를 추적하기는 쉽지 않다. 어찌어찌하여 문제의 원인을 규명하고 해결의 대안을 개발한다고 하더라도 이를 들고 다시 사회관계에 개입하여 문제 해결에 나서고자 할 때, 밀도 높은 사회관계로 인해 일종의 '간섭효과'를 유발하게 된다(Kooiman, 1994: 46-47). 문제의 성질 자체를 변화시킨다는 뜻이다. 따라서 정부가 제3의 평정자 내지는 권위적인 문제 해결자로서 사회 정책 과제의 해결에 전인적인 책임을 감당하는 가부장적 존재를 자임하는 한 정부의 무력성은 일상화하지 않을 수 없다.

따라서 정부는 정책 결정의 유일한 책임자라는 점을 더 이상 고집해서는 안 되며, 오히려 그동안 문제 해결의 객체로만 여겨지던 시민사회 내부로부터 필요 정보가 수집되고 문제 해결의 주도권이 행사되도록 조장하고 지원하는 일에서 자신의 존립 근거를 찾아야 한다. 문제의 발원지야말로 가장 정교하고 풍부한 정보 자원의 생산지이고 또 그렇기 때문에 문제 해결의 출발점일 것이기 때문이다. 그러나 그렇다고 해서 정부의 존립 이유가 완전히 소진되었다는 의미는 결코 아니다. 정부는 여전히 규범적 지표의 제시자로서[7] 그리고 시민사회와의 관계를 규율하거나 설정하는 총합적 조망자로서 자신이 감당하고 소화해야 할 책무와 과제를 지닌다. 다만 자신의 역할 수행 양식을 수정해야 하는 일은 이제 어쩔 수 없는 과제가 되었다. 국가와 시민사회 간의 경계를 초월하는 융합적 질서를 창출함으로써, "이음새 없는 간접국가(seamless indirect government)"(Kettl, 2006: 106)를 모색해야 하는 까닭이다.

또한 정부가 공공재의 생산과 공급 과정에서 더 이상 배타적 독점권을 향유하도록 방치해서는 안 된다는 주장 속에는 사회구조의 다양성 정도가 매우 높아졌다는 인식에 기인하는 바도 적지 않다. 정보사회에서는 매우 다양한 정책 대안 제시자들이 경쟁적 관계를 형성한다. 인터넷을 비롯한 뉴미디어의 계몽과 대안 제시 기능이 이런 현상의 중요 인자로 작용하는 것은 물론이다. 따라서 관료제가 지향하듯 '범용대안(one-size-fits-all)'의 개발을 통해 모든 사회 정책 과제를 일거에 해결하기는 어려운 시대가 되었다. 정부의 일방적이고 일원적인 문제해결 전략이 더 이상 호소력을 갖기 힘들게 된 것이다. 그렇다고 해서 모든 개인의 특정적 이해관계를 전수 수용한다는 것도 지나치게 비경제적이며 반(反)공동체적 이다. 따라서 정부의 일원적 대응 전략과 시

---

[7] 특히 시민사회와 정부 간 협력의 양식이나 질서를 설정하고 제시하는 역할은 여전히 정부가 담당해야 한다.

민사회의 다원적 요구를 절충, 조절하지 않으면 안 된다.

정보사회는 또한 사회구조의 역동성과 함께 정책 과제의 가변성도 크게 증대시킨다. 그만큼 현재의 시점에서 미래의 상황을 조망하고 예측하기가 어려울 것은 물론이다. 따라서 미래를 조망하는 데에서부터 출발하는 정부의 기획 기능은 이제 더 이상 적실성을 유지하기가 어렵게 되었다. 그렇지 않을 경우 도처에서 국민 고충이 유발될 것은 정한 이치나 같다. 따라서 정부가 더 이상 정태적인 기획 업무에 매달릴 것이 아니라 사회구조의 변화에 민감하게 반응하는 동태적 자세를 갖추고 또 거기에 필요한 기능을 강화해 나가야 한다. 아니 사회 정책 과제의 해결 책임이 정부에 있다는 일원론적 인식의 틀 자체를 바꾸지 않고서는 정보사회의 역동성에 제대로 조응할 수 없으며 그렇기 때문에 정부의 실패를 근원적으로 치유할 수도 없다.

이런 현실 인식과 문제의식은 정부와 시민사회 간의 협력적 공조 체제를 통한 공공 문제 해결 양식을 주문하게 된다. 과거 정부를 공공 문제 해결의 유일무이한 주체로 그리고 시민을 정부가 감당해야 할 공공 문제 해결의 객체 내지는 비용으로 인식하던 때와는 사뭇 달라진 셈이다. 오히려 시민을 일종의 자원 내지는 동반자로 보는 시각상의 교정을 구하게 되었다(Pierre, 2009:1). 고전적인 자유민주주의 체제 내지는 입헌주의 체제 아래에서 운영해 온 국정 관리 양식과는 달리 국가와 시민사회의 협력적 공조 체제 내지는 동반자 관계를 통해 공적 과제를 해결해 나가자는 것이다. 정부와 시민사회가 협력적 파트너로 작동하는 거버넌스 체제의 도입이 불가피하게 되었음을 뜻한다.

바로 이 점에서 정보사회의 도래는 근대 이후의 이념 프레임을 근본부터 바꾸자는 것이며, 그렇기 때문에 새로운 차원의 시민혁명기에 접어들었음을 시사하는 것이기도 하다. 그 새로운 사회혁명의 소산이라고 할 수 있는 거버넌스는 당연히 국가, 시장, 시민사회 간의 영역별 경계를 모호하게 만들면서 이들 간의 융합과 통섭이 공공재 생산에 있어 매우 중요한 요소라는 점을 가정한다. 강제력이나 외부의 권위에 기초하는 공적 영역과 자유 의지를 매개로 운영되는 사적 영역 간의 경계가 무너진다는 것은 사적 영역의 본래적인 성격이 변화를 맞게 된다는 의미이기도 하고 공적 영역이 과거와는 달리 유사 시장적 내지는 유사 시민사회적 성격을 지니게 된다는 의미이기도 하다.

이에 따라 국정관리는 이제 더 이상 상명하달식의 일방적이고 일원적인 관료적 질서를 의미하지 않게 되었으며, 밑으로부터의 다양한 동기 유발이나 가치 유인 요소도 함께 중시해야 하게 되었다. 무엇보다 중요한 것은 국가의 역할이 더 이상 일방적으로 지시 명령하거나 시정 조치하거나 징벌을 가하는 데 있는 것이 아니라, 공공재 생산 과정에 참여하는 다양한 활동자들이 자율 조정 능력을 발휘하도록 지원하거나 조장하는 간접 활동에 초점을 맞춰야 한다고 보게 되었다는 점이다. 이는 국가의 압제로부터 인민을 해방시키거나 인민의 자기 결정권 내지는 자기 성취권을 중시하는 좌파 이념 체계와 최소국가론 내지는 절대 최소값으로의 정부 기능 축소와 함께 개인, 가정, 사회의 자기 관리 책임과 능력을 강조하는 우파 이념 체계가 절묘한 공생점을 발견한 결과인 셈이기도 하다(Sorensen & Triantafillou, 2009:4). 정보사회의 도래에 힘입어 입헌주의 내지는 자유주의와 대중민주주의 내지는 평등주의 사이의 오랜 긴장이 비로써 절묘한 절충점을 찾기에 이르렀다는 의미이기도 하다.

따라서 이 시대의 헌법 개정은 바로 이런 인류문화사적 대전환기의 속성을 반영하는 것이 되어야 하고, 그런 점에서 단순히 근대 입헌주의 헌법의 당위적 프레임을 복제하는 데에 머물러서는 곤란한 일이다. 현행 헌법이 서구의 근대 입헌주의 헌법을 차용하는 과정에서 마치 더 자란 다음에 입을 생각으로 현재는 입기 어려울 만큼 큰 옷을 재단한 것이었다고 한다면, 이제 정보사회의 도래와 함께 촛불민주주의 시대가 우리에게 주문하는 과제는 이렇듯 이미 커져 있는 우리의 몸집이나 새 시대의 취향에 맞게 새 옷을 새로 지어 입어야 한다는 점이다.

4. 사회적 합의의 주관적 정당성 검토

현행 헌법 제1조에 "대한민국의 주권은 국민에게 있고 모든 권력은 국민으로부터 나온다"고 규정되어 있는 만큼 국민이 헌법의 제정이나 개정의 주체가 되어야 할 것은 물론이다. 역사적으로 보더라도 근대 입헌주의가 절대 왕조 체제와 결별하는 시민혁명 과정에서 생겨난 정치적 자의식의 결과물이라는 점에서 볼 때, 제3의 신분 즉 국민이 헌법 제정이나 개정의 주체가 되고 또 그가 보유하는 헌법창안권이 단일 불가분이며 일체의 외부적인 제한을 받지 않는 시원적 권력일 것은 두말할 나위가 없다(권영성, 2010: 44).

그런데 촛불민주주의가 현대 한국 사회의 근간을 형성해 온 기득의 권력 카르텔을 부정하고 신질서의 창출을 요구하는 역사적 사건이라는 관점에서 보면, 이는 입헌주의 시대의 문을 열었던 근대 시민혁명을 후기 근대의 시점에서 데자뷰하자는 것에 다름 아닌 일이 된다. 촛불민주주의의 등장이 이렇듯 시대 성격을 바꾸는 역사적 전환점에 해당한다면 이번의 헌법 수정 과정에서 국민적 합의를 도출하는 일이 그 어떤 것으로도 바꿀 수 없을 만큼 절대 절명하고 또 불가양적인 과제에 해당된다는 것은 너무나도 당연한 귀결이다.

문제는 이런 시원적 권력을 어떻게 행사할 것이냐에 있다. 헌법을 제정하는 경우에는 정치적 공동체가 법적 공동체로 전환하는 과정에서 제기되는 과제임으로 미리 규정된 절차나 과정이 선험적으로 존재할 리가 없다. 따라서 헌법 제정권을 가진 국민이 스스로 선택하는 양식에 따라 제정하는 것이 타당한 일일 것이다. 그러나 헌법을 개정하는 경우에는 헌법 제정 권력에 의해 그 효력의 근거가 마련되고 이미 창설되어 있는 권력에 의존하지 않을 수 없다. 따라서 현행 헌법의 기본 원리인 자유민주적 기본 질서의 프레임을 벗어날 수 없으며 헌법상 규정되어 있는 개정 절차에 따라야 한다.

그런데 이번의 촛불민주주의는 그 내용 면에서 볼 때 후기 근대에서 목도하는 시민혁명에 버금가는 만큼 헌법 제정에 준하는 조치를 취해야 마땅한 일이다. 하지만, 형식 논리 차원에서 보면 아직 근대 입헌주의의 프레임을 극복하자는 것은 아닌 만큼 현행 헌법이 규정하고 있는 헌법 개정 절차에 구속되어야 마땅한 일이기도 하다. 이런 모순에 보다 효율적으로 대응하기 위해서는 현행 헌법이 규정하고 있는 개정 절차를 준수하면서도 가능한 범위 내에서는 시민주권의 직접성을 보다 적극적으로 강화하는 방향으로 개정 전략을 보완할 것이 요구된다.

1) 국민총의의 모색과 헌법 개정 절차의 개정

그런데 현행 헌법은 그의 개정 절차를 국회나 대통령이 발의하고, 국회 재적의원 3분의 2 이상이 찬성하는 경우, 국민투표에 붙여 확정하도록 하고 있다. 국회와 국민투표를 국민적 합의의 도출 수단으로 정해둔 셈이다. 그러나 이번의 촛불민주주의에서 목격한 바는 이미 국회에 대한 사회적인 신뢰가 상실되어 있어 사실상 그의 기능적 정당성이 크게 훼손되어 있다는 점이다. 이미 정파 간 갈등과 대립으로 인해 제20대 국회가 개헌안을 발의하여 확정하기는 현실적으로 어렵게 되어 있다는 점도 바로 이런 국회의 무력성 내지는 정당성 상실 현상을 간접 증명해 준다고도 말할 수 있다. 이렇게 놓고 볼 때 개헌안 제안권을 국민에게 주지 않고 국회나 대통령에게만 부여한다거나 국회에게만 개헌안 의결권을 부여한다는 것은 문제가 적지 않다. 따라서 촛불민주주의 정신인 직접민주주의적인 요소를 가미하여 국민에게도 개헌안 제안권을 부여하는 보완적 장치의 도입이 요청된다. 일정 수 이상의 국민이 요구하는 경우 개헌을 제안할 수 있도록 헌법 개정 절차를 개정하자는 것이다. 이 점은 제3공화국 헌법 이전에는 국민이 직접 개헌을 발의할 수 있는 통로가 마련되어 있었다는 점에서도 그의 정당성 근거를 배가한다.

문제는 국민의 총의를 수렴하는 장치로 국민투표제를 두고 있다는 데에도 있다. 국민투표가 헌법 개정 과정에서 국민의 총의를 확인하기 위한 장치로는 불완전하다는 사실은 이미 여러 곳에서 확인되고 있다. 제2차 세계대전 이후 전 세계에서 실시된 헌법 개정용 국민투표 가운데 부결된 경우는 프랑스의 드골 대통령이 주도했던 제5공화국 헌법 개정안에 대한 것뿐이었다는 사실이 이를 간접 증명한다. 사실 국민투표는 국민의 다양한 의견을 묻는 것이 아니라 이미 정해진 의견에 대한 찬반양론 가운데 하나를 선택하도록 강제하는 것에 지나지 않는다. 바로 그 점에서 신임투표(plebiscite)의 한 양식으로 지목되거나 적극적 국민 의견 수렴 수단으로서는 불구라는 평가를 받는다. 국민투표는 그의 모든 집행 과정이 대통령에 의해 주도되기 때문에 헌법 개정안에 대한 찬반 운동이 공정하게 관리되기 어렵고, 정부 주도의 찬성 운동으로 추진될 가능성이 매우 높다는 점도 문제다. 국민투표는 대통령의 선택지를 정당화하기 위한 수단으로 동원되는 경향성을 지녔다. 나아가 현 시점에서는 기술적인 하자로 인해 국민투표의 실시 자체가 어렵게 되어 있다. 헌법재판소는 지난 2014년 재외국민의 국민투표 참여를 제한하는 국민투표법에 대해 재외선거인의 국민투표권을 사실상 박탈한다는 이유로 위헌 결정을 내린 바 있다. 이후 국민투표법을 개정하지 않아 현재대로라면 헌법 개정안에 대한 국민투표는 이를 실시할 수 없는 실정이다(왕길환, 2018).

헌법에 규정한 개정 절차에 내포되어 있는 이런 과제들을 감안하고, 특히 앞으로의 국정 관리가 거버넌스의 양식을 취해야 한다는 앞서의 논의를 상기해 보면, 헌법 개정 과정에서 보다 적극적으로 국민 총의를 모으기 위해서는 보완적 장치를 개발하는 일이 절실한 과제임을 알 수 있다. 헌법의 정치성 차원에서 볼 때, 헌법은 단순히 국가권력의 담당자를 정하는 정치적 규율이기 이전에 이미 권력을 확보한 세력이 헌법적 결정의 주도자가 된다(정극인, 2015: 206)는 사실을 상기해야 한다. 촛불민주주의에서 발현된 국민 주동성 구현을 위해 헌법 성안 과정의 하나로 헌법 개정 국민회의 같이 국민이 주동하는 거버넌스 기구 구성에 나서야 하는 이유다. 국민회의가 거버넌스의 정신을 살리기 위해서는 국민 대표와 정부 대표로 구성하도록 하되, 국민 대표는 전국민의 인구사회학적 특성을 순비례적으로 반영해서 여론조사시 표본 집단을 추출하는 양식으로 선발하는 방안을 제안한다. 협의제 민주주의(collaborative democracy)를 통해 국민투표의 한계를 보완하고 개헌안에 대한 보다 확장된 논의와 토론이 이루어지도록 하며, 나아가 개헌안에 대한 국민의 이해 정도나 의견 수렴의 폭을 비례성의 원칙에 따라 확대하고자 하기 때문이다. 이런 협의제 민주주의의 구체적인 운영 양식으로는 이미 다양한 모형이 개발되어 있다[8]. 이를 벤치마킹하면 될 것이다.

그렇지 않고 지금처럼 개헌 논의가 정치권 중심으로 진행되면서 사회적 담론으로 성숙되지 않는다면 이를 국민이 주도하는 개헌 작업이라고는 말할 수 없다. 그나마 지금처럼 국민주도 헌법개정 전국네트워크나 헌법개정 국민주권회의 같은 시민사회의 노력이 경주되고 있는 건 무척 다행스러운 일이다. 다만 이런 운동의 소산이 공식적인 헌법 개정 과정과 제도적으로 연결되지 않는다면 국민 총의의 실질적인 반영은 쉽지 않게 된다. 이런 점을 감안하여 정부 대표가 참여하는 협의제 거버넌스 기구의 설치를 통해 국민의 총의와 전문가적인 판단을 융합하자는 것이 헌법 개정 국민회의를 주문하게 되는 또 다른 이유다.

2) 국가 조직 원리로서의 수직적 권력 분립

이렇듯 헌법 개정 절차를 시민 친화적으로 개선하고 거버넌스 체제를 반영해야 한다는 과제는 개헌안이 핵심적으로 고민해야 할 권력 구조의 재편 문제에서도 같다. 현재 논의되고 있는 개헌안의 핵심 과제는 대통령 중심제, 내각책임제, 이원집정부제 또는 분권형 대통령제 가운데 어느 것을 채택할 것인가에 모아져 있다. 그러나 이는 또 다른 형태의 근대 유산 내지는 서구 헌법

[8] 예를 들어 담론형 여론조사, 21세기 마을회의제도, 시민배심원제도, 역동적 기획 샤레트, 전국 정책과제 포럼 등을 들 수 있다. 보다 자세한 내용은 박재창(2010, 42-44)을 참조하기 바란다

차용 전략에 지나지 않는다. 논의의 기본 프레임에 있어 후기 근대의 우리 사회가 당면하고 있는 사회 현실을 반영하는 권력 구조를 창안하려는 것으로는 보이지 않기 때문이다. 지금 논의되고 있는 것 가운데 어느 형태의 권력 구조 모형을 도입한다고 하더라도 오늘날 후기 근대의 사회관계를 다루는 데 있어서 스스로 무력하고 기능적 한계에 봉착하지 않을 수 없다는 점은 이미 앞선 논의를 통해 밝혀진 바와 같다. 따라서 이번의 개헌은 국가 조직 원리를 다루는 데 있어 그동안 입헌주의 헌법이 그래 왔던 것처럼 국가 내부의 수평적 권력관계 배분 문제에 주력할 것이 아니라 국가와 시민사회 사이의 수직적 권력관계 재편 문제에 우선순위를 두어 거버넌스의 정신을 살리고자 노력해야 마땅할 일이다.

촛불민주주의가 요구한 바 국민 주권성의 실질화를 위해서는 대의민주주의에 직접민주주의 요소를 가미하는 일이 불가피하며(성낙인, 2015:18), 이를 위해서는 국정 과정에 보다 적극적인 시민참여 공간을 마련하는 일이 급선무라고 여겨지기 때문이다. 그런 점에서 제기되는 수직적 권력 구조 재편 과제로는 국민소환제도, 국민발안제도, 옴부즈만제도, 초광역 지방자치제도, 권역별 비례대표제도의 도입 등을 들 수 있다.

(1) 국민소환제도의 도입[9]

오늘날 국회에 대한 사회적 불신이 팽대해 있다는 사실은 췌언을 요하지 않는다. 문제는 그럼에도 불구하고 임기 만료 전까지는 국회의원이 국민의

---

[9] 박재창(2014:145-150)을 부분 발췌, 수정했다.

참정권을 대행해야 한다는 데에 있다. 이로써 사실상 국민의 참정권이 훼손되는 현실을 시정하고 국민의 국정 주도권을 확대하기 위한 수단 가운데 하나는 일정 수 이상의 유권자가 지지하는 경우 임기 전이라도 국회의원의 해임이 가능케 하자는 것이다.

이런 국민소환제의 근거는 제헌 헌법에 이미 그 근거가 마련된 바 있었다. 다만 제3공화국이 들어서면서 헌법에서 이를 삭제했을 뿐이다. 제헌 헌법 제27조에 따르면, “공무원은 주권을 가진 국민의 수임자이며 언제든지 국민에 대하여 책임을 진다. 국민은 불법 행위를 한 공무원의 파면을 청원할 권리가 있다. 공무원의 직무상 불법 행위로 인하여 손해를 받은 자는 국가 또는 공공단체에 대하여 배상을 청구할 수 있다. 단, 공무원 자신의 민사상이나 형사상의 책임이 면제되는 것은 아니다”라고 되어 있다.

비슷한 양식으로 지방자치법에도 주민소환제도가 도입되어 있다. 지방자치법 제25조(주민 소환)에 따르면, “① 주민은 그 지방자치단체의 장 및 지방의회의원(비례대표 지방의회의원은 제외한다)을 소환할 권리를 가진다. ② 주민소환의 투표 청구권자 · 청구요건 · 절차 및 효력 등에 관하여는 따로 법률로 정한다” 라고 되어 있다. 국민소환 정신이 이미 지방정부 수준에서는 법적 규범으로 자리 잡고 있는 셈이다. 다만 그동안은 헌법상 국회의원의 임기가 4년으로 보장되어 있어 위헌의 소지가 크다는 주장이 있었던 만큼 이를 개정 헌법에 도입하는 경우 그간의 위헌 논의를 근본부터 잠재울 수 있게 된다.

그러나 국민소환이 형식적 국민주권론에서 실질적인 국민주권론으로 이동하자는 것이므로 근대 입헌주의가 정초해 온 대의제의 원리와 충돌할 여지가 있다는 이견도 있다. 그러나 대의제는 국민주권론과 동열의 것이 아니라 국민주권을 실현하기 위한 수단 가운데 하나일 뿐이라는 사실을 상기할 필요가 있다. 국민의 기본 주권은 선거 때만 한정된 것이 아니라 항상적 성질의 것이며, 따라서 대리인의 선출권뿐만 아니라 소환권과 해임권까지도 국민에게 부여되어 있다는 사실을 상기해야 한다.

특히 대통령에 대한 국회의 탄핵권이 국민에 의한 대통령의 직접 선출이나 임기제에도 불구하고 그에 대한 파면제도를 도입한 것이라는 점을 감안해 보면, 자유 위임이나 임기제를 이유로 국회의원에 대한 국민소환이 불가능하다는 주장은 설득력이 크지 않다. 3권 간의 분립과 견제 및 균형의 유지라는 측면에서도 국회에 의한 대통령의 탄핵은 상대적으로 용이하게 되어 있으면서 국회의원에 대해서는 효율적인 소환제도가 마련되어 있지 않다는 점을 감안할 필요가 있다. 소환제도 간의 균형성을 유지하자는 뜻이다.

이렇듯 국회의원 국민소환제가 도입되는 경우 입법 환경이 크게 바뀌면서 입법 과정 및 국회의원의 대국민 반응성, 조응성 정도를 높이는 계기가 될 것이다. 생활 속의 정치가 확산되고 국민의 주권 의식이 높아지면서 방관자의 정치 내지는 객석 정치 시대를 벗어나는 데에도 기여하게 된다. 무엇보다도 국민 의사에 반하는 대의 기관의 횡포와 독단을 방지하는 최후의 장치가 될 것으로 기대된다. 실제로 소환의 발의가 이루어지지 않더라도 대의 기구로서의 역할 일탈을 일삼는 국회의원들에게 사전적 압력 동원 수단으로 작용하게 된다는 점에도 유의할 필요가 있다.

(2) 국민발안제도의 도입[10]

입헌주의는 법규범을 통해 사회관계를 규율하자는 것이지만, 국회를 중심으로 벌어지는 입법 과정의 왜곡과 지체로 인해 핵심 정책 과제의 심의를 외면하는 일이 심각한 수준에 이르렀음은 주지하는 바와 같다. 주요 갈등 과제가 국회의 심의 과정에서 외면된 결과 사실상 국민 참정권의 왜곡이나 사회적 불안정 요인이 방치되고 있는 셈이다. 반면에 일반 유권자들은 이미 과거 간접민주주의를 고안하던 시대의 국민이 아니다. 자존감, 자기주장성, 개별적 선호의 다양성 등에서 확연히 달라져 있다. 을의 시대 도래가 이를 증명한다.

이렇듯 자기 주창성이 강한 시민의 등장은 다른 한편 소수파 이해관계의 주창성 정도를 높이면서 시민사회 내부의 통합적 질서 창출을 어렵게 한다. 시민사회 내부의 합의 도출이 어려운 만큼 합의된 의견을 대표해야 하는 국회의 역할이 퇴행을 거듭하게 될 것도 당연한 일이다. 그런데 정보사회의 도래로 정당이나 또는 다른 형태의 이익 중개 장치가 아니더라도 시민 스스로가 유사 정책 선호 집단을 포착하고 여론화하는 능력은 혁신적으로 개선되고 있다. 시민이 직접 참여하여 자신의 요구를 반영해야 하는 수요와 그 가능성도 함께 커져 있는 셈이다. 준직접민주주의 구현 가능성이 커져 있다는 뜻이다.

그런데 현행 제도하에서도 국민은 국회를 상대로 청원할 수 있고, 청원은 청원서의 제출로 하며, 국민은 누구나 국회에 진정할 수 있는 등 청원권이 인정되고 있다. 이는 과거 의회가 사법적 기능을 수행하던 시대의 유산에 해당된다. 그래서 그런지 국회의원의 소개가 전제되어야 진정과 청원을 접수할

---

10 박재창(2014:151-154)을 부분 발췌, 수정했다.

수 있다. 그만큼 소극적이고 간접적이며 피동적이다. 그런 만큼 오늘날의 적극적 시민 주권을 전제하는 거버넌스 시대의 요구에 부합하기는 쉽지 않다. 국민에게 정치 과정의 주도권을 돌려주기 위한 것이라고 한다면 보다 더 능동적인 참여 창구를 열어주어야 마땅한 일이다.

이렇듯 국민에게 법안 제출권을 부여하는 경우, 국회의원과 일반 유권자가 입법권을 놓고 경쟁하게 되어 대표성의 원리에 위배된다는 주장이 있을 수 있다. 그러나 이는 국회의원이 일반 유권자의 입법 대리인이라는 점에서 볼 때 본질적으로 문제될 것이 없다. 유권자에게 법률창안권을 부여하는 것은 입법 과정을 약화시키는 것이 아니라 오히려 강화시키는 결과를 가져오게 된다. 폴란드, 오스트리아 등과 미국, 동유럽, 스웨덴 등의 지방정부에서 운영하고 있어 선행적 사례도 있다. 또한 국회의 입법권을 침해한다는 주장도 제기될 수 있다. 그러나 해당 상임위원회가 청원 법률 초안을 심사한 후 상임위원회의 명의로 이를 제안토록 하는 경우, 국회의원에게 입법권을 부여하는 일과 충돌할 하등의 이유가 없다.

국민발안제도가 도입되는 경우 입법 과정에 대한 국민의 직접적인 참여 기회가 확장되면서 국회의 입법 환경을 크게 바꾸고 국회에 대한 사회적 불신을 줄이게 될 것은 두말할 필요가 없다. 입법권의 독점에 안주하던 국회의원으로 하여금 보다 더 국민의 소리에 귀 기울이도록 압박하는 효과가 생기게 될 것이기 때문이다. 국회 내외에 정책 경쟁 분위기를 진작시키면서 선거 과정에도 영향을 미쳐 정책 선거로의 전환을 촉구하는 전기가 될 수도 있다. 이로써 우리의 정치 문화를 크게 바꾸면서 결과적으로는 국회의원에 대한 유권자의 실질적인 통제권을 강화하게 된다. 나아가 국가와 시민사회 사이의 간극을 크게 좁히는 역할을 수행하게 될 것이기도 하다.

(3) 옴부즈만제도의 도입[11]

법규중심주의, 과정 통제, 계서제의 원리 등 선형체계론에 의존하는 행정국가형 국정운영 양식이 정보사회 이후의 사회구조 변화에 상합하지 않는다는 점에는 이론의 여지가 있을 수 없다. 그렇다고 해서 현재의 국정운영 시스템을 전반적으로 대체할 만한 혁신적인 대안이 아직 고안되어 있는 것은 아닌 만큼 이제 국정운영 과정에서 국민의 고충이나 불만이 발생하게 되는 것은 부분적, 일시적, 병리적 현상이 아니라 전반적, 항상적, 본질적 문제가 되었다.

그런데 행정 집행 과정에서 발생하는 국민 고충을 또 다시 행정 관리 양식으로 대응한다는 것은 새로운 국민 고충의 연쇄 고리를 낳게 된다는 것을 뜻한다. 관료제의 병리를 관료제로 해결하고자 하는 것이며, 법 앞의 평등을 내세워 이미 호소력을 상실한 형식상의 다수결주의로 다시 소수파의 이해관계를 매몰시키려는 것에 다름 아니다. 국민 고충 처리 문제를 단순히 종합 민원 처리 수준에서 대응하는 차원을 넘어 새로운 시각에서 대응해 나가야 하는 이유다.

이런 관점에서 볼 때 옴부즈만이 지향하는 대항관료제(counter-bureaucracy)는 소수의 패배, 민원의 고충, 개인의 과제를 다수나 국가의 편익이 아니라 개별 시민 내지는 소수파의 입장에서 다루고자 한다. 다수를 표방하는 국가를 상대로 소수자로서의 개별 민원을 연결하고 조정, 대변하는 '외교관' 역할을

[11] 박재창(2014:141-144)을 부분 발췌, 수정했다.

수행하는 것이다. 이때의 외교관은 법규 의존적, 선례 답습적, 분업적, 할거주의적 접근 시각에서 벗어나 권고적, 종합적, 현장 중심적, 중개 조정적 문제 해결 양식에 의한 종국적 대응 전략을 취하고자 한다.

바로 이 점에서 옴부즈만은 법규중심주의와 일원주의에 기초하는 국가 기구라기보다는 국가와 시민사회 사이에서 활동하는 일종의 준정부적 성격의 중재자 내지는 중개자에 해당된다. 그렇기 때문에 국가와 시민사회의 수직적 관계 속에서 시민사회 친화적으로 권력의 중추를 이동하고자 하는 적극적인 노력의 한 양식이기도 한 것이다. 부언하면 국가와 시민사회의 수직적 간극을 줄이는 중간 집단에 해당하며 국회와 유권자를 연결하는 새로운 통로로서의 의미도 지닌다. 같은 중간 집단 성격의 연결 통로로는 정당이 있지만 정당이 투입 기능에 주목하는 데 반해 옴부즈만은 환류 기능에 강조점을 둔다는 점에서 다르다.

이런 옴부즈만을 국회에 두는 경우 행정부 외부에서 추동되는 외재적 통제가 가능해지면서 행정부의 제 식구 감싸기나 자기 시각에 매몰되는 현상을 극복할 수 있게 되어 보다 더 적극적인 고충 및 민원의 시정이 가능하게 된다.[12] 이로써 국민의 고충과 민원 해결 과정에서의 신속성, 종국성, 편의성이 높아지면서 국민의 국가에 대한 불만을 줄이는 데 기여하게 된다. 이 과정에서 형식적인 다중의 사회가 아니라 소수와 다수의 빈번한 결집과 분산을 통한 참여와 승인, 이를 기초로 하는 재통합 내지는 재다중화(再多衆化, re-

---

12 현재도 국민권익위원회가 국무총리실 소속으로 구성되어 있어 국가 옴부즈만을 자임하고 있지만, 옴부즈만이라기 보다는 사실상 종합 민원 처리 기구의 하나로 운영되고 있다. 국무총리실에 소속되는 데에서는 오는 한계가 적지 않아 헌법상 독립 기구로 설치할 것이 요청된다.

massifying) 사회를 지향하게 된다.

이럴 경우 국회 기능을 단순히 정치적 욕구의 투입 및 정책의 심의 및 결정 기구로 인식하던 데에서 더 나아가 정책 집행 이후의 평가 및 환류 단계의 과제까지를 연계해서 다루는 기구로 그의 정체성을 재정립하게 된다. 이 경우 지금까지 국회에 대해 가지고 있던 정치 불신을 크게 해소하는 전기를 제공할 수 있게 될 것이다. 군림하는 국회가 아니라 국민 고충을 해결해주는 서비스 제공 기구로 재탄생하게 되면서 국회의 대국민 면모를 일신하게 되는 것이다. 다수의 강제력이 아니라 소수의 중요성을 강조하는 기구로 작동하게 된다는 뜻이기도 하다.

(4) 초광역 지방자치제도의 도입[13]

국가와 시민사회 사이의 간극을 줄이고 국민의 국정 과정에 대한 참여의 직접화, 적극화를 가능케 한다는 점에서 분권은 시민사회 친화적인 수직적 국가권력 분립 양식 가운데 하나다. 무엇보다도 거버넌스 시대가 필요로 하는 시민참여 공간을 확장한다는 점에서 시대정신의 발현물이기도 하다. 정치적 민주주의의 신장이나 전국적인 삶의 균형이라는 측면에서도 필요불가결적인 개혁 과제 가운데 하나다.

문제는 어떤 유형의 지방 분권이 분권 정부의 지속 가능성을 보다 더 효과적으로 담보할 것이냐에 있다. 그런 점에서 보면 분권의 경제적 동인에 주목하지 않을 수 없다. 오늘날 범지구적으로 지역 간 입지 경쟁이 심화되고 있기

---

13 박재창(2012: 271-273)을 부분 발췌, 수정했다.

때문이다. 국가에 갇혀 있던 지역이 국제 무대에서 직접적인 행위자로 활동해야 하는 시대다. 지역의 생존 문제를 더 이상 중앙정부에 의존할 수는 없다. 이렇듯 지구화 시대에 조응하는 지역판촉형 지방정부가 되기 위해서는 행정 기능, 입법 기능, 사법 기능 모두를 수행하는 독립형 정치 활동 단위체를 필요로 한다. 이는 당연히 시민참여를 중시하는 거버넌스형 지방정부의 운영을 위해서도 요청된다. 이로 인해 광역 자치 단체의 정체성 변화에 대한 요구는 매우 크다. 기초 자치단체가 일상의 생활 단위라면 광역 자치단체는 세계의 지역정부와 경쟁하는 지역 경제 발전의 주체가 되어야 하기 때문이다. 국가와 기초 지방자치 단체 사이를 이어주는 중간자 역할을 요구받고 있기도 하다.

이에 조응하여 광역 자치정부를 초광역화하는 경향은 이미 여러 나라에서 나타나고 있다. 독일, 영국, EU, 캐나다, 일본 등 세계 여러 나라가 광역 자치정부의 초광역화를 추진하는 추세에 있다. 지구화 시대에 조응하여 경쟁력 있는 지역 정부로 개편하려면 자치 단위의 규모가 커야 한다고 보기 때문이다. 그러나 우리의 경우는 오히려 도를 폐지하자는 논의가 진행될 만큼 광역 자치 단체의 법적, 기능적 정체성이 모호하게 변질되는 과정에 있다.

이런 점을 감안하여 각 자치정부의 계층 간 권한과 책임을 보충성의 원리에 따라 재정리함으로써 당해 지역에서 자치정부가 국가를 대신해 정치, 행정, 경제 발전을 견인하는 주체로 활동할 수 있게 권역과 기능을 확대 조정할 필요가 있다. 중앙정부의 권한을 축소하는 한편 지방정부의 권한은 이를 확대하는 방향으로 국가의 수직적 권력 구조를 재편하자는 뜻이다. 이를 위해 광역 자치정부에 자치 입법권, 자치 행정권 및 자치 조직권을 부여해야 할 것은 물론이다. 국가의 배타적 입법권인 행정 명령, 법규 명령권은 국가에 전속하도록 하되 중앙정부의 입법 소관 사항이 아닌 경우에는 지방정부가 법규 제정권을 갖도록 해야 한다. 기관 구성권에 대해서도 광역 자치정부의 의회가 조례 입법을 통해 자율적으로 결정하도록 해야 한다. 중앙정부가 정한 행정 기구와 정원에 관한 규정에 구애되지 않고 광역 자치 의회의 결정으로 지역 자치정부의 기관 구성이 가능케 하자는 것이다. 지역 자치정부의 정책 및 입법권과 관련해서는 제주특별자치도의 특별법상 법률안 제출권과 유사하게 법률 제출권을 부여하자는 것이다. 이를 위해 지역 자치정부의 입법권을 헌법에 명기하도록 하고 중앙정부와 지역 정부 간의 합리적 역할 배분과 재원 배분, 지역 정부에 대한 국가 감사의 범위 명확화, 지역 정부의 국가 입법 및 정책 결정 과정에 대한 참여의 제도화 등을 보장할 필요가 있다.

이런 변화는 중앙정부의 권한을 하향 조정하는 결과를 가져오면서 결과적으로 국가권력이 지역 시민사회 친화적으로 이동하는 계기로 작용하게 된다.

(5) 권역별 비례대표제도의 도입[14]

선거제도의 개혁을 통해 득표에 따른 국민 대표성의 비례성이 높아진다면 그만큼 더 국가와 시민사회 사이의 간극이 좁아지면서 국민의 실질적인 참정이 확대되고 나아가 국가의 수직적 권력 분립이 시민사회 친화적으로 조정될 것은 물론이다. 그런데 현재는 국회의원의 경우 기본적으로 소선구제하에서 단순 종다수제에 따라 당선자가 확정되고 있다. 여기에 비례대표제가 보완적 장치로 운영된다. 그 결과 국회의원 정수 299명 가운데 252명이 소선구제, 47

---

[14] 박재창(2014:123-125)을 부분 발췌, 수정했다.

명이 비례대표제를 통해 선출된다. 제헌 국회 이래로 다양한 변화가 있었으나 기본적으로는 이런 골격이 유지되어 왔다.

그런데 이런 소선구제로 인해 그동안 승자 독식과 그로 인한 대표성의 왜곡, 선거 과열 등이 초래되었다. 다수당이 과대 대표되고 소수당이 과소 대표되고 있으며, 지역 중심의 의석 집중 현상을 부채질하는 결과를 낳았다. 득표율과 의석 점유율 간의 격차를 나타내는 지표인 표의 불비례성이 높아져 국가와 시민사회 사이의 간극을 넓혔다. 지역주의로 인해 선거 과정이 정책 대표성이나 사회통합 기능을 수행하는 데에 어려움을 겪게 되는 문제도 있다.

또한 정보사회의 도래 이후 생활 권역이 급속히 확장하는 추세에 있고 사회관계의 복잡성이 제고되면서 고도의 종합 정책 능력에 대한 수요가 폭증하고 있어도 이를 선거 과정에 적절히 반영하려는 노력은 외면되어 왔다. 특히 지구화 시대의 확산과 함께 사회 양극화가 심화되고 그 결과 소수자에 대한 배려 요구가 커지고 있다. 정보사회 이래의 소중화 현상이 강화되면서 소수자의 비토권이 커지고 있어 이를 정책 과정에 반영해야 할 수요도 적지 않다. 이런 점을 감안하면 비례대표제가 강화되어야 하지만 비례대표 의원 정수가 너무 적어 비례대표 도입 취지를 제대로 살리기 어렵다. 비례대표 의원 정수를 늘려야 하는 이유다.

그러나 오랜 역사적 경험으로 인해 지역구 선거제도와 소선구제도에 대한 사회적인 합의와 충성도가 높다. 비례대표제를 강화하는 경우 다당제의 출현을 유도하면서 분점 정부나 연립 정부의 출현 가능성을 높이고, 그 결과 그렇지 않아도 어려운 정치권 내부의 이견 조정이나 갈등과 대립의 순화가 쉽지 않을 것이라는 우려도 있다. 국회의원 정수를 확대하는 데 대해서는 사회적인 동의를 구하기가 쉽지 않다는 점도 문제다. 그럼에도 불구하고 비례대표제에 대한 정치적 수요는 크다.

이런 점들을 감안하면 지역 단위로 선출되는 소선거구제도를 유지하되 비례대표제를 확대하면서 지역주의를 순화하기 위한 방편으로 비례대표제에 의한 국회의원 선출을 권역별로 나누어 진행할 필요가 있다. 권역별 비례대표제의 경우 권역별 선거로 인해, 지역구 국회의원이 지역의 토호 세력에 포획되거나 지나친 사적 이해관계에 몰입하는 현상을 보완하게 되면서도 권역별 정책 능력을 강화하는 변화를 기대해 볼 수 있다. 권역별 선거로 인해 지역당 등장과 유사한 효과가 발생하면서 정당 내부적으로는 의사결정권의 하향 분권을 촉진하게도 될 것이다. 권역별 선거로 인해 비례대표 후보자에 대한 정당 명부의 규모가 줄어들면서 유권자의 후보자에 대한 분별력을 상대적으로 높일 수도 있다. 유권자와 그의 정치적 대표자 사이에서 발생하는 간극과 괴리를 줄이게 되는 셈이다. 권역별 비례대표 의원 배분으로 인해 지역에 따라 석패율제도[15] 도입과 유사한 지역주의 완화 효과가 발생할 가능성도 있다.

---

15 석패율제도는 일본이 동일 후보자로 하여금 소선거구와 비례대표에 중복 입후보 하게 하고 중복 입후보한 후보의 유효 득표수 대비 해당 소선거구의 당선자 유효 득표수에 따라 석패율을 정하고 이를 기준으로 비례대표 당선자 순위를 확정하도록 한 제도다. 후보자 개인에 대한 지지가 후보자가 속한 정당에 대한 지지로 연결되는 전이 효과를 가져온다고 하여 혼성 효과를 동반한다고 보았다. 그 결과 지역주의 성향을 희석시키는 데에 효과가 있다는 평가다.

5. 나가며

입헌주의 헌법의 객관적 타당성을 검토한 결과 정보사회의 도래로 인한 제3차 혁명 이후의 후기 근대에서는 고전적 의미의 근대 헌법이 의존하는 권력분립론이나 국정운영 양식은 이제 더 이상 적실성을 유지하기가 쉽지 않게 되었음을 알게 되었다. 간접민주주의 시대가 끝나고 준직접민주주의 시대를 열어야 한다는 점에서 가히 혁명적 변환이 요구되는 시기다. 이런 시대적 수요에 조응하기 위해서는 형식적, 피동적 의미의 시민 주동성이 아니라 실질적이고 적극적인 차원의 시민 주권 시대를 열어야 한다.

그런 의미에서 현재 논의되고 있는 헌법 초안은 보다 적극적으로 시민참여형 국정운영 체제를 고안하는 양식으로 내용상의 변화를 추구할 것이 요구된다. 수평적 권력 분립을 보완하는 장치로 국민소환제도, 국민발안제도, 옴부즈만제도, 초광역 자치제도, 권역별 비례대표제도 같이 국가와 시민사회 사이에서 수직적 권력 분립에 주목하는 장치를 개발해서 도입해야 한다. 이는 헌법 자체의 개정 과정에서도 같다. 헌법개정 국민회의 같은 사회 운동형 협의제 민주주의 제도의 도입을 통해 시민사회의 주동성을 강화해 나가야 한다.

이런 변화는 촛불민주주의가 주문하는 것이기도 하지만 사실은 오늘날 인류 문명의 대전환이 불러온 정보사회의 구조적 특성이 요구하는 것이기도 하다. 그럼에도 불구하고 아직 근대의 프레임을 온전하게 대체하는 새로운 대안 패러다임이 개발되어 있는 것은 아니기 때문에 헌법 개정 과정이 근대의 지속성과 단속성이 동시에 반영되는 형태로 진화와 변용을 거듭해 나가지 않으면 안 된다. 이는 촛불민주주의 진행 과정이 여실히 보여주었다. 내용상으로는 구체제를 전도하는 시민혁명과 유사한 정치적 의미를 동반하는 것이었지만 형식적으로는 아직 구체제의 연속성을 계승해야 하는 처지다. 개헌 논의가 기존의 외형적 질서를 존중하는 가운데 진행되면서도 내용에 있어서는 혁명적 전환을 거듭해야 하는 이유다.

이 점에서 보면 아직 개헌을 위한 시민사회의 담론은 매우 저급한 수준에 머물러 있다고 해도 과언이 아니다. 다양한 시민사회 지도자들의 노력이 경주되고 있지만 도무지 '촛불' 혁명 당시의 열정이나 범국민적 공감대의 확산을 목격하기가 쉽지 않다. 이런 식으로 개헌이 진행된다면 새로운 헌법에 시대적인 각성을 충분히 반영하기 어려울 뿐만 아니라 설혹 그런 양식으로 개헌이 이루어진다고 하더라도 그것이 사회적 관계를 선도하는 적극적 규범 지표로 작동하리라고는 기대하기 어렵다. 개헌이 단순히 국가의 새로운 법적 기본 질서를 마련한다고 해서 소기의 목적을 달성하게 되는 것은 아니다. 이를 우리 사회가 어떤 에너지와 안목으로 대응하고 후속 조치를 취해 나가느냐에 따라 실질적인 규범으로 자리 잡게 된다. 그런 점에서 광장에서 불타던 촛불민주주의의 열정이 개헌 과정에서도 불타지 않는 것은 실로 아쉽기 짝이 없다.

다른 한편으로 이번의 개헌 작업이 보다 더 신중하게 다루어야 할 과제 가운데 하나는 헌법 전문의 내용 구성에 있다. 관행적인 안목에서 벗어나 보다 더 넓은 시야로 바라보면 지구화 시대로 상징되는 후기 근대의 인류 문명은 이제 근대 헌정주의 헌법이 상정하는 국민국가의 경계를 넘어 지구시민사회와 연동하여 작동하는 국가권력의 운용 양식을 개발, 반영하라는 주문을 내놓고 있다. 국가 조직 구성의 원리가 국가 내부의 수평적 권력 분립 문제로부터 국가와 시민사회 사이의 수직적 권력 분립 문제로 관심의 초점을 이동해야 한다는 사실 자체가 헌법이 이제 더 이상 일국주의의 경계 내부에 갇혀 있을 수만은 없다는 점을 간접적으로 시사하는 것이라고 하겠다. 국가와 달리 시민사회는 이미 지구시민사회 공동체 구성의 핵심 인자로 진입해 있기 때문이다.

이를 반영하는 경우 개헌 과정에서 지구시민권에 대한 논의가 시작되어야 할 것은 당연한 이치다. 유입 이민자와 송출 이민자 문제, 국가 간 갈등과 대립을 극복하고 평화와 공영을 지향하는 일, 인류 보편의 가치로서 인권과 생태 주권을 보호해야 하는 일 등이 모두 여기에 해당된다.

(KDF Report: Issue & Review on Democracy, 2018.02.10.)

제 4 장

행정 개혁과 시민참여

위기 극복의 원동력이 되어 온 진돗개 정신

이참은 독일 태생의 귀화 한국인이다. 독일의 라인란트팔츠주 바트크로이츠나흐(Bad Kreuznach)에서 태어났지만 1986년 우리나라로 귀화했다. '대한민국을 돕겠다'는 의미를 담아 이한우(李韓祐)로 이름을 지었다. 그러나 2001년 이참(李參)으로 개명했다. 이는 '대한민국 문화에 동참하겠다'는 의지를 나타내고자 했기 때문이라고 한다. 한국 문화의 관찰자에서 참여자로 스스로를 재설정했다고나 할까. 이후 한국관광공사 사장으로 재직하면서 관광 한국의 초석을 다지는 일에 기여하기도 했다. 한국 문화의 아름다움에 매료된 탓이라고 했다. 그런 그는 사실 우리의 진돗개 연구가로 훨씬 더 유명하다.

그에 따르면 어떤 집에서 여러 마리의 개를 키우는 경우 그 개들이 한 번은 꼭 싸운다고 한다. 싸움의 결과 서열이 정해지고, 그에 따라 질서가 잡히기 때문이다. 그러나 진돗개는 다르다고 한다. 싸움에서 진 진돗개는 이긴 진돗개에게 승복하지 않고 계속 도전한다. 진돗개는 보스 기질이 강해서 어느 개든 우두머리가 되겠다는 마음을 접지 않는다는 것이다. 그렇기 때문에 여러 마리의 진돗개를 키우는 집에서는 싸움이 끊이질 않는다고 했다. 그런데 그런 진돗개가 어떤 집에서는 서로 싸우지를 않더란다. 자세히 살펴보니 이런 집에서는 진돗개를 멧돼지 사냥에 이용하는 공통점을 지녔더라고 한다. 본래 진돗개가 멧돼지를 상대로 혼자서 1 대 1로 싸우면 물려 죽기 십상이다. 그만큼 멧돼지의 공격력이 절대 우위이다. 그러나 세 마리가 공동전선을 펼 때는 오히려 멧돼지를 물어 죽이게 된다. 연대와 협력의 힘이 멧돼지의 공격력을 압도하기 때문이다. 나아가 강한 적(敵)을 거꾸러뜨리고자 서로 연대하고 협력하는 가운데 진돗개 서로 간의 관계도 좋아진다고 했다.

이런 진돗개는 이 땅의 토종견이라는 점에서 천연기념물로 관리되고 우리의 기상을 빼닮았다고 하여 각별한 귀여움을 받는다. 그래서일까? 우리의 성정이 진돗개를 닮았다는 지적이 결코 과장된 말처럼 들리지를 않는다. 아니 진돗개처럼 공동의 적을 만나면 어제까지의 갈등을 잊고 서로 단결하여 대적해 나가는 저력이 분단의 고통을 극복하고 나아가 세계의 선도국 반열에 오르도록 견인하는 토대가 된 것은 아니었을까? 제2차 세계대전의 종전과 함께 다가온 한반도의 분단은 실로 인류 문명사 차원의 대사건이었다. 지구촌 역사 이래로 해양 세력과 대륙 세력이 한반도처럼 첨예하고 직접적인 대적 관계를 형성한 것은 그 유례를 찾아보기가 쉽지 않다. 그만큼 갈등의 골이 깊고 긴장의 수위가 남다르지 않을 수 없다. 이로 인해 피가 터지고 살점이 뜯겨져 나가는 동족 간의 전쟁을 치렀으며 이후 70년 동안 종전 아닌 휴전 상태에 머물러 있다. 그럼에도 불구하고 전쟁의 폐허 위에서 산업화와 민주화를 동시에 달성한 지구촌 유일의 성공 사례가 되었다. 당연히 그 원동력이 무엇인지에 관심이 쏠리지 않을 수 없다.

이참의 진돗개 이론을 차용해 본다면 역설적이기는 하지만 바로 이 분단에 따른 대적 관계가 오히려 급진적인 사회 발전을 향도하는 견인차 역할을 수행한 것은 아니었을까? 한시도 긴장의 끈을 내려 놓을 수 없는 위기 상황이 대내적인 갈등과 불협화음을 잠재우고 공동의 협력과 연대를 추동하는 견인력으로 작용했을 것이라는 뜻이다. 흔히 한반도 남반부의 성공을《한강의 기적》이라고 하지만 이런 기적의 배면에는 이 땅에 제2차 세계대전 이후 지구촌 최고의 긴장 관계가 유지되고 있다는 사실이 오히려 긍정적 요인으로 작용했을 것이라는 생각이다. 특히 우리 사회가 본래 끊임없는 갈등과 대립으로 인해 영일이 없는 곳이라는 점을 상기해 보면 더욱 그런 생각에 잠기게 된다. 우리는 원래 내 가족, 내 집안, 내 동네 등으로 갈라져 싸우고, 서로를 질시하고 비난하는 일에 익숙해져 있다는 평가를 받는다. 합리적, 이성적 판단보다는 감정적, 정서적 연대가 사회관계의 중심축으로 작용한다고 해도 결코 놀랄 일이 아닌 곳이기도 하다. 그럼에도 불구하고 일단 나라가 위기 상황에 처했다고 판단되는 경우 신기할 정도로 협력과 연대의 정신이 발동되면서 국난을 이기고 극복해 왔다. 임진왜란이 그렇고 최근에는 한국전쟁이 그러하며 한강의 기적이라는 나라의 재건과 급속한 경제 발전 또한 그렇다. 나라의 위기에 맞서 갈라져 싸우던 증오와 불화의 정서를 내려 놓고 언제 그랬느냐는 듯이 협력과 연대를 위해 헌신하러 나서는 데에는 바로 이 진돗개 정신이 발동한 것 외에 따로 적절히 설명할 대안을 찾기가 쉽지 않다. 위기를 기회로 승화시켜 온 진돗개 정신이야 말로 오늘의 우리를 견인해 온 밑본 기상이 아니었을까?(2024.02.26.)

공직 부패의 해결책은 어디에서 찾아야 하나

우리는 일제의 식민적 압제와 한국전쟁의 폐허 위에서도 민주주의의 싹을 틔워 꽃을 피웠다는 평가를 받는다. 아시아의 여러 이웃들로부터 부러움을 사는 이유다. 그러나 요즈음은 한국의 민주주의가 예전만 못하다는 지적이 작지 않다. 여기에는 과거를 낙관적으로 평가하거나 그리워하는 인간의 심리적 본성이 영향을 미친 탓도 있겠지만 곰곰이 살펴보면 사회구조의 진화와 더불어 적지 않은 분야에서 민주주의의 퇴행이 있었음을 고백하지 않을 수 없다. 가장 대표적인 것으로는 알선, 수뢰 같은 공직 부패가 확산되었다는 점에 주목하게 된다. 사실 부패는 우리 사회의 오랜 문화적 유산 가운데 하나라고 하여도 과언이 아니다. 물론 부패를 말하면서 특정 사회의 문화적 배경이나 구조적 특성에 주목하는 것은 지나친 일반화의 오류를 범할 개연성이 높다는 점을 모르는 바 아니다. 부패는 어느 시대 어느 나라에서나 발생할 수 있고 또 발생해 왔기 때문이다. 그런 점에서 인간의 취약한 본성에서 비롯되는 현상 가운데 하나인 것만큼은 틀림없다. 그럼에도 불구하고 우리의 경우, 부패 유발 요인이 가중되어 왔음 또한 이를 숨기기는 쉽지 않다.

먼저 역사적으로 볼 때 일제의 식민적 폭압 체제에서 살아남기 위한 전략적 방편 내지는 생존 전략의 하나로 부패가 만연되었다. 부패를 통해 국가 폭력과 타협하고자 했던 셈이다. 한국전쟁이 끝나고 국가 재건기에 들어서면서부터는 다양한 국책 사업이 펼쳐지자 이를 기화로 국가 재건기의 혼란을 틈타 개인의 사적 이득을 취하려는 이들이 다수 등장하게 되었다. 문화적으로는 유교의 전통으로 인해 상명하복과 위계질서를 중시하는 사회적 관행이 뿌리내리면서 자연스럽게 조직의 내부에서는 계서의 상층부로 권력을 집중시키는 일이 일상화되었다. 그런 탓에 조직의 상위계층에서 이뤄지는 권한의 남용과 오용 가능성이 커지는 결과를 낳았다. 이는 사익을 위해 빈번히 권력의 일탈이 이뤄지는 사회적 배경이 되었다. 흔히 중국사회의 병폐 가운데 하나로 사람 간의 관계를 중시하는 "꽌시(guanxi)" 문화를 지적하지만, 우리의 경우도 인간관계를 중시하는 사회적 유산 탓에 정실주의나 족벌주의가 상거래나 정치 활동 등에 체화되어 나타났다. 이런 "끼리끼리 문화"는 공사 간의 경계를 무력화하는 가운데 부패의 요람으로 작용했다. 급속한 경제 발전으로 인해 빈부의 격차가 심화되고 그 결과 빈자의 좌절감이 커지면서 부의 축적은 기실 부패에 의한 것이라는 사회적인 의구심이 확산되는 계기로 작용하기도 했다. 정치적 격변이 거듭되는 가운데 새로 등장하는 권력 주도 세력에 대한 접근 통로로 부패가 동원되는 일도 빈발했다.

반면에 정치권 자체의 문제도 작지 않다. 지나친 정치적 양극화와 그에 따른 권력의 집중화도 부패를 불러온 근인 가운데 하나다. 극단을 치닫는 정치 집단 사이에서는 타협과 조정을 이루기가 쉽지 않고 정치적 교착 상태가 빈발하게 된다. 사회적 합의를 토대로 운영되어야 마땅한 정치체제가 곤란을 거듭하게 될 것은 물론이다. 이를 극복하기 위한 방편 가운데 하나로 정치권 배후에서는 타협과 협잡을 유인하고 그 결과 뒷돈 거래를 묵인하는 일도 생기게 된다. 무엇보다도 권력이 고도로 집중화하면서 정치가 나서면 무어든 해결된다는 인식이 사회에 팽대해 있다는 점이 문제다. 정치권에 대한 효율적 통제 장치의 개발이 미진한 가운데 권력이 정치권으로 집중되면서 정치권 부패가 만연하게 되었다. 보다 근본적으로는 선거제도가 다수결주의에 기초한 승자독식주의에 기초해서 운영된다는 점에 주목하지 않을 수 없다. 정치인들이 어떻게 해서든지 다수표의 획득을 통해 선거를 승리로 이끌어야 한다는 생각에 매몰되는 이유다. 부패선거가 대표성 왜곡을 불러오고 그 결과 유권자의 다양한 이해관계를 적절히 균형 있게 반영하기가 쉽지 않게 될 것은 명약관하한 일이다. 관료부패로 인해 재벌로 대표되는 배타적, 독점적 이익집단이 정부의 의사결정 과정에 과도하게 개입하거나 영향을 미치게 되는 것도 문제다. 이럴 경우 정부의 내외정책이 보편적, 일반적 이해관계를 외면한 채 왜곡되는 결과를 낳게 될 것은 물론이다.

그러나 최근에 들어서면서부터는 국제사회가 우리의 국정운영 과정이 투명성, 준법성 등에 있어 상당한 정도로 개선되고 나아가 부패 척결이 이뤄졌다는 평가를 하게 된 것도 사실이다. 실제로 중앙정부의 청렴도는 기대 수준 이상이라고 말할 수 있다. 다만 지방정부의 하위 직급 사이에서는 아직도 지역사회 기득권 집단과의 결탁 관계가 근절되지 못한 상태에 있다는 지적이 작지 않다. 가장 대표적으로는 최근에 있었던 세계보이스카우트연맹의 잼버리 대회장 사건이 있다. 새만금 사업의 간척지를 개발해서 대회의 야영지로 쓰자는 것이었지만 관련 자치단체의 현장 실무자들이 세심한 주의를 기울이지 않은 가운데 태만했고, 그 배후에는 지역사회 토착 기업과의 유착관계가 있었다는 의혹이 제기된 바 있다. 자치단체의 하위직급 실무자들에 대한 개혁과 쇄신이 보다 더 적극적으로 추진되어야 하는 이유다. 이를 위해서는 무엇보다도 먼저 지역주민의 자치의식과 공적 가치관 정립이 선행되어야 한다. 지역사회의 공동체 의식이 수립되어 있어야 자치정부에 대한 능동적 참여와 함께 행정 정의의 구현에 대한 욕구가 제고될 것이기 때문이다. 그런 점에서 보면 이제 반부패 전략의 출발점을 지역사회 일반주민의 자치 의식 고양에 두어야 하는 지점에 이르렀다고도 말할 수 있게 된다.(2024.01.17.)

제왕적 대통령, 무엇이 문제인가?

한국 정치의 병폐 가운데 하나로 흔히 '제왕적 대통령(imperial presidency)'의 행태가 지목된다. 대통령이 전제 군주 시대의 제왕과 같이 국가와 법률 위에 군림하면서 독선, 독단, 독주를 거듭한다는 것이다. 대통령이 국정 전반에 걸쳐 압도적인 권력을 휘두르지만 막상 시민사회에 대한 호소력이나 일반 시민에 의해 수용되는 권위의 정도는 생각만큼 높지 않다는 의미로도 해석해 볼 수 있겠다. 흔히 대통령이 인사권을 남용하거나 정책적 책무성을 외면하는 가운데 자기 주견만 고집하는 데에 대한 비판적 평가다. 그런데 원래 이 말은 미국의 케네디 정부 시절 어용 역사학자로 인구에 회자되던 슐레진저(Arthur M. Schlesinger, Jr.)가 정적인 닉슨을 공격하기 위해 주조한 용어로 알려져 있다. 그런 만큼 정략적 필요에 따라 대통령을 지나치게 부정적으로 묘사하려고 한다는 의견도 없지 않다. 특히 우리와 같이 남북이 대치하는 곳에서는 위기 관리의 수요가 일상화되어 있고, 그런 만큼 국가권력의 일극화 내지는 고도의 중앙 집중은 불가피하다는 주장도 설득력이 작지 않다.

어쨌든 우리 사회에 제왕적 대통령이 자주 등장하게 되는 것만은 틀림없어 보인다. 이는 그에 대한 우리 사회의 문화적 수용성 정도가 높다는 의미로 해석해 볼 여지도 있을 것 같다. 또는 아직 민주주의의 생활화 정도가 미진하다는 뜻으로 새길 수도 있겠다. 권력이 시민사회에서 우러나오는 것이 아니라 파워 엘리트에 의해 발현된다는 의미로도 읽힌다. 전통사회에서 근대사회로 이동하는 과정에서 '시민혁명'을 겪지 못한 우리 사회의 구조적 한계인 셈이다. 봉건사회의 수탈 정부 유산이 고스란히 전수되는 가운데 파워 엘리트는 제왕 시대의 권력 누리기에 친숙해져 있다는 뜻이기도 하다. 자연히 부패 문화가 만연하면서 지역의 토호 세력을 중심으로 연줄중심주의와 사적 권력의 집중화가 심화되는 결과를 낳았을 것이라는 우려가 작지 않다. 서구사회처럼 봉건 체제를 경험해 보지 못한 우리로서는 국가권력이 보통 사람들의 의식세계를 규격화하거나 정형화하는 데에 실패했다. 근대적 의미의 도덕률을 정립하지 못한 채 산업사회로의 이행이 이뤄졌다는 의미다. 그렇다고 해서 중앙정부의 국가권력이 공고화되어 있었던 것도 아니므로 지역사회의 권력 중추가 그때그때의 지역 엘리트 간 패권 경쟁에 따라 부침을 거듭해 왔다. 완승완패의 권력 문화와 사익우선주의가 확산되는 근인으로 작용하기도 했다. 오늘날 파워 엘리트의 선출 과정이라고 할 수 있는 선거를 그들이 제시하는 정책의 평가와 선택의 과정이 아니라 출마자 개인에 대한 인간적인 선호의 측정 도구로 변질시켜 이해하게 되는 이유이기도 하다. 법치주의의 사회적 정착 정도가 취약하고, 인치에 의존하는 사회 질서가 기승을 부리게 된 근인이라고 할 수도 있겠다. 이로 인해 탈법적 행태에 대한 사회적 수용성 정도가 높아지는 결과도 낳았다. 강력한 리더십을 기대하거나 카리스마에 대한 향수가 깊어지게 된 출발점 가운데 하나이기도 하다. 대통령에 대한 저항권 의식이 축적되지 못한 이유이기도 하다. 반면에 지나친 정부 의존성이나, 수동적 시민 의식이 축적되었다. 국가가 해결해 주기를 바라고 스스로 문제 해결의 주체가 되고자 하는 마음의 준비가 부실해지는 결과를 낳은 것이다.

이런 문화적 배경은 국가의 권력을 관리하는 과정에 대한 제도적 장치의 허술함도 낳았다. 우선 국가권력의 수직적 분권과 함께 수평적 분권도 취약하기 짝이 없다. 중앙정부와 지방정부가 3단계에 걸쳐 분권을 이루고 있는 서구사회와는 달리 우리는 사실상 2단계 분권에 그치고 있다. 그만큼 중앙정부를 장악하고 있는 대통령의 실질 권력이 커질 수밖에 없다. 대통령 중심제이면서도 총리를 중심으로 하는 내각을 구성할 수 있게 되어 있어 권력의 분할이 이뤄진 것 같지만, 대통령이 국회의원을 장관에 임명할 수 있고 국회의 법률제안권을 정부가 공유하고 있어 대통령 견제 장치로서 의회가 지니는 권한과 권위가 엄정하게 정립되어 있는 여타의 대통령 중심제 국가와는 달리 의회의 대행정부 견제력도 사실상 취약하기 그지 없다.

국정의 운영 양식에 있어서도 권력의 대통령중심주의를 강화하는 요소가 작지 않다. 무엇보다도 가장 큰 문제는 대통령 소속 정당을 통한 권력의 융합 현상이다. 집권당과 정부 및 청와대가 일치단결해야 한다는 '원 팀(one team) 정신'으로 인해 대통령이 소속 정당을 통해 국회를 장악하고 지배하는 일이 정당화되고 있다. 집권당의 총수로서 국회의원 공천권을 휘두르는 것은 물론이고 소속 정당 내에서도 특히 자기 캠프 출신을 국회의원 후보자로 공천하는 일이 다반사다. 검찰, 경찰, 국세청, 정보 기관 같은 권력 기관의 장악을 통해 실질적인 영향력을 행사하는 것도 물론이다. 이로 인해 절차적 민주주의의 형식화가 심화되면서, 선거와 의결 같은 형식적 민주주의에 대한 집착이 강화되는 결과를 낳았다. 토론과 숙의의 과정이 생략되면서 결과중심주의 문화가 확산되어 왔기 때문이다. 다수결의 맹신과 함께 소수의 의견을 존중하는 관행과 상식이 결여되는 상황을 불러온 것도 같은 이유다. 법치 아닌 인치를 낳게 된 여러 요인 가운데 하나이기도 하다. 의회와 정부를 매개해야 하는 정당이 지역 균열에 기초하는 리더십의 창출과 유지에 함몰된 나머지 사회적 양극화의 심화를 선도하는 것도 영향을 미쳤다. 이러다 보니 국가권력을 이해하는 데 있어서도 문제 해결 능력(power to)이 아니라 권력적 영향력의 동원(power over)에 초점을 맞추는 관행이 일상화하게 되었다.

무엇보다도 대통령에 대한 견제 장치가 권력적으로 취약하다는 점이 문제다. 제도적으로 권력의 견제와 균형에 기여하도록 디자인되어 있는 여러 권력 기관의 자기 독립성 유지 능력이 사실상 취약하기 그지없다. 그렇다고 해서 언론이나 시민사회 같이 국가 밖의 권력 감시 장치가 제대로 된 통제력을 발휘하는 것도 아니다. 특히 정당이 본연의 역할을 수행하지 못한다는 점은 가장 본질적인 문제 가운데 하나다. 남북 대치 상황으로 인해 지나치게 이념중심성이 강화되면서, 이로 인해 정당 내부의 일사불란한 결속과 수직적 통제가 정당화되어 있다. 정당의 내부 권력이 정당원보다는 팬덤이나 '-빠' 같은 열성 지지자에 의해 맹목적으로 장악되고 좌지우지된다는 점도 문제다. 원외 정당이 원내 정당을 지배함으로써, 의회의 대(對)행정부 통제력이 약화되는 결과를 낳았다. 위계적 결속에 기반하는 정당의 등장을 유인한 셈이다. 3김 정치의 유산 가운데 하나로는 반독재 투쟁의 부산물로 '보스' 중심의 정당 정치가 관행화되어 있다는 점을 들 수 있다. 이로 인해 상명하달식 권력 구조를 내재화하는 결과를 낳았을 것은 물론이다. 이 과정에서 정치적 리더십에 대한 사회적 인식이나 수용성이 성취중심주의와 결과중심주의로 응집되는 변화를 낳았다. 이런 유형의 리더십을 지원하는 사회문화적 특성을 심화시켰을 것도 물론이다. 여기에는 근대화 과정에서 힘을 발휘한 발전지향형 리더십에 대한 향수도 한 몫 했다. 사회총체적으로는 개개인이 민주적 리더십을 경험하고 학습할 수 있는 기회가 충분히 제공되지 못했다는 점을 들 수 있다. 무엇보다도 사회적 합의의 도출을 위한 리더십의 중요성을 관찰하거나 경험할 수 있는 기회가 충분히 주어지지 못했다는 점이 결정적 한계 요인으로 작용했다.

이런 사회문화적 토양은 대통령으로 하여금 자신의 권한을 스스로 제어할 수 있는 자성적 통제력을 견지하기 어렵게 만드는 결과를 낳았다. 제왕적 대통령의 등장을 거듭 목격하게 되는 근인 가운데 하나다.(2023.07.29.)

『국가공간과 지역정치』를 추천한다

기업의 자유로운 활동을 방해하는 요소를 제거해 나가는 게 정부가 해야 할 일이라는 대통령, 기업하기 좋은 도시를 만들기 위해 '서울형 규제 개선 플랫폼'을 가동한다는 서울시, 규제자유특구를 통해 각종 규제를 면제해 주자는 비수도권 지역의 자치정부 등 오늘날 우리는 친기업 정책의 홍수 속에 산다고 해도 과언이 아니다. 그러나 과연 기업 특구를 조성하거나 기업하기 좋은 도시를 모색하는 게 오늘날 우리가 당면하고 있는 다원적 사회 정책 과제의 대안으로 손색이 없는 것일까? 이런 의문을 가슴 속에 지니고 있는 이들에게 『국가공간과 지역정치: 철강도시 포항의 재인식』(서병철, 2023)은 생각의 가로등이자 마음의 여로를 열게 할 것이 틀림없다. 일독을 권하는 이유다. '온고이지신(溫故而知新)'이라고 했던가? 논어의 '위정편'에 나오는 말이지만 옛것을 익혀 새것을 알면, 능히 스승이 될 만하다고 했다. 이 책은 기업 도시 포항의 탄생과 성장 및 영고성쇠를 입체적으로 추적, 조사함으로써 중앙정부 주도의 지역사회 건설이 과연 가능한 일인가에 대해 원초적인 질문을 제기하면서 체계적으로 회고해 보고 나아가 그 해답을 찾고자 한다. 보다 본질적으로는 관료적 권위주의 체제 아래에서 기술 관료, 프티부르주아, 군 관료 간의 '3자 동맹'을 통해 추진되는 발전행정이 대외 무역 의존형 정책의 채택을 불가피하게 압박함으로써 결과적으로는 저발전의 연쇄 고리를 낳는다는 저간의 논의를 사실적 사례를 통해 증명해 보고자 한다고도 말할 수 있다. 다만 기존의 논의가 대부분 중앙정부에 초점을 맞추어 군 관료의 물리적 강제력 행사에 주목하는 것이었다고 한다면, 이 책은 공기업의 공익 추구를 위장한 비공식적인 네트워크와 그에 따른 탐욕과 폭식이 어떻게 지역사회 공동체를 왜곡, 파괴시키는지에 우선순위를 두어 고발하고자 한다는 점에서 다르다.

중앙이 주도하는 지역 개발에 대한 논의는 지방자치제도의 전면 실시 이후 자연히 자치정부의 운영 실제에 대한 관찰로 이어지지 않을 수 없다. 그러나 이 책은 여기에서 더 나아가 연구방법론상의 수월성을 자랑한다. 기존의 지방자치에 대한 논의가 대부분 법제적 접근에 빠지면서 당위적이거나 규범적인 요소를 동반하고 행태론적 접근이나 권력론적 접근을 시도하는 경우에도 엘리트중심주의나 집단 이론 내지는 다원주의 이론 등에 함몰되면서 역동성과 전체적인 구조를 반영하는 일에 실패해 온 데 반해 이 책은 레짐 이론을 통해 이들 모두를 극복하고자 하기 때문이다. 레짐은 네트워크에 주목하면서 연대 · 충성 · 신뢰 · 지원에 기반을 둔 '관계의 형성'을 중요시하며 참여자들의 즉각적인 이익보다는 장기적인 관계를 통해 보다 안정적이고 긴밀한 관계를 형성하고자 한다는 데에 특징을 둔다. 지배와 복종이 아니라 행동하고 목적을 성취하는 것을 중요시하고자 한다. 무엇보다도 권력(power over) 자체가 아니라 무엇을 수행할 수 있는 능력(power to)을 얻고자 하는 데에 비중을 둔다는 특징이 있다. 바로 이 점에서 '레짐'은 평생을 통해 지역 시민사회 운동을 견인해 온 필자의 인생관 내지는 도시 공간에 대한 인식의 틀을 반영하는 것에 다름 아니다. 그런 점에서 이 책은 필자의 회고록이자 일기장이라고도 말할 수 있다. 아니 아직도 필자가 지역 시민운동의 현장을 견인하고 있다는 사실에 견주어 보면 이 책을 발간하는 일은 그가 몰입해 살아온 시민운동의 한 양식에 해당한다고도 말할 수 있겠다. 자신의 과거에 대한 고발을 통해 시민운동의 완성을 겨냥하고 있기 때문이다. 그만큼 책의 내용이 절절하고 호소력이 높을 수밖에 없다. 아니 그가 세상을 향해 짊어지기를 자청한 사회책임의 무게가 얼마나 절박한 것인지를 가늠해 볼 수 있게 한다. 시민운동의 일선 현장에 서 있는 이들에게 일독을 권하는 이유이다.

내가 필자를 만난 것은 YMCA 운동의 동지로서 였다. 나는 누군가 이론의 틀을 통해 시민사회 운동을 관찰하고 견인하는 일에 나서야 한다는 책임감 때문에 YMCA 운동에 참여하고 있었다. 이 책의 저자는 그때도 운동의 현장을 지키면서 연구 활동에 나서 있었던 만큼 운동을 통해 이론의 세계를 모색하고 있었던 셈이다. 한국은 물론 시민사회 운동의 원조라고 할 수 있는 서구사회에서도 흔치 않은 일이지만, 운동의 완성도를 높이기 위해서는 이론을 통한 자기 성찰이 필수적 과제라고 믿고 있었던 만큼 이론의 세계와 운동의 현장을 오가며 활동하는 저자의 이런 노력이 오랜동안 기억에 남았다. 앞으로도 이론과 운동의 현장을 직조하는 일의 선두에 서서 계속 이어 달리기를 기원하는 마음 절절하다. 고단한 일이지만 연구를 통해 사회를 고발하는 일에도 운동을 통해 사회를 교정하려는 노력만큼이나 몰두해 주기를 기대하는 마음이 크다. 이 책의 출간을 축하하고 또 응원하는 이유다.

(『국가공간과 지역정치: 철강도시 포항의 재인식』 추천사, 2023.03.23.)

친인척과 지인의 아들을 채용하면 무엇이 문제인가?

윤석열 대통령이 친척과 지인의 아들을 대통령실에 채용했다고 해서 비판이 일고 있다. 국민의 세금으로 운영되는 공직의 엄중함을 생각하면 대통령이라고 해서 친인척이나 개인적으로 가까운 사람을 마음대로 공직에 채용해서 안될 것은 물론이다. 공익 보호의 책무와 충돌할 가능성이 크기 때문이다. 그러나 다른 한편에서 보면 대통령의 친인척이거나 대통령과 사적으로 가깝다고 해서 국민의 기본권 가운데 하나인 공직 취임의 권리가 무조건 제한되어서도 안될 일이다. 이런 점을 감안하여 미국의 '반정실주의법(anti-nepotism law)'은 공직에 대한 가족의 채용을 금하되 직계존비속, 사촌 이내의 혈족, 배우자, 배우자의 형제자매, 계부모와 계자녀, 이복형제자매로 그 범위를 제한하고 있다. 심지어 대통령실이 이때의 공직에 해당하냐의 논쟁도 뜨겁다. 우리나라의 공직자 이해충돌방지법도 임용권자의 가족 채용을 금한다. 다만 이때의 가족은 배우자와 직계혈족, 형제자매 또는 생계를 같이 하는 직계혈족의 배우자, 배우자의 직계혈족, 배우자의 형제자매를 의미한다. 그동안 이해충돌 문제를 다루어 온 김영란법이 4촌 이내로 제한하던 것보다도 가족의 범위가 좁은 셈이다. 따라서 문제가 되고 있는 6촌 인척의 임용은 우선 법률적으로 아무런 문제가 없다.

특히 그 공직이 실적주의에 따라 운용되는 일반직이 아니라 엽관주의에 기초한 별정직이라는 점에서 더욱 그렇다. 우리나라의 관직은 대개 경력직 공무원과 특수경력직 공무원으로 구분된다. 전자는 실적과 자격에 의해 임용되고 공직을 평생의 직업으로 삼는다. 이는 다시 일반직과 특정직으로 나뉘는데 일반직 공무원은 우리가 흔히 통상적으로 말하는 공무원으로서 기술.연구 또는 행정 일반 업무를 담당한다. 특정직 공무원은 법관, 검사, 외무공무원, 경찰공무원, 소방공무원, 교육공무원, 군인, 군무원 및 국가정보원 직원처럼 특수 분야 업무를 다룬다. 반면에 특수경력직은 정무직과 별정직으로 나뉜다. 정무직은 선거에 의해 당선되는 선출직이나 정책을 다루어 고도의 정치적 판단을 필요로 하는 공직을 말한다. 별정직은 특정 업무를 담당하기 위해 일반직과 달리 정치적 임용을 통해 충원되며 신분이 보장되지 않는다. 임용권자의 판단에 따라 아무 때나 해임할 수 있고 대체로 정무직보다는 하위 직급에 보임된다. 임용권자에 대한 정치적 충성도나 기밀의 유지 또는 관직의 유연성 내지는 민주적 책무성을 보장하기 위해 운영된다. 따라서 대통령이 자신이 판단하는 필요성과 편의에 부응해서 채용한 이가 우연히도 친지의 아들이라고 해서 하등 문제될 것이 없다.

그렇기 때문에 야당이 대통령실의 인사권 행사를 놓고 친인척이나 지인의 아들을 임용했다고 문제를 삼는 건 단지 정략적으로 부정적 프레임을 씌우려는 것에 지나지 않는다는 비판을 면하기 어렵다. 그러나 그렇다고 해서 대통령의 인사권 행사를 두고 국민이 통제하고 감시해야 할 논점이 아주 없는 것은 아니다. 아무리 별정직 공무원이라고 하더라도 주어진 임무를 수행하는 데 필요한 기본 요건을 갖추었느냐의 여부는 여전히 확인해 보아야 할 과제다. 관직은 아무나 데려다가 공연히 월급 주려고 두는 자리가 아니다. 따라서 아무리 엽관제의 원리에 따라 별정직 공무원을 충원한다고 하더라도 소정의 업무를 효율적으로 충실히 수행해서 성과를 낼 수 있는 요건을 갖춘 자인지의 여부는 확인해 볼 필요가 있다. 그래야 자격이 없는 자를 단지 연줄 때문에 임용했는지의 여부도 가릴 수 있게 된다.현재 문제가 제기된 6급 별정직 공무원이 그가 담당하고 있는 업무를 다루는 데 필요한 최소한의 기초 역량을 지녔냐의 여부는 이를 확인해 보아야 한다는 뜻이다. 물론 일반직의 경우처럼 엄정하고 객관적인 평가의 잣대를 찾기가 어려울 수는 있다. 그렇기 때문에 현실적으로는 일반적이고 보편적인 검증이 쉽지 않을 수도 있는 일이다. 그러나 그렇다고 해서 무능력자를 다만 연줄 때문에 임용하는 경우 이를 방치해 둘 수는 없다. 그렇기 때문에 이 모든 것을 포함해서 별정직 공무원의 임용에 대해서는 임용권자가 임기 만료 후 투표를 통해 정치적 평가를 받기 마련이라는 주장에도 일리가 없는 것은 아니다. 이 점이 엽관제가 노리는 자기 정당화의 방어 기제이기도 하다.

그러나 우리나라처럼 대통령이 단임제인 나라에서는 사실상 임기 만료 후의 정치적 평가는 그 실효성이 취약할 수밖에 없다. 따라서 지금이라도 인사권이 합당한 양식으로 운영되고 있는지의 여부를 묻는 건 국민 모두가 지닌 당연한 권리이자 책무다. 정치적 책임의 정도가 가장 무거운 대통령실의 문제이니 만큼 더욱 그렇다. 그런 점에서 야당의 비판은 다만 그 논점이 틀렸을 뿐이다. 친인척이나 친지의 아들을 채용했다고 문제 삼을 것이 아니라 효율적인 국정운영에 합당한 능력을 지닌 인재를 그 필요에 응해서 등용하고 있는지의 여부를 확인하고자 했어야 한다.(2022.07.21.)

나는 무엇을 연구해 왔나?

국가와 시민사회의 관계를 재조정하는 일은 관행적 민주주의가 급진민주주의로 이행하는 과정에서 이 시대가 주목해야 할 핵심 과제 가운데 하나다. 이런 문제의식을 가지고 지난 40여 년간 국가와 시민사회의 관계를 '시민참여'를 중심으로 천착해 왔다. 그동안 시민참여의 문제는 주로 정치학 분야에서 다루어 왔다. 민주주의의 철학적 원리가 주문하는 주권재민의 원리를 구현하는 가장 직접적이고 또 실천적인 대안으로 인식된 까닭이다. 이는 또한 최근 담론민주주의나 참여민주주의가 민주주의의 결손을 보완하는 대안으로 부상하는 이유이기도 하다.

이런 시민참여의 문제를 행정학의 관점에서 접근함으로써 정치적 합리성과 경제적 합리성의 결합을 시도하고, 이를 통해 정치학과 행정학을 통섭하는 것은 물론이며, 나아가서는 사회과학 내부의 분과 과학 간 융합을 선도하는 일에 참여하고자 했다. 시민참여 문제를 과학적으로 다루는 학문 영역 내부의 경계 확장을 시도한 셈이다. 이를 위해 국정운영의 투입 단계에서는 의회행정론을 통해 정치 과정에 대한 관리론의 도입을 개척하고, 전환 단계에서는 거버넌스와 NGO 연구를 통해 정치행정 융합론을 천착했으며, 산출 및 환류 단계에서는 옴부즈만의 이론화를 통해 행정 과정에 대한 권력론의 적용을 시도했다. 그 결과 국정운영 과정의 투입, 전환, 산출 및 환류 단계 모두에서 정치행정 상호작용론을 통해 시민참여의 문제를 종합적으로 다룰 수 있었다.

그런데 의회행정, 거버넌스, NGO, 옴부즈만은 그동안 주류 행정학이 체계적인 대응을 게을리해 온 일종의 연구 소외 영역 과제에 해당된다. 이를 주된 연구의 대상으로 삼아 행정학의 학문적 경계를 확장하는 것은 물론이고 정통 행정학과의 비교연구를 통해 행정학의 과학성 진작에 나서고자 했다. 이 과정에서 한국 사회의 구조적 특성에 대한 분석을 통해 시민참여 관련 서구 이론을 비판적으로 검토하고 이를 토대로 독자적인 이론 체계를 정립하고자 했다. 기존의 시민참여 이론에 대한 문화론적 접근을 선도한 셈이다.

특히 민원의 처리나 국민 고충 해결의 한 양식으로 여겨져 온 옴부즈만을 시민참여의 통로 가운데 하나로 인식하고, 이를 거버넌스와 국정의 환류 체계 가운데 하나로 다루고자 했다는 점에 유의하고 싶다. 정부의 실패를 운영이나 관리의 문제가 아니라 구조의 문제 즉 근대의 민주정체가 배태한 본질 문제라고 판단하는 점도 기존의 관점들과는 다르다. 이의 해결을 위해 옴부즈만 역할을 수행하는 기관들을 기능적으로 연결하여 3권분립론을 수정적으로 보완하는 4권 분립 체제를 갖추자는 제안도 내놓았다. 적폐 청산이 정치투쟁의 슬로건처럼 되어 있는 한국의 국정운영 현장과 관련하여 실천적 정합성이 높은 현실 분석 프레임을 제공하고자 한 것으로 자임하고자 한다.

이렇듯 시민참여의 문제를 다루는 과정에서 드러난 연구 과정의 인식 프레임 변화를 추적해 보면, 먼저 투입 단계의 시민참여 문제를 다루기 위해 의회행정론의 개척을 선도했다. 비교행정 분야의 하나인 의회행정론을 국내에 처음 소개하고, 국내 최초로 의회행정 연구 관련 이론서인 『의회행정의 이론과 실제』를 발간했으며, 국회의 행정 과정을 다룬 『한국의회행정론』을 저술하고, 학부 및 대학원에 의회행정론 강좌를 처음 개설하는 등 국내 학계의 의회행정 연구를 선도해 왔다. 제3세계 의회행정의 개척서라고 할 수 있는 『Legislative Staff in Korea』는 미국 뉴욕주립대학교에서 관련 강좌의 교과서로 채택된 바 있다. 정치학이 일반적으로 의회를 사회공동체의 축약으로 다루는 데 반해 의회를 하나의 조직체로 보고, 이의 혁신과 발전을 도모하고자 한 것이다. 후자가 정치 발전 전략과 관련하여 조작적, 실천적 대안 모색에 훨씬 더 유리하다고 보았기 때문이다.

두 번째로는 전환 단계의 시민참여 문제를 다루기 위해 우선 거버넌스의 연구에 나서고자 했다. 한국의 거버넌스 현상을 실증적으로 분석한 최초의 체계적인 개척서라고 할 수 있는, 『한국의 거버넌스』를 발간하고 시민참여를 위한 거버넌스의 한 양식으로 21세기 마을회의제도를 국내에 처음 소개했다. 이를 계기로 공사 영역에서 '원탁 회의'가 도입되어 운영되는 변화를 낳았다. 기존의 거버넌스 이론이 주로 전환 단계(행정적 대리인과 일반 시민)의 협력적 파트너십에 주목하는 데 반해 투입 단계(정치적 대리인과 일반 시민), 환류 단계(옴부즈만과 민원인) 나아가서는 지구시민사회 차원(국제 NGO와 일반 회원)의 거버넌스까지를 포괄하는 최광의 개념으로 거버넌스를 다루고자 한 셈이다.

또한 NGO의 연구에도 주력했다. 한국행정학회 회장으로 있으면서 학회 사상 최초로 NGO를 학술 회의의 주제로 선정하게 하고 NGO를 소개하는 단행본인 『정부와 NGO』를 편집, 발간하는 등 전통적으로 GO(정부 조직)를 다루는 행정학 영역에서 NGO(비정부 조직)의 연구를 선도, 촉진했다. 이는 정통 행정학이 GO의 내부 문제에 주목하는 데 반해 GO의 외부 문제에 주목하고자 했다는 뜻이다. 나아가 정통 행정학의 일반 이론이 주권 개념으로 인해 일국주의의 경계를 벗어나지 못하는 데에 반해 NGO의 일국주의 경계를 넘는 확장성에 착안하여 행정학이 지구시민사회론과 지구시민권까지를 확대해서 다루는 일을 개척하는 출발점이 되고자 했다.

셋째 환류 단계의 시민참여 문제를 다루기 위해 옴부즈만의 재해석 작업에 나서고자 했다. 환류 단계의 시민참여에 대해서는 이를 체계적으로 다루려는 노력이 사회과학계 일반에서 거의 외면되어 왔다고 해도 과언이 아니다. 이 점을 감안하여 옴부즈만을 시민참여의 한 양식으로 해석하는 접근 시각을 선도함으로써 옴부즈만 연구에 매우 독창적이고 혁신적인 인식 프레임을 제시한 셈이다. 이로 인해 시민참여 문제를 국정운영의 투입, 전환, 환류 단계 모두에서 다루는 결과를 낳았다. 지금까지의 논의를 정리하면 〈표2〉와 같다.

이렇듯 시민참여와 관련한 이론의 개발이나 행정학 일반 이론의 과학성 정도를 높이고 학문의 경계를 확장하는 일에 진력하고자 하는 것은 물론 시민사회 운동에 나서 직접 시민참여를 실천하는 일에도 유의하고자 했다. 이론과 실천의 장을 결합하는 일은 행정학의 학문적 특성 가운데 하나이기도 하다. 우선 학문 공동체와의 관계에서는 한국행정학회, 한국정치행정연구회, 한국NGO학회, 한국국제지역학회 같은 연구 주제와 관련한 전문 학회를 창립

<표2> 시민참여 연구의 총합적 접근

국정운영 단계 / 분석 전략	투입 단계	전환 단계	환류 단계
시민의 개념	사회 공동체	집단(NGO), 개인	개인(집단)
참여의 양식	간접 참여(국회)	파트너십	민원 제기
매개 변수	의회행정	거버넌스	옴부즈만
분석 프레임	정치 과정의 관리론	정치행정 융합론	행정 과정의 권력론
대표 저서	의회행정의 이론과 실제	한국의 거버넌스	옴부즈만 : 제4부

하거나 회장으로 활동하고 아세아의회발전연구소, 한국미래정부연구회, 옴부즈만연구소 같은 연구 주제 관련 연구 기관을 설립, 운영함으로써 연구 결과의 사회적인 환원과 공유에 기여하고자 했다. 시민사회와의 관계에서는 경제정의실천시민연합 창립 발기, 시민사회포럼 (창립) 대표, 공선협 상집 위원장, 지방자치실천포럼 창립 공동 대표, 민주시민교육거버넌스 창립 대표 등을 통해 시민운동에 투신하고 시민사회 발전을 견인하는 일에 참여하고자 했다. 특히 아시아태평양 YMCA연맹 회장, 세계YMCA연맹 지구시민권위원장, 지구대안관광네트워크의 창립 대표, UN NGO대회 한국대표단장 등에서 보는 바와 같이 지구시민사회의 발전에도 유의하고자 했다. 정부와의 관계에서는 대통령 소속 지방이양추진위원회 국무총리 공동 위원장, 국민고충처리위원회 명예 옴부즈만, 행정자치부 지방행정위원장 등으로 정책 개발을 조언하고 파트너십을 통해 거버넌스 현장에 참여하고자 했다.

무엇보다도 시종여일하게 정통 행정학에 도전하는 수정주의 입장을 견지하고자 노력해 왔다는 점을 지적하고 싶다. 이는 다루고자 한 과제들이 대부분 새로 개척한 분야이거나 관련 개척서를 간행해 왔다는 점에서 확인된다고 하겠다(2022.06.30.).

국민권익위원회의 확대 개편을 제안한다

현대 행정국가가 구조적 결함에 빠지는 이유는 여럿이다. 국가는 스스로를 '문제의 해결자'로 자임하지만 국가가 어떤 사회의 당면 과제를 해결하기 위해서는 우선 무엇을 위한 것인지를 밝혀야 한다. 그런데 민주정체는 흔히 자유, 평등, 정의를 국가의 궁극적인 존립 목표로 삼는다. 문제는 이들이 서로 보완적 관계를 맺기도 하지만 모순적, 갈등적 관계에 빠진다는 점이다. 오늘날 우리 사회가 보수와 진보로 나뉘어 갈등을 거듭하는 근인(根因) 가운데 하나이기도 하다. 또한 사회적 갈등을 관리하기 위해 국가에게 최고 고권을 부여하고 이를 보장하기 위해 법치주의를 도입하지만 법치주의는 법률의 해석권을 누가 행사하느냐를 두고 사회 기득권 세력과 열등 세력 간에 갈등을 낳는다. 국가 최고 고권에 대한 견제 방안의 하나로 3권분립주의를 도입하지만 3권의 분립은 그의 운영 실제에 있어 권력의 부분적인 분립과 부분적인 융합으로 구체화되어 나타난다. 정당을 매개로 권력의 융합이 이루어지는 탓이다. 이로 인해 실질적인 권력의 분립이 행정부와 입법부 사이가 아니라 관료제와 정당정치 사이에서 빚어진다. 우리의 경우 대통령이 제왕처럼 군림하는 가운데 의회가 고무도장의 날인자로 전락하는 원인(遠因) 가운데 하나다.

이로 인해 정치행정이원론이 호소력을 얻으면서 관료제에 대한 사회적인 신뢰와 기대가 확산되기 마련이지만 관료제는 그의 내부 조직 구성 원리나 외부 환경과의 관계 설정에 있어 결코 경제성이나 민주성을 담보하지 못한다. 관료제의 병리 현상과 기계론적 시각에 의한 이분법적 접근 전략이 정치적 참여의 공간과 환경 변화에 조응하는 유연성을 배척하기 때문이다. 이를 염려한 국정 관리의 설계자들은 의회와 사법부 심지어 행정부 자체에 의한 행정 통제까지도 제도화해 두었다. 그러나 이 가운데 어느 것도 효율적이지 않다는 사실이 실증되고 있다. 이는 문제 해결자로서의 국가가 실패하는 것을 문제 해결자로서의 국가를 통해 해결하고자 한 데에 따른 결과다. 일종의 형용 모순에 빠지는 셈이다.

그러나 이제 정보사회의 도래와 함께 사회관계의 역동성과 유동성이 급격히 신장하면서 기계론적 세계관에 기초하는 현대 행정국가의 실패는 이를 불가역적 현상으로 받아들이지 않을 수 없게 되었다. 인류 문명사적 차원의 재앙인 코로나 감염병의 확산으로 문제 해결자로서의 국가가 사실은 무력하기 짝이 없다는 사실을 거듭 증명하게 되기도 했다. 현대 행정국가는 이제 더 이상 문제 해결자로서의 자기 역할에 대한 맹신과 미망에 갇혀 안주하고 있을 수만은 없게 되었다. 국가의 실패를 본질적 특성 가운데 하나로 수용하는 자기 성찰의 시대를 열지 않을 수 없게 되었다는 뜻이다.

그런데 국가가 실패하는 경우 거기에서 비롯되는 국민의 고충과 민원이 도처에 편재할 것은 나무나도 당연한 일이다. 더욱이 국가의 사회관계에 대한 개입 비중이 큰 우리의 경우 국가에 대한 국민의 원성과 불만이 누적될 것은 명약관화한 일이다. 이를 더 이상 외면해서도 덮어 두어서도 안되는 이유다. 더욱이 AI 시대의 도래와 더불어 데이터 기반 행정 관리가 가시화되면서 문제 해결자로서의 국가가 감당해야 하는 일의 상당 부분을 흡수할 수 있게 되었다. 국가가 투입, 전환, 산출을 통해 문제를 해결하고자 하는 데에만 머무르지 말고 거기에서 더 나아가 국정운영의 중심축을 환류 과정으로 이동시키는 전략적 대응에 나설 수 있게 되었고 또 나서야 한다는 뜻이다. 문제 해결자로부터 위로하고 공감하는 국민 고통의 치유자로 국가 기능의 핵심 좌표를 조정하자는 것이다.

이럴 경우 옴부즈만에 주목하게 되는 것은 당연한 일이다. 그동안 우리 사회에 국민 고충을 위로하거나 치유하기 위한 장치가 전무했던 것은 아니다. 대표적으로는 공공 갈등 관리, 청원, 국민제안, 대안적 분쟁조정제도(ADR), 종합 행정 민원처리제도 등이 운영되어 왔다. 그러나 ADR의 일부를 제외하고는 모두가 관료제로 인해 비롯되는 민원을 다시 관료적인 양식을 통해 해결하려 한다는 점에서 자기모순적이다. 그러나 옴부즈만은 대항관료제(counter-bureaucracy)의 양식을 통해 민원을 해결하고자 하는 만큼 기존의 민원 처리 양식과는 근본적으로 다르다. 국민의 고통을 권고와 조정을 통해 종국적으로 해결하고자 하기 때문이다. 무엇보다도 합리적, 이성적 판단의 영역을 벗어나 감정적, 정서적 영역의 심리치료까지를 기능적 포괄 범위로 삼는다. 그렇기 때문에 옴부즈만은 흔히 민원인과 관련 행정 관료나 행정 기관 사이의 이견을 3자 개입과 협상을 통해 조정하는 갈등 관리 양식의 하나로 평가된다.

이런 점을 감안하고 특히 국가의 실패와 그에 따른 민원의 유발이 일상적, 항상적, 보편적 현상이 되었다는 점을 상기할 때, 민원의 해결을 위한 환류 전담 부서로서의 비중을 고려하여 옴부즈만을 입법부, 행정부, 사법부에 이은 제4부 수준으로 격상시켜 다룰 것을 제안하고자 한다. 3권분립론의 한계를 보완하고 국가 기능 간의 새로운 균형점을 모색하자는 것이다. 다만 대항 관료제적인 성격을 유지해야 함으로 옴부즈만 역할을 일부라도 수행하는 여러 기관들을 결집하여 기능적 확장을 도모하되 이를 수직적으로 집적하여 관료제적인 병리 현상을 유발하는 일은 없도록 해야 한다. 네트워크 체제로 연결하고자 하는 이유다. 같은 이치로 탈관료제적인 성격의 유지를 위해 외주제를 개발해 보완하는 일도 검토해 볼 만한 과제다. 옴부즈만의 업무가 확대되면서 수직적 집적이 누증하는 것을 피해 수평적 협업 체제를 강화하자는 것이고 나아가서는 공사 영역의 협력 체계를 구축하자는 것이기도 하다. 같은 이치로 국제적 협력 관계를 개발하는 일에도 주목할 필요가 있다. 일국 정부의 수직적 통제로부터 벗어나 독립적 운영과 기관의 발전을 도모하기 위해서는 국제적 연대가 필요할 것이기 때문이다.

이런 일들을 위해서는 네트워크 체제의 조정자 역할을 감당하는 일종의 넛지(nudge) 기관을 필요로 한다. 국민권익위원회의 기능적 확장을 주문하는 이유다. 그런데 국민권익위원회는 현재 행정 심판 기능과 반부패 기능이 혼재되어 있어 기관의 정체성이 혼란스러운 만큼 이를 털어 내고 옴부즈만 역할 중심으로 과거의 국민고충처리위원회로 확대 개편한 후 이를 중심축으로 삼을 필요가 있다. 국무총리 소속의 독립 행정 기관으로 되어 있지만 이를 정부의 어느 기관에도 속하지 않는 완전 독립 부서로 설치, 운영할 것을 제안하는 이유이기도 하다. 전통적인 국정운영의 프레임에서 벗어나야 실천 가능한 과제인 만큼 혁신적인 접근 시각과 가치관을 필요로 할 것은 물론이다.

(2022.04.01.)

귤이 황하를 넘으면 탱자가 된다

행정 각부 장관의 정책보좌관제도는 노무현 정부 때 도입되었다. 도입 취지는 노무현 정부의 국정 철학과 같이 행정 각부의 '늘공(신분이 보장되는 일반직 공무원)' 체제가 지닌 기득권 타파에 있었다. 늘공의 입장에서 보면 장관은 자기 소관 부처의 장이기는 하나 '어공(어쩌다 공무원이 되어 신분이 보장되지 않는 별정직 공무원)' 가운데 하나에 지나지 않는다. 우리나라 장관의 평균 재임 기간은 1년 2개월 정도다. 미국의 3년 반과 크게 대비된다. 그런 만큼 행정 각부의 주류를 형성하는 관료 조직의 입장에서 보면 이 또한 지나가리라! 하고 지켜보게 된다는 것이다. 그러니 장관이 아무리 새로운 정책을 지시해도 눈치를 살피다가 새 장관이 임명되면 그에 따라 새 인물의 주문에 맞추는 모양새만 갖추면 된다는 생각이 체화되어 있다.

행정 각부의 전문직 공무원과 달리 장관을 임명직 정무직으로 삼는 이유는 이런 행정 관료조직과는 달리 국민의 정치적 요구를 보다 민감하게 받아들여 이를 행정 과정에 적극 반영하는 일종의 징검다리 역할을 수행하라는 것이다. 그래서 장관이 국민을 비롯한 행정 각 부처의 외부 환경과의 접촉점이라는 점에서 대외 관계를 책임지는 정부의 행정 분야별 대사(大使)로 비유되기도 한다. 그러나 그런 장관의 업무를 지원하는 행정 각 부처의 국장급 행정 관료를 기술적으로 통제하고 전문적으로 관리하여 자신의 국정 철학을 반영하기에는 정무직으로 신분이 보장되어 있지 않은 장관직은 원초적으로 취약하지 않을 수 없다. 이에 따라 원래의 취지는 국장 가운데 일부를 장관실 소속으로 전환하여 기존의 행정 관료들로 하여금 서로 견제하고 통제하는 가운데 장관의 지시 사항을 전문 기술적으로 지원하는 체제를 갖추자는 것이었다. 프랑스의 장관보좌관제도가 이런 장치의 효시이다. 그러나 기존의 부처내 국장 가운데 일부를 장관실로 전보 발령하더라도 장관이 바뀌는 경우에는 다시 본래의 전문 행정 관료로 돌아가야 하는 만큼 관료 조직 내부의 권력적 카르텔을 거스르고자 하지 않는다는 점이 발견되었다. 이에 따라 외부로부터 국장급 정책 분야별 전문가를 초빙하여 장관의 국정 철학을 기성의 고위 행정 관료 조직과의 힘겨루기에서 관철해 내고 나아가 국민의 정치적 요구를 구현하도록 하자는 취지에서 도입된 것이 바로 장관정책보좌관제도다.

그렇기 때문 공개 채용 없이 추천만으로도 장관이 임명할 수 있게 했다. 장관의 행정 각부처 운영 철학을 잘 이해할 수 있을 만큼 장관과 가깝고 또 이를 관철할 수 있는 조정력 및 정치적 감각이 있어야 한다고 보았기 때문이다. 그러나 보다 중요한 것은 해당 행정 부처가 다루는 과제에 대한 전문 기술적 판단력과 지식을 지니고 있어 전문 기술 관료 집단과의 힘겨루기에서 업무 장악력을 발휘할 수 있어야 한다는 점이다. 그러나 오늘날의 운영 실제는 이와는 완전히 다른 양식으로 전도되어 있다. 각 정권이 자기 사람 챙기기를 위한 일종의 취업 창구로 퇴색되어 있기 때문이다. 청와대나 집권 여당 출신을 낙하산 임용하기 위한 자리 만들기 수단으로 전락해 있다는 뜻이다. 이러다 보니 정작 장관과 장관의 정책보좌관 사이에서도 서로 의사소통이 잘 되지 않는다거나 전문성에서 기존의 행정 고위 관료를 압도하기 어려운 일이 벌어지는 것도 물론이다. 더 나아가서는 권력의 동원 수단이나 민원 창구로 전락했다는 평가도 적지 않다. 대표적으로 "환경부 블랙리스트" 의혹 사건에 연루된 혐의로 조사를 받았던 환경부 장관 정책보좌관은 청와대와 환경부의 연결 고리로 활동했다는 의심을 받았다. 추미애 장관 아들의 통역병 선발 문제와 관련해서는 장관의 정책보좌관이 민원 창구 역할을 수행했다는 의혹도 제기되었다.

장관의 정책보좌관이 정책이 아니라 민원, 책무가 아니라 일자리 창출의 도구로 전락되어 있다. 원래의 제도 도입 취지가 완전히 변질되어 운영되고 있다는 뜻이다. 감귤이 황하를 넘으면 탱자가 된다더니 아무리 좋은 취지로 개혁 대안을 마련해도 이를 운영하는 이들이 제도 도입의 취지를 훼손하려 드는 경우 새로운 병폐의 출발점이 될 수밖에 없다. 장관 정책보좌관제도의 운영 개선을 위한 정권 차원의 각성을 촉구하게 되는 이유다.(2020.09.28.)

대규모 개발하면서 강남 집값 잡겠다니

부동산 정책 실패로 아파트 가격이 폭등하면서 집 없는 보통 사람의 실망과 좌절이 이만저만이 아니다. 집 가진 이도 불로소득이 판치는 세상에서 일할 맛 나지 않기는 마찬가지일 것이다. 도대체 집권 3년 만에 아파트 중위 값 52% 상승이란 게 말이 되나. 국회의장의 아파트는 지난 4년 만에 23억 원이나 올랐다고 한다. 형편이 이런 데도 폭동이 나지 않는 건 오로지 성숙한 시민의식 덕분이다.

정부는 그동안 세금·금융·청약 제도 조정을 통해 부동산 시장을 관리해왔다. 그러나 시장은 정부 정책이 바뀔 때마다 오히려 역반응을 보여 매물이 줄고 가격만 폭등했다. 오죽하면 집권당 국회의원마저 이번의 정부 조치에도 불구하고 집값 하락은 어렵다고 말할까. 소관 부처인 국토부 장관의 용퇴를 주문하는 목소리가 높을 수밖에 없다. 장관은 책임지고 물러나는 게 순리다.

그러나 장관을 바꾼다고 폭등하는 집값이 잡히는 건 아니다.

부동산 정책에 대한 기본적인 인식의 틀 자체를 바꾸지 않고서는 결코 시장과의 전쟁에서 누구도 이길 수가 없다. 현 정부 들어 벌써 22번의 부동산 정책 수정이 있었지만 정책의 기본 프레임 자체를 바꿔 본 적은 한 번도 없었다. 이런 안일한 대응이 정부 정책에 대한 시장의 내성만 키웠다. 이는 전 정부에서도 같았다.

집값 폭등 지역의 아파트는 주거시설 이상의 의미를 함축한 지 오래 되었다. 사회적 신분을 표출하는 상징물이기도 하고, 자녀 대학 진학을 위한 편의시설로 여겨지기도 한다. 주변에 좋은 고교나 대입 학원이 밀집한 까닭이다. 그런 점에서 강남에 각종 문화·교통·편의 시설을 집중하면서 그 지역 집값이 내리길 바라는 건 가당찮은 일이다.

대표적 사례가 현대자동차그룹의 신사옥 건립이다. 지구경영센터(GBC)만 해도 업무, 숙박, 문화 및 집회(공연장·집회장·전시장), 관광 휴게, 판매시설이 어우러진 대규모 복합 시설에 해당된다. 인근에는 현대차가 제공하는 1조 7400여억 원의 공공 기여금으로 영동대로 지하 공간 복합 개발, 잠실 주경기장 리모델링 등 9개 사업이 함께 진행된다. 이런 대형 개발 프로젝트로 강남의 지형과 중심축이 획기적으로 바뀔 것은 당연한 일이다. 정부는 이런 GBC 건립을 위해 용적률을 높이는 특혜까지 베풀었다. 이러고도 이 지역 집값이 내리기를 바란다면 바보다.

이렇듯 서울의 부동산 가격 폭등에는 복합적 요인이 연동돼 있다. 주택 공급이 부족해 집값이 오른다는 식의 고식적인 인식의 틀로만 접근해서는 문제가 해결될 리 만무하다. 국토부나 기재부 차원의 협소한 시각에서 대응할 과제가 아닌 까닭에 전 정부에 걸쳐 연계 대응해야 마땅하다. 그런데도 정부에는 집값 앙등에 대처하는 상시적이고 범정부적인 종합 대응 체계가 제도화되어 있지 않다. 중앙정부와 지방정부가 체계적으로 협력하는 장치도 마련돼 있지 않기는 마찬가지다.

강남이 부동산 불패 신화를 쌓기 시작한 것은 좋은 학군이 몰리면서 였다. 그러니 이런 수요를 해소하기 위한 노력이 다른 조치들과 함께 동원되어야 한다. 그런 방안의 하나로 교육부는 수도권 외곽에 학교 마을(캠퍼스 타운)을 여럿 조성하여 집값 폭등 지역의 명문고와 서울 시내 대학 등을 그곳으로 이전하고 대입 학원 운영을 제한하는 방안을 모색해 볼 일이다. 비대면 시대에 맞게 산자부, 중기부, 정통부, 행안부가 기업과 정부의 재택 원격 근무 촉진 정책을 적극 추진할 경우 승수 효과도 기대된다.

이런 노력은 인구의 수도권 집중을 완화할 뿐 아니라 내수 경기가 어려운 이때 건설 경기 진작에도 기여할 것이다. 서울시의 대규모 개발 사업은 부동산 가격 상승과 연계시켜 관리하는 장치도 마련돼야 한다. 그렇지 않을 경우 정부에 집값 폭등 억지 의지가 있는지 의심하는 건 당연하다.

(「중앙일보」 리셋 코리아, 2020.07.20.)

비교행정연구의 부활을 꿈꾸며

1. 비교행정연구의 공과

히피 교수(James J. Hepahy)는 1960년대부터 리그즈(Fred W. Riggs)교수와 함께 미국의 비교행정연구회(CAG)에서 활동하면서 의회행정 분야를 개척하신 분이다. 내게는 직접 사사한 은사 가운데 한 분이시다. 은퇴 후 한국에도 가끔 들르셨다. 내자 호텔에 주로 체류하셨다. 요즘 어떻게 소일하시냐고 여쭈었다.

“지방 신문에 연애 소설을 연재하고 있어요. 학문의 세계는 예리한 칼로 상대를 쑤시는 전쟁터와 같아요. 기성의 이론이 얼마나 잘못되었는지를 냉혹하게 비판할 수 있어야 평가받는 세계에요. 자기 이론을 처절하게 방어할 수 있을 때 생존할 수 있는 곳이기도 해요. 평생을 그렇게 살벌한 전장에서 살았어요. 은퇴할 때쯤 되면 가슴에 남은 상처로 만신창이가 됩니다. 학자의 숙명입니다. 이제 은퇴했으니 상처를 치유하기 위한 힐링(healing)에 나설 때라고 생각했어요. 애정 소설은 독자에게만 치유의 효험을 발휘하는 게 아니에요. 작가가 가장 먼저 치유의 은사를 받아요. 하루 종일 사랑하고 용서하는 마음으로 지내지 않으면 연애 소설은 단 한 줄도 쓸 수가 없습니다."

뒤통수를 한 대 크게 얻어 맞은 느낌이었다. 나는 과연 전장에 서 본 일이 있는가? 가장 먼저 떠오른 생각이었다. 당연히 전장 자체가 무너질 수도 있다는 점은 상상하지도 못했다. 그러나 비교행정연구회의 1세대가 은퇴하면서 비교행정연구는 점차 열기를 잃게 되었다. 행정학 하위 연구 영역으로서뿐만 아니라 대학의 교과로서도 겨우 명목을 이었다. 교과목 자체를 폐지한 대학도 적지 않다. 비교행정연구의 원산지라는 미국에서도 사정은 크게 다르지 않다. 비교행정연구 부정론자들의 논지는 분명하다. 비교행정연구로 인해 행정학 연구 대상의 분산, 연구 방법의 다양화가 촉진되면서 지배적 패러다임 형성을 방해하고 나아가 통합적 정체성 확립에 역진적 영향을 미친다는 것이다. 이런 현상은 비교행정연구 자체에도 나타나 비교연구의 대상과 범위 및 방법론이 어떤 지점을 향해 수렴되지 않고 파편적 분산을 거듭하면서 독자적인 연구 영역으로서의 자기 정체성 확립을 방해한다는 평가다. 비교행정연구가 정통 행정학의 한계와 위선에 도전한 가장 치열한 칼부림 가운데 하나이기는 했지만 관련 연구자들이 검투사치고는 지나치게 현학적이었다. 아니 보다 더 본질적인 문제는 행정이 '문제 해결'을 위한 수단이라는 미망에 갇혀 비교행정연구도 정통 행정학의 경계를 벗어나지 못하기는 마찬가지였다는 데에 있었다. 미국중심주의를 탈피하자는 것이라고 했지만 비교행정연구 자체가 가장 미국적인 것 가운데 하나가 되었다. 행태론적 접근이나 실증주의에 의존하면서 정작 문화적 맥락의 차이를 연구에 반영하지 못하는 결과를 낳았다. 존재구속적 자기 한계가 컸다는 뜻이다.

그러나 비교행정연구로 인해 행정학 전반에 걸쳐 방법론으로서의 비교연구에 눈뜨게 되고 그의 중요성과 활용도가 커지면서 과학으로서의 행정학 발전에 기여했음은 결코 부정할 수 없다. 아니 지금도 비교행정연구의 행정학 과학화를 위한 실험은 계속되고 있으며 오히려 이에 대한 수요는 앞으로 더 확대될 것으로 관측된다. 비교를 인식론 차원의 방법론으로 삼는 행정연구는 비교행정연구회의 태동 이후 부침을 거듭했지만 결코 퇴조하지 않았으며 다만 시대 상황의 변화에 따라 자신의 낡은 패러다임을 교체하거나 세련화하면서 경계를 조정하고 명칭을 바꾸면서 정체성의 중심점을 이동해 왔을 뿐이다.

2. 비교행정연구의 전개 과정

회고해 보면 행정학은 1887년 윌슨이 "행정의 연구"를 「미국정치학회지」에 실은 것을 기점으로 정치학으로부터 독립하여 분과 과학으로 분가했다. 부패한 정치의 영향을 차단함으로써 행정의 경제성과 합리성을 확보하려는 것이었다. 그런 만큼 정치행정이원론을 당연한 전제로 삼았다. 미국에서 태동하는 만큼 미국의 행정 현상을 연구 대상으로 삼았을 것도 물론이다. 그러나 보다 본질적인 특성은 바로 이런 태생적 요인으로 인해 폐쇄체계론적 접근 시각이 지배적인 방법론으로 자리 잡았다는 점이다. 이는 당시의 사회과학계 일반을 기계론적 패러다임이 풍미했다는 사실과 미국사회가 미국 우선주의 내지는 고립주의에 의해 지배되고 있었다는 데에서 영향을 받은 바도 컸다.

그러나 제2차 세계대전 이후의 대외 정책 과정에서 공산주의 남진 차단과 신생 독립국에 대한 경제, 기술 지원의 필요성이 대두되면서 제3세계 행정에 대한 관심이 제고되었다. 방법론 차원에서는 행태론과 그에 따른 환경론적 접근 시각이 등장하고 나아가 개방체계론이 지배적인 인식 프레임으로 자리 잡게 되었다. 바로 이 지점이 제3세계 행정에 대한 비교연구를 촉진하는 결정적 변환점이 되었다. 개방체계론적 접근 시각은 미국이라는 국가의 폐쇄적 경계를 종단하는 제3세계 국가와의 비교연구를 가능하게 했을 뿐만 아니라 정치행정이원론으로부터 정치행정상호작용론 나아가 정치행정일원론으로의 진화를 거듭할 수 있게 했다. 행정부와 입법부 사이의 기관 종단형 비교연구가 가능케 된 것도 이때다. 비교행정연구회가 주목한 과제들이다.

그러나 정통 행정학이 암묵적으로 폐쇄적 경계를 설정하고 있었던 것은 국경이나 기관의 차원만이 아니었다. 국가와 시민사회, 국가와 시장, 나아가서는 행정 과정과 행정 결과와의 사이에서도 이분법적 단절론이 전제되어 있었다. 정통 행정학은 기본적으로 '미국 행정부의 내부 전환 과정'이라는 제한된 범위에 대한 내향적 접근(inward looking)을 토대로 형성되어 있었던 것이다.

이런 내향적 접근에 대한 도전을 견인하기 시작한 것이 비교행정이라고 할 수 있다. 이는 실로 다차원에 걸쳐 전개되었다. 1) 국가 종단적 비교 또는 문화 종단적 비교를 토대로 하는 정통 비교행정론(CPA: Comparative Public Administration)은 1970년대에 들어서자 개발도상국의 발전 능력을 제고하고자 한다는 의도에서 발전행정(Development Admnistration)으로 확장되었고, 1980년대에는 신자유주의가 지구촌을 휩쓸게 되자 WTO, IMF 같은 국제기구에 대한 관심이 커지고 그 결과 국제기구의 관료제를 다루는 국제행정

(International Administration)으로 관심의 초점을 이동하게 되었다. 2) 한 나라 내부의 국가 기관 종단적 비교연구로는 사법행정론이나 의회행정론(Parliamentary Administration)을 들 수 있다. 이 가운데 의회행정론은 행정부 중심으로 개발된 행정 이론을 통해 의회 내부의 관료제를 분석하는 것은 물론이고 의회의 연구를 통해 행정부 행정의 민주적 책무성 제고에 기여하고자 했다. 3) 국가와 시민사회 종단적 비교 연구의 초기적인 형태는 신행정학(NPA: New Public Administration)의 인식론적 틀에서 찾아볼 수 있다. 행정부 내부의 조직 형태나 운영 원리가 아니라 국가의 경계를 넘어 시민과 공익을 지향하는 관계론적 자본의 축적을 지향하고자 한 것이다. 정부 조직 내부지향성이 아니라 조직 외부지향성을 중심으로 관심의 초점을 이동하고자 했다. 1990년대에 들어서면서는 정보사회의 도래와 함께 NGO가 활성화되고 시민참여의 개연성이 커지면서 공동 생산을 겨냥하는 거버넌스(governance)가 행정(administration)의 개념을 대체하고, 이를 국가 친화적으로 접근하는 이들은 신공공 거버넌스(NPS: New Public Servcie)의 개념으로 설명하고자 하게 되었다. 4) 국가와 시장 종단적 비교는 1980년대의 신자유주의의 확산과 함께 경영의 원리를 행정 과정에 도입하거나 행정과 기업의 협력적 공조 내지는 공동 생산을 겨냥하는 신공공관리론(NPM: New Public Management)의 인식론적 프레임을 제공하는 결과를 낳았다. 5) 과정과 결과를 종단 비교하는 관점은 정통 행정학이 기관 내부지향성으로 인해 POSDCORB로 상징되는 전환 과정(throughput)의 관리론에 주목하는 데 반해 NPM은 결과물(output)의 생산(producing)에 주력하고 NPS는 거기에서 더 나아가 영향(impact)의 발생을 배려(serving)하는 한편 옴부즈만(Ombudsman)은 환류(feedback) 과정의 조정(coordinating)을 통한 힐링에 초점을 맞추고자 했다. 국

가로부터 시민사회로 관심의 초점을 하향 이동시켜 온 셈이다. 행정 자체를 국정의 운영보다는 민주적 시민권을 발양시키거나 돕는 일(not to steer but to help)로 이해하고자 하게 되었다. 전통적인 관리자로부터 현대적인 의미의 지도자상을 그려 나가고자 한 것(from manager to leader)으로 해석해 볼 수도 있겠다. 시민의 여망을 추수하여 관료제 내부지향성으로부터 외부지향성으로, 사전적 통제로부터 사후적 통제로 관심의 중심점을 이동시킨 결과다. 이로 인해 행정의 목적 가치가 중시되면서 행정의 윤리성, 공정성, 객관성 같은 행정 정의에 주목하는 변화도 낳았다.

3. 비교행정연구의 과제

비교행정이 다루는 과제도 평면적 차원의 비교에서 중첩적 비교연구로 이동하게 되었다. 제2세대 비교연구가 시작된 것이다. 예컨대 의회행정이 의회와 정부라는 일차원의 비교를 통해 접근 가능한 과제라고 한다면 제3세계 의회행정에 관한 연구는 미국의 행정부를 대상으로 개발된 행정학의 관점에서 보면 중첩적 비교를 필요로 하는 과제가 아닐 수 없다. 행정학의 기관 종단적 비교연구가 국가 종단적 비교연구를 통섭하는 경우이기 때문이다. 이는 더 나아가 1990년대 이후 지구시민권 개념이 등장하고 지구시민사회가 확장되면서 국제행정연구의 길을 트는 단초가 되었으며 나아가서는 오늘날의 지구거버넌스 개념으로 치환되는 변화를 낳았다. 이렇듯 시민권 개념이 지구시민권 차원으로 수직 상승 이동하면서 비교행정연구의 다층성이 확장되는 것과 함께 수평적 확장 이동을 통해서는 국가와 시장 간의 비교를 통해 신공공관리론의 적용 범위를 넓히는 변화를 낳았다. 신공공관리론에 대한 국가 종단적 비교연구 수요를 증폭시킨 것이다.

이를 맥락적 환경의 이동을 통한 비교연구에 대한 요구의 발현이라고 한다면, 이런 변화는 일상적 환경과 위기 상황의 비교 차원에서도 발견된다. 그런데 위기 상황의 가장 대표적인 것으로는 최근에 경험한 바 있는 코로나-19 감염병의 범지구적인 확산을 들 수 있을 것 같다. 이로 인해 행정학 연구에 있어서도 획기적인 변화에 대한 수요를 낳았다.

가장 큰 변화는 미국을 위시한 서유럽 국가의 문제 해결 능력이 의심받게 되었다는 점일 것이다. 보다 본질적인 문제는 국가란 과연 무엇을 위해 존재하는가에 대한 질문에 답을 구해야 하는 과제이기도 하다. 국가는 당면한 현실 문제 해결을 주도해야 하는가 아니면 다른 역할과 책임이 주어져 있는 것일까? 그렇다면 행정학 연구는 현재의 문제가 아니라 선험적 과제, 무엇을 해야 하는가의 문제에 우선적으로 천착해야 하는 것은 아닌가? 행정의 현재가 아니라 미래를 연구하는 것이 행정학의 본령이라고 해야 하는 것은 아니냐는 회의에 찬 질문이다. 행정학이 현실 문제 해결에 나서고자 하는 것이라고 한다면 비교행정연구는 행정학이 처해 있는 문제 해결 지향의 행정이 만들어 놓은 상처를 치유하는 일에 몰두해야 옳지 않을까? 비교행정은 이제 이런 질문들에 대한 답을 구해야 하게 되었다.

히피 교수는 전장의 상처로 얼룩진 행정학자의 마음을 위로하고 치유하는 일이 필요하다고 했지만 정작 치유를 필요로 하는 건 상처로 얼룩진 행정현상 자체가 아닐까? 행정학은 더 이상 문제 해결을 위해 노력할 것이 아니라 치유와 위로에 진력해야 하는 과제에 직면해 있는 것은 아닌가? 이런 질문에 답을 구해 나서야 하는 것이 비교행정의 숙명적 과제가 아닐까? 가슴을 헤치고 터져 나오는 무수한 질문들에 마음을 여미어 생각에 생각을 거듭하게 하는 하루다.(2020.04.30.)

감정이입(empathy)의 인식론적 혼란에 대한 소고

1. 서론

정보사회의 도래와 함께 국가와 시민사회 사이의 협력적 공조 체제에 대한 수요가 커지면서 의사소통의 중요성이 부각되고 있다. 그러나 행정학은 이를 주로 구조적 차원에서 다루거나 규범적, 당위적 관점에서 접근한 것이 대종을 이룬다. 보다 더 실용적인 조언을 제공하기 위해서는 정부 당국자의 입장에서 대국민 의사소통을 어떻게 고안하고 집행하는 것이 보다 더 효율적일까에 초점을 맞추어 논의를 진행해야 마땅한 일이다. 그럴 경우 의사소통의 핵심적 구성요소라고 할 수 있는 '감정이입'에 주목하지 않을 수 없게 된다. 그럼에도 불구하고 이에 대한 체계적인 연구는 아직 일천한 수준에 머물러 있다. 여기에는 실로 다양한 요인이 작용한 탓이겠으나 그 가운데에서도 감정이입이라는 개념 자체가 체계적으로 정립하기 쉽지 않고, 그런 만큼 측정하기가 곤란하다는 점이 가장 큰 문제점으로 지적된다. 일찍부터 이 분야에 주목해 온 광고학이나 언론정보학 분야의 문헌을 조금만 들추어 보아도 실로 다양한 개념과 조작적 정의가 흘러넘친다는 사실을 금방 확인해 볼 수 있다(Konrath et al, 2015: 2). 개인적인 특성, 정서적인 반응, 인식론적 특성이나 능력 또는 어떤 상황에 대한 가정적 전제 등 여러 차원에서 접근한 개념들이 혼용되고 있다. 그런데 감정이입이라고 하면 우선 상대방 내지는 대상자의 시각과 느낌에 대해 관심을 갖거나 초점을 맞추어 유의하고자 하는 일이 전제되어야 한다. 감정이입을 인식하는 이(perceiver)의 대상자(target)가 지니고 있는 시각이나 상황에 대한 관심, 이해, 추론 등이 선행해야 한다는 뜻이다. 그런데 이때의 상황에 대한 인식은 어떤 특정의 환경적 맥락에 대한 인식자 자신의 경험에 내포되어 있는 특성에 따라 영향을 받기 마련이다.

이 점에 유의해 보면, 감정이입의 주체(인식자)와 객체(대상자)는 서로 격리된 존재이면서도, 그 경계를 넘어 이해나 추론이 가능해지는 관계를 유지하는 것으로 인식되고 있음을 알 수 있다. 이로 인해 인식론적으로는 이원론(Binarism)에서 일원론(Monism)으로 이동하는 과정을 내포하게 된다. 감정이입은 인식자와 인식의 대상자 사이에서 이뤄지는 상호작용을 통해 형성적으로 구성되는 인식의 틀, 감성적 상태, 그에 기초한 일단의 행태를 시사하는 것에 다름 아니다. 내향적, 내재적 인식론과 상호작용적, 형성적, 변증법적 변화가 서로 영향을 미친 결과라고도 말할 수 있다. 그러나 감정이입의 구성요소를 논할 때에는 대개의 선행 연구가 인식(cognitive), 감정(emotional), 행태(behavioural)의 차원(dimension)을 각기 구분해서 다룬다. 그런데 이들 모두는 이미 부여되어 있는 어떤 현상에 대한 기계적인 인식의 틀, 감정의 상태, 일단의 행태들이 선제적으로 제시되어 있다고 보고, 이를 제3자의 관점에서 응시할(gazing on) 때 구성 가능해지는 개념들로 평가된다. 근대의 논리실증주의 철학과 그의 연장선상에서 인식 가능해지는 프레임에 기초한다는 뜻이다. 그러나 감정이입이 인식자와 대상자의 혼합 내지는 경계 넘기를 추구하는 것이라는 관점에서 볼 때 인식론적인 차원에서 존재구속적 자기 모순을 배태하고 있음을 알 수 있다. 물론 선행 연구들이 감정이입의 인식, 정서, 행태의 차원을 엄격히 구분하지 않고 논의를 전개해 온 데에서 오는 혼란도 문제인 것은 사실이다(Konrath et al, 2015: 2). 그러나 보다 더 본질적인 문제는 인식자와 대상자 사이에서 감정이입이 발현하기 위해서는 어떤 현상이 발생 또는 개입해야 하는 것인지가 분명하게 규정되어 있어야 하지만 그렇지가 않다는 데에 있다. 이와 관련하여 배려(concern), 추정(infere), 이해(understand), 소명(reiterate), 느낌(feel), 공명(resonate), 행태(behaviour), 영향(affect), 발현(arouse) 등 실로 다양한 차원과 관점에서 논의가 전개되고 있지만 정작 실제로 무엇을 하자는 것인지에 대해서는 불분명하기 짝이 없다. 이로 인해 감정이입에 대한 개념의 정립이 명확하지 않고 그 결과 체계적인 연구가 잘 진전되지 못했을 것은 당연한 귀결이다. 따라서 이 분야에 대한 선행 연구를 중심으로 감정이입이 어떻게 다루어져 왔는지를 밝히는 일은 보다 체계적인 논의를 위한 선결 과제에 해당된다.

2. 감정이입의 분석적 구성요소

감정이입을 구성하는 요소로는 흔히 동기(motivation), 유전적 인자나 능력 같은 특성(traits), 광의의 사회문화적 요인으로서의 환경(environment), 행태(behaviour) 등이 지목된다. 이와 관련하여 로스차일드(Rothschild, 2006)는 인식(cognitive), 감정(emotional), 체감(somatic empathy)으로 구분하여 다룬다. 타인(대상자)의 내면의 세계를 이해하고 공유할 수 있는 (인식자의) 능력을 말한다는 뜻일 것이다. 이런 관점에서 보면 감정이입이란 우리로 하여금 타인과 연결할 수 있게 해주는 사회적 교량에 해당되는 셈이다. 그런데 이런 교량을 구성하는 요소로는 흔히 환경적 조건(environmental conditions), 목표 대상의 설정(target), 외부 요인의 개입(intervention), 문자 메시지(text message), 메시지의 매개수단(message sending medium), 인식자(perceiver)의 특성, 감정이입(empathy)의 성질, 결과물의 배출, 측정(measurement)의 결과 등이 지목되어 왔다.

1) 환경적 조건

사회적 의사소통과 관련한 환경 조건은 감정이입에 친화적, 긍정적인 환경과 충돌적, 부정적인 환경으로 대별해 볼 수 있다. 먼저 감정이입의 실패를 불러오기 마련인 부정적 환경 요인으로는 갈등(Brewer, 1999), 서로 다른 타인 사이의 감정이입(Chiao & Marthur, 2010), 인식자의 부정적 경험, 의사와 환자의 관계 같은 특정 직업상의 관계(Decety, Yang & Cheng, 2010), 흑인 환자와 백인 의사 사이에서 보는 바와 같은 불능 요인의 중첩 상태 등을 들 수 있다. 이런 요인들이 중첩하는 경우 '상합 불능 효과'가 가중될 것은 물론이다. 이렇듯 감정이입은 환경 조건 의존적이다. 따라서 부여된 환경 조건에 어떻게 대응하느냐가 감정이입의 성공 여부를 결정짓는 관건 가운데 하나에 해당된다. 이로 인해 무엇보다도 먼저 강조하게 되는 것은 환경 변화에 따라 적극적 대응에 나서야 한다는 점이다. 적극적으로 대응하고자 하는 경우 기존의 일상적 행태를 바꾸고, 인식의 틀을 교체해야 하는 경우도 있을 것이고 신속한 변화와 유연한 대응을 필요로 하는 사례도 있을 것이다. 무엇보다도 위기 환경 아래에서는 신속한 적응이 필수적 과제로 요청된다. 예컨대 일상적인 상황에서는 잘 일어나지 않을 정도로 정보의 유입이 넘쳐난다든가 이메일 수신이 폭주하는 경우라거나, 코로나-19의 확산과 같은 사태로 인해 사회적인 접촉이나 모임이 제한되는 환경 등이 대표적인 사례다. 이렇듯 미래에 대한 의구심이나 우려 및 걱정이 앞서는 상황에서는 특히 사용하는 용어에 신중을 기해야 하고 어떤 정치적 목적을 위해 이런 위기 상황을 이용하려고 한다는 느낌을 주지 않도록 조심해야 한다. 이를 위해서는 아무리 전례 없는 불확실성이라고 하더라도 그에 맞서 매우 중립적인 관점을 견지하는 가운데 원래의 자기 자신을 찾아 거기에 충실하도록 노력해야 한다.

2) 목표 대상의 설정

인식 대상의 설정은 환경 의존적일 수밖에 없다. 예컨대 코로나-19 같은 문명사 차원의 유행병이 확산되는 경우에는 그의 진행 경로에 따라 인식 대상의 호소력이나 권위가 유동하게 된다. 이와 관련하여 초기 단계에서는 우선 신속 대응의 필요성에 유의하게 된다. 기존의 국가기관에 대한 사회적 신뢰성 정도에 따라 반응해야 할 것도 물론이다. 물론 기존의 보건 당국이 누리는 권위가 취약한 경우, 호소력이 낮을 것은 당연한 이치이다. 그러나 일반적으로 정부가 다른 정보 제공원에 비해 상대적으로 신속성, 접근성, 친밀성이 높을 수 있고, 경로의존성에 따르는 유익이 있으며, 무엇보다도 공적 권위를 누릴 수 있다는 사실에 유의할 필요가 있다. 물론 지구촌 차원의 국제 보건 기구가 국내 정부 당국자보다 상대적으로 높은 권위를 누리는 것이 보통이다. 그러나 지리적, 정서적 거리가 떨어져 있는 만큼 친밀성이나 접근성에서는 취약하게 된다. 개업의가 정부의 보건의료 기관에 비해 친밀성이나 접근성이 높지만, 상대적으로 공적 권위가 취약한 것과 같은 이치이다. 사태가 진행되는 데에 따라 정부의 보건 당국자가 누리는 권위 내지는 국민의 순응도가 위기 대응 실적에 따라 달라지는 것도 물론이다. 성공하는 경우, 신뢰성이 제고된다. 그러나 이럴 경우 성공 실적의 정치화에 대한 우려나 관료적 대응에 따른 경직성에 부정적 평가가 따르는 것도 사실이다. 반면에 국제 보건 기구에 대해서도 보다 구체적인 접촉이 누적되면서 국제 정치의 종속변수라는 인식이 확산되고, 정치화에 대한 우려와 함께, 독립성과 전문성에 대한 의구심이 제기될 수도 있는 일이다. 그러나 일반적으로 의사는 정치화하지 않는다는 일종의 믿음이 있으며 과학주의와 사실에 기초하고, 전문성 제일주의를 지향한다는 인식이 팽대해 있는 것이 보통이다. 감염병의 확산과 함께 정부가 어떻게 대응했는지에 대한 인식과 이미지가 이후의 정부에 대한 인식을 오랜동안 좌우하게 될 것도 자명한 일이다. 요컨대 인식의 대상자 선정은 그 대상자가 존치되어 있는 사회 환경적 특성과 함께 검토되지 않을 수 없다는 뜻이다.

3) 외부 요인의 개입(intervention)

감정이입을 위해서는 이를 촉발하도록 기획되어 있는 어떤 장치 같은 것을 '외부로부터 개입'시킴으로써 감동을 유발하게 된다. 동기 요인에 기반해서 어떤 프레임을 제공하는 경우를 말한다. 이렇듯 외부 개입을 통해 감정이입을 유발하기 위해서는 촉발(arising), 기획(designing), 교습(teaching) 같은 기능적 연결핀을 필요로 한다(Bishop et al, 2004). 이런 외부 개입은 다시 의도성 여부에 따라 기질적인 개입(dispotional intervention)과 유도된 개입(induced intervention)으로 구분해 볼 수 있다. 이 가운데 유도된 개입은 다시 저개입 유도 전략과 고개입 유도 전략으로 대별된다. 전자가 개입자의 역할 범위를 제한하는 데 반해 후자는 이를 광범위하게 인정하고자 한다는 점에서 대비된다(Belman & Flanagan, 2010: 6-7). 개입의 동기나 목적에 따라서는 경험용과 표출용으로 구분해 볼 수도 있다. 전자가 주로 감정이입에 이르기 위한 방법을 체득하는 데 필요한 기술을 전수하기 위한 것이라고 한다면 후자는 타인에게 자신의 감정을 전달하고자 하는 동기의 유발을 촉진하려는 것으로 이해된다. 이를 개입의 전략 면에서 보면 감정이입의 능력 개발과 감정이입의 동기 부여로 구분된다(Weisz & Zaki, 2017:206). 전자가 감정이입을 경험하거나 표현하는 데 필요한 '능력'을 개발하거나 촉발하기 위한 것이라고 한다면, 후자는 감정이입에 필요한 '동기'를 유발하자는 것이다. 그런데 전자는 다시 경험 기반 개입과 표현 기반 개입으로 대별된다. 이때 표현 기반 개입은 대상자의 보다 깊은 내면의 세계를 이해하기 위해서는 그의 입장에 서 봄으로써 상대의 내면의 세계에 스며들고 그 결과 그의 시각을 취할 수 있는 기회를 마련하게 된다고 보려는 것이다. 일종의 역할극이나 정보의 공유 내지는 시각 차용에서 발현하는 것에 다름 아니다. 이는 인식의 대상자를 위해 정서 상태를 전달하거나 대상자의 내면의 세계를 이해하고 그에 상응한 대응이 가능하도록 안내 또는 유도하려는 것으로 이해된다. 인식자가 다른 이들의 고민을 잘 이해하지 못할 때 채택하는 것이 보통이다. 대상자에 대한 감정 전달 능력이 무력화되어 있을 때 유효할 것은 물론이다. 의사소통의 수단으로 기여한다는 뜻이다. 인식자가 대상자에게 그들의 고통을 잘 이해하고 공유한다는 것을 알리려는 방편에 해당되는 것이기도 하다. 의사가 환자의 고충을 알고 있다는 사실을 전달하는 것만으로도 환자의 고통을 경감하는 효과가 발생한다고 보기 때문이다. 이를 위해 상대방을 인식하고 대응하는 인식자의 능력을 강화함으로써 대외적으로 그의 감정을 표출하자는 것이다.

반면에 감정이입에 대한 동기유발형 개입(motive-based intervention)은 사회심리학을 이론적 배경으로 삼는다. 작은 동기 요인의 조정이 매우 큰 행태의 변화를 유도, 유발할 수 있다고 보는 데에서 출발한다. 사회심리적 개입이 성공하기 위해서는 결정적 지점에서 행태의 반복적 일상을 흐트러트려야 한다고 본다. 일상화되어 있는 자신의 관점을 수정하거나 사회규범을 시정하고 감성 유발 환경을 조정하거나 개선하는 등의 일이 대표적인 사례다. 감성 촉발 동기의 관리를 통해 흔히 감정이입을 유발하기가 쉽지 않다고 판단되는 상황도 극복할 수 있다고 보는 것이다. 감성 유발 촉진 동기와 회피 동기 사이의 상호작용을 통해 조정이 가능하다고 보려는 것이다. 회피 동기는 개입이 자신이 추구하는 목적 가치와 충돌한다거나 고통스럽고 비용 지출이 크다고 생각하는 데에서 비롯된다. 감정이입이 이뤄지기 위해서는 이를 촉발하기 위한 능력이 문제가 아니라 능력의 작동을 유발하는 동기가 관건이라는 인식의 결과다. 혼합형 접근시각은 이들 능력 기반 접근 시각과 동기 기반 접근 시각을 그때그때의 필요에 따라 적절히 조정하고 혼용해서 적용하고자 한다(Weistz & Zaki, 2017:210).

개입의 방법으로는 역할 연기 기법(role play technique), 소설 경험 기법(novel experiential technique), 시각 차용 기법(perspective-taking technique), 감성 매개 기법(compassion meditation technique)을 들 수 있다. 먼저 역할 연기 기법은 대상자의 경험을 촉발함으로써 감정이입을 일으키고자 한다. 대상자의 관점에서 세상을 바라보도록 자신의 정서를 촉발하자는 것이다. 이는 대상자의 내면의 세계를 보다 잘 이해하는 데 유용하다고 보기 때문이다. 환자의 역할을 놀이 삼아 수행함으로써 의사가 환자를 보다 잘 이해할 수 있게 되는 것과 같다. 선한 목적을 위한 역할 놀이인 셈이다. 소설 경험 기법은 언론 매체를 통해 대상자의 경험을 간접 경험하게 되는 데에서 가장 잘 나타난다. 시각 차용 기법은 일종의 직접경험의 한 양식이다. 명시적으로 대상자의 내면의 세계를 감안하도록 스스로에게 암시한 결과 대상자의 인생과 느낌을 상상해 보려는 것이다. 대상자의 시각과 유사한 정보를 전달하는 것인 만큼 당연히 대상자가 아닌 사람이 대상자를 이해하는 데에 효과적이다. 관찰자가 지니기 마련인 편향적 사고를 줄일 수 있기 때문이다. 이로 인해 대상자에 대한 긍정적 인식을 유발하게 되는 것이기도 하다. 이때 생각해 볼 수 있는 전략으로는 타인 의존 전략과 자기 의존 전략을 들 수 있다. 전자는 화제가 되고 있는 대상자가 느끼고 경험하는 것이 무엇일까를 미루어 짐작해 보고자 하는 것이라고 한다면, 후자는 자신을 대상자의 입장에 놓아 봄으로써 그에 대한 감정이입의 느낌을 보다 더 절실하게 경험해 보도록 하려는 경우이다. 양자를 혼합하여 동원하는 경우는 이중 판단 모형(dual-judgement model)이라고 할 수 있다(Van Boven et al, 2013). 우선 감정이입해야 할 상황에서 자신이라면 어떻게 반응할 것인지를 상상해 보고, 그 결과를 인식자가 상대하는 대상자가 인식자에게 어떻게 반응할 것이라고 인식자가 상상하는 지에 반영하여 조정하자는 것이다. 감성 매개 기법은 심리적, 사회심리적, 행태론적 차원에서 감성적 열정을 개발하여 대응하고자 하는 경우이다.

4) 문자 메시지

문자 메시지의 형식이나 전달 수단 같은 구조적 특성과 내용상의 특징에 따라 그에 대한 지각값(sensation value)이 결정된다. 이를 어떤 관점에서 접근하느냐에 따라서는 주관적 메시지 지각값과 객관적 메시지 지각값으로 구분해 볼 수 있다. 이때 메시지의 구조가 메시지의 지각값을 결정하는 데 있어 가장 크게 영향을 미치는 유의 요인에 해당된다. 지각값이 크다는 의미는 예컨대 소설이 창의적이고, 감격적이며, 치열하고, 극적이며, 국면 전환이 빨라 감성적, 정서적, 반응을 크게 일으킨다는 의미다(Lorch et al, 1994; Palmgreen et al, 2001). 따라서 메시지는 고밀도 지각 추구형과 저밀도 추구형으로 대별해 볼 수 있게 된다. 먼저 고밀도 지각 추구의 경우는 정보 노출 활성화 이론(activation model of information exposure)(Donohew et al, 1998)과 연동되어 있다. 어떤 개인이 특정 과제에 대해 지니는 유의도는 그의 동기 유발에 대한 수요의 정도에 따라 결정된다고 보는 것이다. 인간은 동기를 유발하거나 감성을 자극하는 데 있어 자신이 가장 편안하다고 생각하는 수준에서의 최고점이 있기 마련인 데, 이 최고점을 지향하거나 유지할 수 있다는 기대 아래 정보에 접하고자 한다는 뜻이다. 그런데 수신한 메시지가 이런 기댓값을 충족시키지 못하는 경우에는 다른 대안을 모색하게 된다고 본다. 따라서 고강도 지각값 추구자의 관심을 끌거나 유지하기 위해서는 다른 동기 유발 대안을 찾지 않을 만큼 보다 고귀하고 강력한 감성을 자극하는 메시지를 필요로 하게 된다. 고강도 지각값을 지닌 메시지라야 고강도 지각값 추구자의 행태를 바꾸거나 고강도 관심을 유발하는 데 유용하다는 뜻이다. 반대로 저강도 지각값을 지닌 메시지는 저강도 지각값을 추구하는 이에게 유용할 것은 물론이다. 이와 관련하여 제한된 정보처리 능력 모델(limited capacity model of information processing)(Lang, 1990)에 따르면 인식자가 메시지에 담겨 있는 정보를 선택하고, 코딩 처리하며, 축적하고, 반출하는 데 필요한 인식 능력이 제한되어 있다는 점을 전제한다. 메시지의 자극제에 유의할 것이지의 여부는 인식자의 의도하거나 또는 의도하지 않은 의사결정에 따라 좌우된다고 보고자 하는 셈이다. 메시지의 공식적이고 구조적인 특징이 자동적인 또는 무의식적인 관심의 유발 과정을 촉발하기 마련이라고 보기 때문이다.

그런데 메시지의 구조적 특성으로는 삭제, 편집, 첨부, 카메라의 이동, 장면의 변화, 서술 구조, 비디오 그래픽 등을 들 수 있다(Geiger & Reeves, 1993). 이들은 모두 메시지에 대한 관심을 유발하거나 기억하며 또는 호감을 갖게 하는 일과 연동되어 있다. 메시지의 효율성과 연계되어 있다는 뜻이다. 메시지의 내용상 특징은 이야기에 내포되어 있는 스토리, 등장인물, 구도, 활동 등에 의해 결정된다(Stephenson & Palmagreen, 2001). 이런 이야기의 특징이 메시지에 대한 관심의 유발 여부를 결정한다. 심장박동수나 피부 전도 반응 같은 생리적 흥분을 유발하는 것도 같다. 감성적, 정서적 반응을 촉발하고, 메시지에 대한 기억을 제고하거나 감소시키기도 한다. 메시지를 처리하는 데 필요한 인식 능력의 정도를 결정하는 데에 영향을 미친다는 뜻이다. 나아가서는 인식자의 메시지에 대한 호감도를 결정하는 데에 필요한 판단을 내리는 데에도 영향을 미친다. 메시지의 설득력 정도가 결정되는 것이다. 그러나 메시지의 구조에 관심이 쏠린 나머지 그렇지 않았을 경우 메시지의 내용에 투입했을 인식 자원을 선취하는 효과가 발생한다는 평가가 제기되기도 한다.

그런데 메시지 지각 가치(Message Sensation Value)는 인식상의 메시지 지각 가치(Perceived Message Sensation Value)를 유발하는 메시지의 본래적인 특성을 말한다. 이는 인식자가 누구냐에 따라 달리 발현되기 마련인 데 고위험군일수록 이런 메시지 지각 가치가 유발될 가능성이 커지는 관계에 있다. 인식상의 메시지 지각 가치는 메시지의 구조와 내용에 대한 주관적인 반응의 한 양식에 해당된다. 메시지의 특성에 대한 감성적, 정서적, 각성적 반응인 셈이다. 그런데 이런 메시지는 일반적으로 시각적 차원, 청각적 차원, 내용의 차원에 의해 구성된다. 따라서 이 가운데 어디에 비중을 두느냐에 따라 인식자의 반응이 달라지게 된다. 물론 인식자 자체도 결코 단일적이지는 않다. 따라서 메시지를 효과적으로 전달하는 데 있어 어떤 왕도가 따로 설정되어 있을 수는 없는 일이다. 메시지의 특성에 따라 설득을 촉진하거나 부메랑 효과를 불러올 수도 있다. 이런 점을 고려하여 메시지를 구상해야 한다. 예컨대 공포를 통한 설득 효과는 그의 강도에 따라 달라지기 마련이다. 따라서 설득과 공포심의 유발 사이에서 균형점을 찾아 조절하는 일이 중요하게 된다. 공포심의 유발 같은 우려를 전달하지 못한다면 설득의 효과가 떨어지게 된다. 그러나 그렇다고 해서 지나치게 공포심을 유발하는 경우에는 상대를 초긴장 상태로 몰면서 선별적 메시지 수용이나 또는 수용 거부 나아가서는 외면 같은 메시지 저항 반응이 나타나게 된다. 따라서 메시지에는 공감을 유발하는 메시지가 있는가 하면 우려를 유발하고 아니면 억압을 촉진하는 메시지가 있기 마련이다. 우려를 유발하는 메시지와 공감을 유발하는 메시지 가운데 어느 쪽이 보다 더 효과적이라고 보는가? 당연히 공감을 유발하는 메시지가 상대적으로 호소력이 클 것은 물론이다. 공감은 심리적 반발을 무력화하는 데 반해 우려를 촉발하는 메시지는 심리적 반발을 격발하는 성질을 지녔기 때문이다. 이는 공감이 유발되는 경우에는 인식자가 메시지를 회피하지 않고 접근하고자 한다는 의미이다. 이로 인해 분노나 반론을 제기하는 것과 같이 의도하지 않은 반응을 줄이게 된다. 인식자가 메시지를 내면화할 가능성이 커진다는 뜻이다. 이 경우 메시지에 의한 의도된 동원이 최소화하게 된다. 그러니까 긍정적 메시지는 우려를 야기하기 마련인 메시지에 대한 방어적 반응을 최소화하는 효과를 동반한다는 뜻으로 해석된다.

5) 메시지의 매개 수단

메시지를 전달하는 중간 매개 장치로는 이메일, 블로그, SNS 같은 소셜 미디어, 유료 광고, 스토리텔링, 드라마, 등 실로 다양한 방법이 동원되고 있다. 문제는 이 장치들이 미치는 영향이 다루는 메시지의 내용에 따라 달라지는 성질을 지녔다는 점이다. 따라서 효과적인 메시지 수신을 위해서는 메시지의 내용에 따라 거기에 합당한 매개 수단을 분별할 필요성이 제기된다. 메시지의 내용을 보존하면서도 미디어 환경의 효율성을 극대화하는 조건을 찾아 보자는 것이다. 이런 관점에서 보면 다루는 메시지의 성격에 따라 메시지의 전달을 위한 매개 수단을 달리 선택해야 한다는 결론에 이르게 된다. 감성적 매개 수단을 채용하는 경우 이성적 정보처리보다는 친밀감이나 인간적인 매력 등 정서적 반응을 유발하게 된다. 인식의 대상자와 인식자 간의 인간관계에 따라서도 달리 반응이 나타난다. 예컨대 대상자와 인식자 간의 인간관계 정도가 높을수록 감성적 간여의 정도가 높아진다(김효석 · 안대천, 2015:159). 대상자가 여성이냐 또는 남성이냐와 같은 성적 차이에 따라서도 다르다. 여성이 남성보다 감성적 결정 또는 타인의 평가나 구전에 대한 의존도가 높다. 광고의 스토리텔링 같이 메시지 전달 수단이 간접적일수록 메시지의 수신 과정에서 발생하는 저항의 유발 가능성이 줄어들게 된다. 공감적 관계의 경험 과정에 해당되기 때문이다. 소비자를 직접 설득하는 것이 아니라 삶의 단편을 보여주는 스토리를 통해 소비자 스스로 답을 찾아가는 과정을 유도하기 때문이다. 광고 속 등장인물과의 감정이입을 통해 상품의 특성과 사용에 따른 정황을 간접 경험하게 되는 탓이다. 이야기를 풀어내는 내레이션도 경험의 사실감을 높이고 부정적 인지 반응을 감소시키는 동시에 강한 감성적 반응을 일으킴으로써 설득 효과를 제고하는 성질을 지녔다(Green & Brock, 2000). 강한 감성적 반응을 야기하여 강한 감정이입을 결과함으로써 강한 설득 효과를 불러오는 셈이다. 이는 메시지를 전달하는 데 있어 드라마식과 논쟁식을 비교해 보아도 알 수 있다. 드라마식 메시지 전달에 노출된 소비자들이 광고 속 스토리에 대한 몰입도와 공감을 경험하는 정도가 높아 논쟁식 광고보다 큰 감정 반응을 나타내고 반박 주장이 적다는 특성을 지녔다(Deighton et al, 1989). 또한 드라마식과 비넷(vignette)식을 비교해 보면 비넷식이 드라마식보다 더 강한 감정이입을 일으킨다. 이는 광고에 대한 긍정적 태도로 연결되기 마련이다(Escalas & Sterm, 2003). 드라마식이 시간의 흐름에 따른 인과적 스토리의 플롯을 근간으로 연기하는 행위를 통해 등장인물의 욕구와 관련된 갈등 상황을 시연하고자 하는 것이라고 한다면, 비넷식은 하나의 콘셉트를 다양한 인과관계의 맥락에서 표현하고자 한다. 그렇기 때문에 각각의 장면들이 인과적으로는 서로 연결되지 않는다. 이로 인해 정확한 정보 제공에는 효과적일지 모르지만 소비자의 감성적 공감(감정이입)을 유발하는 데에는 상대적으로 덜 효과적이라는 평가를 받는다(김효석 & 인대천, 2015:145).

6) 인식자의 특성

메시지를 인식하는 이는 실로 다양하다. 개인, 집단, 국가, 지구촌 등 인식자가 누구냐에 따라 메시지의 수신에 따른 감정이입의 양식이 달리 작동할 것은 물론이다. 이는 인식자에 따라 대상자의 관점에서 문제나 사건을 이해하는 능력에 차이가 있을 수밖에 없기 때문이다(Fisher, 1994). 이와 관련해 볼 때 감정이입이 이뤄질 경우에는 대상자에 대해 보다 더 긍정적인 태도나 행태를 유발하게 되는 반면, 감정이입이 결여되는 경우에는 부정적인 태도나 행태와 연결된다(Belmann & Flanagan, 2010:7). 그러나 특정 대상 집단에 대한 감정이입을 강제하는 경우에는 오히려 부정적 반응을 강화하게 된다(Batson et al, 1997). 일반적으로 인식자가 이미 지니고 있는 선입견 내지는 인식 프레임을 통해 감정이입하는 경향이 있다. 프랜시스 베이컨(Francis Bacon)이 말하는 동굴의 오류를 상기하게 되는 이유다. 이렇듯 인식자 자신이 지니고 있는 개인적 특성(personal traits), 열정(compassion), 동기(motives)가 감정이입의 정도를 결정하는 독립변수로 작용한다. 먼저 개인적 특성(personal traits)은 고정적 개인 특성과 유동적 개인 특성으로 구분해 볼 수 있다. 전자는 개인이 지니는 안정적 특질이나 고정되어 있는 능력을 말한다. 후자는 환경 친화적 요인으로서 개발 가능한 기량을 말한다. 그런데 만일 여성이 감정이입에 보다 더 민감하다고 말한다면 이는 일정한 조건, 예컨대 여성의 수동적 역할이 강조되는 환경 아래에서 유효하다. 환경 변화에 민감하게 반응한다는 뜻이고 환경 변수가 본성 변수보다 훨씬 더 호소력이 크다는 의미로 해석해 볼 수 있다(Darley & Batson, 1973). 이렇듯 환경 변화에 따라 달리 반응한다는 것은 외부 개입을 통해 감정이입을 개발하거나 또는 억제할 수 있다는 것을 의미한다(Weisz & Zaki, 2017:206). 이렇듯 감정이입이 가변적이라는 의미는 감정이입의 유동성, 확장성, 환경조응성을 시사하는 것에 다름 아니다. 감성(compassion)은 다른 이의 고통을 인지하고 경감하고자 하는 능력을 말한다. 흔히 연민이나 측은지심 또는 감수성으로 표현된다. 감정이입과 유사하게 보이기 쉽지만 대상자의 정서적 상태나 감정을 이해하고, 돕고자 하는 동기에 보다 더 주목하고자 한다는 점에서 다르다. 인식의 근원이 서로 유사한 것이 사실이기는 하지만 감정이입과 감성은 서로 상이한 지점에 방점을 두고 있다. 감성은 어떤 부정적 정서 상태를 인지하고, 이를 돕고자 하는 욕구 및 경험을 말한다. 이때 상대의 부정적 정서 상태를 꼭 공유해야 하는 것은 아니다. 반면에 감정이입은 긍정적이거나, 부정적인 정서 상태를 가리지 않고 이를 이해하거나 공유하고자 하는 데에 방점이 주어져 있다. 끝으로 동기(motivtion)는 이의 구현을 위해서는 상당한 정도의 개인적인 비용 지출을 감내해야 한다는 사실을 전제한다는 점에서 다르다.

7) 감정이입의 성질

감정이입은 다른 사람의 사고나 느낌을 적절히 이해하기 위한 일단의 노력이라고 규정해 볼 수 있다. 그런 만큼 대행, 상상, 모방, 시각 차용, 의미, 이해, 파악, 느낌, 동정, 연민 등으로 대체 가능한 개념으로 이해된다. 그러나 이들이 개별적으로는 감정이입을 대체할 수 없다. 부언하면 단순히 다른 사람의 시각을 인지하거나 상상하고 행동하거나 다른 사람의 감성을 느끼고 그에 동조하는 것만으로는 감정이입에 이를 수 없다. 그러나 이들이 감정이입에 이르기 위한 과정을 구성하는 요소이거나 감성 유발 요인의 하나로 작용하는 것만은 틀림없다. 이들이 점진적 과정을 통해 서로 연동되었을 때 감정이입에 이르게 된다는 의미이다. 어떤 이가 다른 사람을 이해하고자 하는 경우에는 일반적으로 그의 경험에 의미를 부여하고 자신을 그의 입장에 대입해 보고 그의 시각에서 상황을 평가하며 나아가 그의 느낌을 공유하고 이를 통해 그의 생각과 정서 상태를 이해할 수 있게 된다. 이런 과정을 통해 그 대상자를 모방할 수 있다고 가정한 후에 그와 자신을 동일시하고 나아가 동조하게 된다. 이런 과정을 통해 행동, 의미, 상상, 시각 차용, 느끼고 이해하기로 이뤄지는 감정이입의 환류 과정이 반복된다. 일반적으로 감정이입 과정에서 식별, 동조, 모방이 일어나리라고는 기대하지 않는 것이 보통이지만 현실적으로는 이런 일들이 발생하기도 한다. 어쨌든 일단 상상의 나래를 펴기 위해서는 주어진 상황에 대해 긍정적이건 또는 부정적이건 일단의 믿음이 정립되어야 한다. 이를 토대로 감정이입의 인식론적 또는 정감적 차원이 노출되고 이를 통해 주어진 상황이나 사건을 잘 이해할 수 있게 된다.

8) 결과물의 배출

이런 감정이입의 결과 개인의 안녕이나 친사회적 행태 같은 일련의 결과물을 낳게 된다.

9) 측정의 문제

대개의 선행 연구가 감정이입을 리커트(Likert) 5점 척도 같은 다양한 사회과학적 측정 장치를 통해 계측하고자 한다. 그러나 이는 모두 기계론, 논리실증주의, 이분법적 세계관, 제3자에 의한 객관의 응시 등을 기초로 하는 것이다. 반면에 감정이입은 그의 기본적인 특성 자체가 액상적, 상호작용적, 의사소통적, 변증법적 성찰을 지향한다. 그런 점에서 감정이입을 측정하는 일은 근대의 과학철학과 후기 근대의 인식론적 프레임이 충돌하는 요소를 내포한다. '인식된 메시지 지각값(Perceived Message Sensation Value)'의 개념을 개발한 에버렛과 팜그린(Everett & Palmgreen, 1995)은 정치적 영향, 사회심리적 영향, 감각적 영향, 고결 같은 4개의 가상 차원을 통해 메시지 지각값을 구하고자 했다. 반면에 설명변수 분석(exploratory factor analysis)을 시도한 팜그린 등(Palmgreen et al, 2001)은 정서 유발, 극적인 영향, 고결성 등으로 나누어 다루고자 했다. 메시지 지각값을 보다 객관적으로 측정하고자 한 것이다. 편집 회수, 결론의 의외성, 내레이션의 활용 정도 같은 지각값의 형식과 내용상의 특징을 객관적으로 접근한 결과다. 이는 지각값이 낮을 것으로 관측되는 메시지를 제거함으로써 실험 집단에게 제공되는 메시지의 수를 줄이거나 새로운 메시지의 작성에 보다 더 서술적인 접근 전략의 구성을 허용하고자 하는 데에서 나타난다. 여기에서 제기되는 질문은 왜 인식자에 의한 주관적 평가가 아니라 객관적 지표 중심의 평가를 선택해야 하느냐에 있다. 주관적 실험을 통한 평가는 시간과 비용이 많이 들고 평가자의 주관이 개입할 가능성이 크기 때문이다(Morgan et al, 2003:510-511). 객관적 평가는 메시지의 개발 과정에서 내용의 조정을 통해 상대적으로 간단히 실시할 수 있지만, 주관적 실험 평가는 광범위한 메시지 평가를 거쳐 점진적으로 조정해야 하는 난점을 지닌다. 그러나 주관적 평가와 객관적 평가가 상호지지적 관계를 구성하는 것은 물론이다.(2020.04.26.)

회고적 숙의로서의 옴부즈만 – 제4부의 모색

1. 옴부즈만이란 무엇인가?

옴부즈만은 동심원적 다원성을 특징으로 하는 갈등의 조정자에 다름 아니다. 먼저 미시적 관점에서 접근할 경우, 대항관료제를 구현하고자 하는 것으로 이해된다. 그런 만큼 관료제와는 달리 그의 업무 수행 과정에서 권고성, 독립성, 접근성, 기밀성, 신속성을 지향한다. 나아가 업무 수행의 결과에서 종국성, 공정성, 유연성, 도덕성, 신뢰성을 규범적 당위로 삼고자 한다. 이는 국가와 시민사회 또는 정부 관료제와 일반 시민 사이에서 보충성의 원리에 따라 제3의 조정자로서 관료제에 내재되어 있는 엘리티즘의 한계를 보완하고 나아가 이용자 중심주의 내지는 편의주의를 지원하고자 하기 때문이다. 일종의 간이형 대안적 분쟁조정제도(ADR: Alternative Dispute Resolution) 가운데 하나로 인식되는 셈이다. 이를 위해 사실조사형 조정에 나선다는 점에서는 수단의 조정을 통해 목표와 수단의 합일에 이르고자 하는 것이라고도 말할 수 있다. 이 과정에서 국가와 시민사회, 정치와 행정, 주관적 가치와 객관적 사실이 성찰적 융합을 일으키면서 합리적, 이성적 판단과 감정적, 정서적 심리치료에 이르게 될 것으로 기대된다. 무엇보다도 현안 과제가 지니고 있는 불합리를 극복함으로써 체제의 안정화에 기여한다는 점에서 일종의 "화재 진압 효과"를 낳는 것이라고도 말할 수 있다.

반면에 중범위론적 관점에서 접근하는 경우 일종의 메타거버너(meta-governor)로 인식된다. 민원인과 관련 행정 관료 내지는 행정 기관 사이에서 상호작용을 촉진함으로써 거버넌스 체제를 구축하는 것으로 이해되기 때문이다. 더 나아가 행정 과정에 대한 직접 참여를 독려한다는 점에서는 준직접민주주의 내지는 급진민주주의를 구현하고자 하는 것으로 평가된다. 민원의 조정 과정에서 참여민주주의, 숙의민주주의, 내지는 전자민주주의가 구현되기 때문이다. 그 배면에서는 간주관주의적 상호작용과 변증법적 학습이 일어나는 만큼 후기 근대의 프레임에 근거하는 것이기도 하다. 국가와 시민사회 사이에서 제3자의 개입을 통해 현상 인식의 프레임을 설정하거나 관계를 재디자인하고 상호 소통을 촉진하고자 한다는 점에서도 메타거버너의 역할을 지향한다. 나아가 이를 통해 행정 통제가 일어나고 혁신이 이뤄지며 그 결과 갈등의 폭발을 예방하게 된다는 점에서는 일종의 "화재 감시 기능"이 발현되는 것이기도 하다.

거시적 관점에서 접근하는 경우 거대한 환류 체계를 구성하는 결과가 된다. 3권분립론의 결함을 보완하는 셈이 된다. 기존의 거버넌스가 주로 투입 과정에 주목했다면 환류 단계에서의 참여를 통해 행정 과정의 한계를 선제적, 근인적으로 대응, 보완하자는 것에 다름 아니다. 이는 국정운영이 일회적 양식이 아니라 지속적, 반복적 관계를 거듭한다는 점에서 선제적 지시등 역할을 수행하게 되고 그 결과 일종의 "화재 예방 효과"를 낳는 것으로 이해된다. 민원의 처리, 갈등의 조정, 행정의 통제, 행정의 개혁 등으로 이뤄지는 연쇄 고리를 통해 국민의 권익을 보호하고자 하기 때문이다. 따라서 성찰을 통해 갈등을 조정하는 환류형 메타거버너에 다름 아니다.

2. 왜 숙의민주주의의 한 양식인가?

옴부즈만은 또한 국가와 시민사회 사이에서 대화 및 소통, 참여와 합의의 도출을 통해 국민의 고충을 해소하고자 한다는 점에서는 숙의민주주의의 한 양식으로 평가된다. 먼저 소통을 지원하는 과정에서 갈등의 조정 역할을 수행한다는 사실에 주목해 보면, 관행적 민주주의에 대한 불신 내지는 과관료제화에 대한 반동의 결과물로 이해된다. 관료제가 내포하고 있는 전문가일방주의 내지는 엘리티즘에 대한 불신을 토대로 추가적인 정보와 지식의 공급을 통해 국가와 시민사회가 서로를 존중하는 가운데 선호 변경에 이르도록 지원하고자 하는 것으로 이해되기 때문이다. 그 결과 기득권 주도의 상호작용에서 이용자 주도의 관계로 변화하는 결과를 낳는다.

반면에 국정 과정에 대한 시민참여를 촉진하는 수단 가운데 하나라는 관점에서 보면, 옴부즈만은 그 자체가 대리인 체제에 대한 불신을 전제하는 것에 다름 아니다. 메타거버너의 하나로서 협력적 공조나 프레이밍을 통해 참여를 촉진하고 그 결과 간헐적 참여로부터 항상적 참여로 전환하는 결과를 낳는다. 나아가 국가와 시민사회가 서로의 이견을 조정하고 합의에 이르도록 유도하는 역할을 수행한다는 점에서 보면 일종의 환류 체계를 구성하는 것이기도 하다. 이는 국가와 시민사회가 격리되어 있다고 보고, 간주관주의적 상호작용과 변증법적 학습을 통해 서로의 성찰을 촉진하는 가운데 기계적 집적에서 성찰적 융합에 이르게 된다는 것을 시사한다.

3. 왜 지금 옴부즈만인가?

이런 옴부즈만에 대한 수요가 오늘날 급증하는 이유는 무엇인가? 먼저 정부의 실패가 일상화하는 시대에 살게 되었기 때문이다. 정보사회의 도래와 함께 액상민주주의 시대로 진입하면서 관행적 민주주의의 한계가 드러니고 급진민주주의에 대한 수요가 팽대하게 되었다. 국정운영의 패러다임 교체에 대한 요구가 급증하고 있지만 이에 대한 대응은 지체를 거듭하고 있다. 이는 정부의 실패가 단순히 관리의 실패에서 연유하는 것이 아니라 구조의 결함 때문이라는 사실을 시사하는 것에 다름 아니다. 정보사회의 도래와 함께 과거 산업사회적 생산 양식에 기초해 구성된 베버식 모델(Weberian model)이 더 이상 효율적으로 작동하지 않게 되었다는 뜻이다. 보다 넓게 보면 지구화 시대의 도래로 인해 공공 문제 해결을 위해 국민주권에 기초한 일국주의의 프레임으로 대응하기에는 더 이상 적절치 않게 되었다는 의미이기도 하다. 복지국가의 등장과 함께 서비스 중심 정부로 전환하는 것과 같이 정부의 성격을 변화시켜야 하는 일도 불가피하게 되었다. 그러나 이런 시대 성격의 변화에도 불구하고 그에 걸맞는 국정운영 양식의 변화가 지체를 거듭하면서 국민 청원과 민원이 폭주하고 있다. 민원의 전반적, 일반적, 보편적 현상이 일상화하게 되었음을 뜻한다.

이로 인해 적폐 청산이 정치적 슬로건으로 등장하는 시대에 살게 되었다. 그러나 국가가 국가의 실패를 치유하고자 한다는 점에서 '적폐 청산'은 형용모순에 다름 아니다. 신·구 정권의 데자뷰를 연상케 되는 이유다. 따라서 대안 정부에 대한 모색 수요가 팽대해질 것은 당연한 이치이다. 국정운영 체제에 대한 보다 근본적인 검토와 함께 재디자인하는 일이 불가피하다는 뜻이다. 이로 인한 대안 가운데 하나가 옴부즈만 기능 수행 기구의 네트워크화를 통해 제4부의 구성을 모색해 보자는 것이다.

이는 사법적 재결의 만능 시대에 대한 보완적 조치로서의 의미도 함축한다. 판결형 갈등 관리 양식에 의존하는 사법적 재결은 엄격한 절차주의와 기계론적 접근을 특징으로 삼는다. 실정법에 의한 일도양단식 처리와 형식주의에 기반해서 운영되는 까닭이다. 3심제로 인해 시간과 비용이 과다 지출된다거나 대심제로 인해 갈등 관계의 당사자들이 직접 대면해야 하는 데에 따르는 심리적 압박도 있고 영합 게임으로 인해 승패에 따른 손실 과다 내지는 차이와 차별화가 심화되는 문제도 있다. 무엇보다도 사법 과정의 정치권력화를 유발한다는 점이 가장 부정적인 요인 가운데 하나다. 이에 반해 옴부즈만은 개별 사례 중심의 간이형, 사실조사형 갈등 관리의 한 양식이라는 점에서 시간과 비용의 지출을 줄이는 것은 물론이고 무엇보다도 윈윈 게임을 지향한다는 점에서 주목된다.

나아가 차세대 갈등 관리 양식의 하나라고도 말할 수 있다. 미래 행정의 지시등 역할을 수행하는 셈이기 때문이다. 집행자 및 관리자에서 조정자로 역할 정향을 조정함으로써 AI 시대의 국정 관리 양식에 상합하는 행정 관리 양식을 시사한다. 수단 가치 차원에서 볼 때 상황조응적, 절대적 재량권을 행사하는 것은 물론이고 지능 권력(smart power)에 기반해서 운용되는 특성을 지녔다. 목적 가치의 차원에서 보면 정치와 행정, 민주성과 경제성, 자유와 평등, 사실과 가치, 이성과 감성을 융합하고자 한다는 점에서 주목된다. 궁극적으로는 국민의 권익 보호라는 고도의 윤리적 가치를 지향한다는 점에서 유의해 보지 않을 수 없다.

4. 어떤 옴부즈만이어야 하는가?

옴부즈만이 이런 역할 기대에 부응하기 위해서는 업무 수행 여량을 강화해야 하고 이를 위해서는 3권 분립을 지향하는 현대 정부의 권력 구조를 재편하여 옴부즈만을 제4부의 지위에 오르도록 하는 통합 연계 체제의 개발을 모색할 필요가 있다. 이는 옴부즈만 운영에 따르는 비효율을 극복하는 것은 물론이고 옴부즈만 자체의 정치적 영향력과 비중을 제고하는 가운데 전문성을 신장하는 데에 유리하게 작용할 것으로 관측되기 때문이다. 기존의 3권과 네트워크로 연결하는 경우 단순 집적에 따르는 한계를 극복하는 것은 물론이고 독자적인 옴부즈만 영역을 개척, 설정하는 데에도 유리하게 작용한다. 공사 행정 융복합 시대의 요구에 부응하여 관할 대상 영역을 확대할 필요성도 있다. 준법성, 경제성, 대표성, 형평성 등을 지향함으로써 가치 준거의 포괄 범위를 확대하고, 정보 수집 강제권이나 감찰 기구와의 연대 등을 통해 사실조사권를 강화하며 사후적, 개별적 대응에서 선제적, 집합적 대응으로 업무 수행 전략을 개선하는 조치도 요구된다. 이를 위해서는 옴부즈만의 자체 업무 수행 능력이 강화되어야 하고, 이는 옴부즈만 임명 과정의 독립성 확보, 재정 자원의 다원화, 정보통신기술 활용의 확대, 전문 직역이라는 인식의 확산 등을 통해 구현 가능할 것으로 관측된다. 무엇보다도 시민 주도 체제로의 전환이 필수적 과제다. 국가의 중립성에 대한 불신을 극복하고 시민 친화적인 옴부즈만 운영 체제를 모색하고자 하기 때문이다. 이를 위해서는 타운홀 미팅이나 대표관료제를 채택, 운영하는 것도 대안 가운데 하나다. 그렇다고 해서 민원인 편애 체제를 모색하자는 것은 당연히 아니다. 나아가 옴부즈만 자체의 환류 체제를 구축하는 것도 효율적이고 합리적인 운영전략 가운데 하나다. 내부적으로는 자체 감사제도와 재심제도를 도입, 운영하고 외부적으로는 옴부즈만의 옴부즈만을 장려하는 것도 생각해 볼 만한 일이다. 옴부즈만 자체에 대한 민원 창구를 개설해서 운영하자는 것이다. 이는 옴부즈만의 과관료화를 방지하고, 경제적 운영과 정치적 중립성을 보장하는 가운데 전문성을 확보하는 데에 기여할 것으로 기대된다. 외주 체제를 개발하는 것도 고려해 볼 만한 과제 가운데 하나다. 옴부즈만 자체에 대한 시민참여를 장려하는 것도 검토해 보아야 한다. 무엇보다도 옴부즈만을 독립 직역으로 개척하여 평소에 교육 훈련 과정을 개발하거나 관련 연구소의 운영을 장려함으로써 사회 저변의 이해력과 간접 지원 능력을 강화할 필요성도 있다. 대외 협력을 통해 정치적 독립성 확보를 위한 국제적 연대의 기반을 확보하고 기술 개발 및 전문성 제고를 위한 지혜와 정보의 공유와 협력에 나서는 일도 결코 소홀히 할 수 없는 과제다. 지구화 시대의 사회적 요구에 부응하는 것은 물론이고 옴부즈만 자체의 범지구적인 확산에 부응하고자 하기 때문이다.

(한국정책학회 하계학술대회 북콘서트 발제문, 2019.09.27.)

환류 거버넌스로서의 옴부즈만
– 혁신 전략과 과제

1. 왜 정부는 실패하는가?

적폐 청산이 정치 투쟁의 슬로건처럼 되었다. 그러나 적폐 청산은 절반만 맞고 절반은 틀린 말이다. 현대 행정국가가 적폐로 얼룩졌다는 말은 맞다. 그러나 그 적폐가 현대 행정국가에 의해 청산 가능하다는 생각은 틀렸다. 돌이켜 보면 현대 행정국가는 실로 오랜동안 초이성적 판단의 주체이자 무오류의 의사결정자로 간주되어 왔다. 따라서 정부의 실패는 국가의 탄생 이후 그를 운영하는 과정에서 생기는 병리적, 부분적, 예외적, 현상으로 다루어졌다. 그러나 정부의 실패는 기실 근대 민주정체의 탄생과 더불어 잉태되어 있는 본질 문제 가운데 하나다. 따라서 일상적, 전반적, 보편적 현상이다. 정부의 실패는 그의 운영이나 관리 과정의 실패가 아니라 구조의 결함이 불러온 본질 문제인 것이다. 그런 점에서 베버식 모델(Weberian model) 이후 지속되어 온 정통 행정학의 일반 이론은 그의 가정적 전제가 틀렸다.

먼저 민주정체를 지향하는 현대 행정국가는 민주적 가치의 구현을 도모하지만 민주주의의 핵심 가치인 자유, 평등, 정의, 행복의 추구는 상호 보완적이기도 하고 동시에 모순적 갈등 관계를 구성하기도 한다. 그렇기 때문에 실현 가능한 수단 가치로 전환하기가 쉽지 않다. 더욱이 자유주의의 구현 과정에서 야기되는 갈등 관계를 관리하기 위해 국가에게 최고 고권을 부여하고 이를 보장하기 위해 입헌주의를 도입하지만 입헌주의는 오히려 헌법의 해석권을 지닌 엘리트 중심의 소수자 지배 체제를 낳았다. 이는 다시 대중민주주의 시대의 도래와 함께 평등주의와도 충돌한다. 이를 해소하기 위한 방안으로 3권분립론을 도입하지만 3권의 분립은 그의 운영 실제에 있어 부분적인 권력의 분립과 부분적인 권력의 융합으로 구체화되어 나타났다. 정당을 매개로 권력의 융합이 이루어진 탓이다. 이로 인해 실질적인 권력의 분립은 행정부와 입법부 사이가 아니라 관료제와 정당정치 사이에서 이루어지는 결과를 낳았다. 정치행정이원론이 호소력을 얻으면서 관료제에 대한 사회적인 신뢰와 지지가 확산된 이유이다.

그러나 관료제는 그의 내부 조직 원리나 외부와의 관계 설정에 있어 결코 경제성이나 민주성을 담보하지 못한다. 관료제의 병리 현상과 기계론적 시각에 의한 이분법적 접근이 정치적 참여의 공간과 환경 변화에 조응하는 유연성을 배척하기 때문이다. 이를 염려한 국정 관리의 설계자들은 의회, 행정부 자체, 사법부에 의한 행정 통제를 제도화하지만 어느 것도 효율적이지 못한다는 것이 실증되고 있다. 보다 더 본질적인 문제는 3권분립론이 기계론적인 시각에서 접근한 결과 국정운영 과정을 투입, 전환, 산출 단계로 구분하면서 다음 회차에서의 환류 단계를 제도적인 장치로 디자인하는 일을 간과했다는 점이다. 정부의 실패가 일상화해도 이를 회복하기 위한 제도적 장치를 마련하지 않은 것이다. 제도 설계상의 결함이다.

여기에 더해 정보사회의 도래는 사회적 관계의 복잡성, 유동성, 역동성, 파편성, 광역성을 더하면서 현대 행정국가의 구성 원리가 이런 사회 변동과 상합하지 않게 되었다. 이렇듯 정부의 실패를 현대 행정국가의 본질 가운데 하나로 이해하는 경우, 정부를 통해 정부의 실패를 회복하거나 치유한다는 것은 동의 반복에 따른 형용 모순에 해당된다. 현대 행정국가가 자신의 실패를 스스로 해결한다는 것은 처음부터 성취 불가능한 약속이라는 뜻이다. 이런 상황 아래에서는 정부의 실패에 따른 국민의 고충과 민원이 일상적, 보편적, 전반적, 항상적으로 도처에 편재할 수밖에 없다.

2. 어떤 옴부즈만이 필요한가?

따라서 이제 국정운영의 중심축을 투입, 전환, 산출에 이어 환류 과정으로 이동하는 전략적 대응에 나서지 않을 수 없다. 바로 이런 수요에 조응하는 환류 장치 가운데 하나가 바로 옴부즈만이다. 물론 그동안 국민 고충에 대응하는 장치가 전무했던 것은 아니다. 흔히 공공 갈등 관리, 청원, 국민제안, 대안적 분쟁조정제도(ADR: Alternative Dispute Resolution), 종합 행정 민원 처리제도 등이 운영되어 왔다. 그러나 ADR의 일부를 제외하고는 모두가 관료제로 인해 비롯된 민원을 다시 관료적 양식을 통해 해결하려고 한다는 점에서 자기 모순적이다.

그러나 옴부즈만은 대항관료제(counter-bureaucracy)의 양식을 통해 민원을 해결하고자 한다는 점에서 기존의 민원 처리 기구들과 근본적인 성격을 달리한다. 권고적 양식을 통해 종국적 해결에 이르고자 한다. 무엇보다도 합리적, 이성적 판단의 영역을 벗어나는 감정적, 정서적 영역의 심리치료까지를 기능적 포괄 범위로 삼는다. 그렇기 때문에 흔히 옴부즈만을 민원인과 관련 행정 관료나 행정기관 사이의 이견을 3자 개입을 통해 조정하는 갈등 관리 양식의 하나로 인식한다. 이는 옴부즈만을 미시적 관점에서 행태론적 차원에 초점을 맞추어 이해했음에 다름 아니다.

그러나 이를 중범위론적 관점에서 조직 구조 차원에 주목해서 보면 거버넌스의 한 양식에 해당된다. 민원의 제기는 정부의 어떤 행정 조치에 대한 국민 개개인의 자기 의견 투입의 한 양식이며, 그렇기 때문에 민원에 조응하여 관련 행정 관료나 행정기관이 민원을 수용하거나 각하하는 과정에서는 국가와 시민사회 내지는 정부와 일반 시민 사이에서 간주관주의적인 상호작용적 의사소통의 관계가 형성된다. 국가와 시민사회 사이에서 숙의를 통한 협력적 공조 체제가 구축되는 것이다. 다만 통상적으로 거버넌스 이론이 상정하는 것과 같이 국정운영의 전환이나 투입, 산출의 단계가 아니라 환류의 단계에서 이루어진다는 점에서 다르다. 환류 거버넌스의 한 양식인 것이다. 이를 거시적 관점에서 국정운영 체계의 제도론적 관점에서 살펴보면 거대한 환류 체계의 하나이기도 하다. 따라서 옴부즈만은 단순히 미시적 차원의 갈등 조정뿐만 아니라 중범위 차원의 환류 거버넌스 나아가 거시적 차원의 환류 체계가 중층적 3중원을 구성하는 것으로 이해된다.

이런 점을 감안하고 특히 정부의 실패와 그에 따른 민원의 유발이 일상적, 항상적, 보편적, 일반적 현상이 되어 있다는 사실을 고려해 볼 때 민원의 해결을 위한 환류 전담 부서로서의 옴부즈만을 입법부, 행정부, 사법부에 이은 제4부로 격상시켜 다룰 것을 제안하게 된다. 4권 분립을 통해 3권분립론의 한계를 보완하자는 것이다. 다만 대항관료제적인 성격을 유지해야 함으로 여러 옴부즈만 역할을 일부라도 수행하는 기관들을 수직적으로 집적하는 것이 아니라 네트워크 체제로 연결하여 일종의 옴부즈만 영역으로 인식하고 다룰 것이 요청된다. 같은 이치로 탈관료제적인 성격의 유지를 위해 외주제를 개발하는 일도 검토해 볼 만한 과제다. 옴부즈만의 업무가 확대되면서 수직적 집적이 누증하는 것을 피해 수평적 협업 체제를 강화하자는 것이고 나아가서는 공사 영역의 협력 관계를 개척하자는 것이기도 하다. 같은 이치로 국제적 협력 체제를 개발하는 일에도 주목할 필요가 있다. 일국 정부의 수직적 통제로부터 벗어나 독립적 운영과 기관 발전의 전기를 모색하기 위해서는 국제적인 연대가 필요하기 때문이다.

나아가 환류 거버넌스의 논지와 성격을 살려 옴부즈만 자체 운영 과정에서도 시민참여의 공간을 확장하는 일이 당면한 현안 과제 가운데 하나이다. 옴부즈만의 거버넌스 체제 구축이 필요하다는 뜻이다. 갈등 조정 차원에서는 옴부즈만 운영 과정에서 발생하는 민원 처리 문제를 제도적으로 수렴하기 위한 장치의 개발 즉 '감시견을 감시하는' 장치로 옴부즈만의 옴부즈만을 고안, 촉진하는 문제도 유념해 보아야 할 과제이다.

3. 국민권익위원회의 혁신 과제는 무엇인가?

우리의 경우 다양한 양식으로 분화되어 있는 국민 권익 구제 관련 기관들을 네트워크로 연계하여 이를 하나의 환류 체계로 다루기 위해서는 국가인권위원회, 한국소비자원, 공정거래위원회, 사학분쟁조정위원회, 다양한 양식의 행정형 ADR, 시민 옴부즈만 같이 옴부즈만 기능을 일부라도 수행하고 있거나 또는 수행해야 한다고 판단되는 국민 권익 보호 관련 기관들을 묶어 하나의 협력적 연대 체제를 구축할 필요가 있다. 이를 위해서는 네트워크 체제의 조정자 역할을 감당하는 일종의 넛지(nudge) 기관을 필요로 한다. 국민권익위원회를 분할하여 과거 국민고충처리위원회를 부활시킨 후 이런 업무를 담당하게 할 필요성이 제기된다. 중앙정부 수준에서 가장 전통적인 의미의 옴부즈만 역할을 수행할 것으로 기대되는 기관인 까닭이다.

이렇게 옴부즈만 관련 기관들을 환류형 거버넌스 네트워크 체제로 연결한 후에는 이를 중앙정부의 제4부에 해당하는 기구로 인식하고 운영하는 국정운영 전략상의 변화가 요구된다. 현재 국무총리 소속의 독립 행정 기관으로 되어 있으나 이를 정부의 어느 기관에도 속하지 않는 완전 독립 부서로 설치 운영하자는 것이다. 이는 마치 미국의 일반회계처(GAO: General Accounting Office)에서 보는 바와 같이 입법부, 행정부, 사법부 가운데 어느 부서에도 속하지 않는 국가 기관으로 독립시켜 업무 수행상의 독자성을 원초적으로 보장하려는 것이다. 이를 위해서는 현재 논의 중인 제10차 개헌에서는 국가 옴부즈만의 설치를 중요 의제 가운데 하나로 삼아야 한다.

그런 옴부즈만 영역을 대표하는 수장을 어떻게 선출하느냐가 옴부즈만 영역의 독립성 확보와 제4부로서의 기관 정체성 확립에 핵심적인 요인으로 작용하게 될 것은 물론이다. 이때 독임제를 채택하는 경우에는 국회가 5배수를 추천하고 대통령이 그 가운데 한 사람을 국가 옴부즈만으로 지명하도록 하여 그가 옴부즈만 영역을 통괄하게 하거나, 합의제 모형을 모색하는 경우라면 국회, 대통령, 대법원장, 시민사회 대표가 각각 동수의 옴부즈만을 추천하도록 하여 구성하고 그들 사이에서 국가 대표 옴부즈만을 호선하도록 하는 것도 대안 가운데 하나다.

그러나 현재는 일부라도 옴부즈만 역할을 수행하는 기구들을 묶어 이를 옴부즈만 영역이라고 인식하려는 개념 자체가 정립되어 있지 않고 그런 개념의 출발점이라고 할 수 있는 고충 민원과 일반 민원, 청원, 국민제안, 청와대 국민청원 등의 대상 과제에 대한 구별이 명확하지 않아 일반 국민은 물론이고 담당 공무원조차 혼란을 겪고 있다.

그럼에도 불구하고 국민청원이 폭주하는 이유는 우리 사회에 민원 유발 요인이 그만큼 폭넓게 산재해 있다는 뜻이 된다. 따라서 이를 제도적으로 수렴하고 대응하는 보다 혁신적인 장치의 마련이 시급한 실정이다. 이런 인식의 연장선상에서 제기되는 과제 가운데 하나는 사적 영역의 옴부즈만들과도 연계하여 공사 영역을 관통하는 옴부즈만 협회 같은 기구를 출범시키는 문제이다. 이는 공사 영역의 경계가 무너지고 있을 뿐만 아니라 공사 복합형 민원이 점증하고 있고 무엇보다도 공적 영역과 사적 영역 간의 교차 영향력 행사와 상호작용이 확대되고 있기 때문이다. 사적 영역의 옴부즈만이 크게 발양하고 있지만 이를 공적 유익의 증대라는 관점에서 접근하는 노력이 부진하다는 점도 유의해 보아야 할 일이다. 전문 직역의 개발을 위해 교육 훈련 프로그램을 개발한다거나 관련 기술 정보를 공유하기 위해서도 공사 영역의 옴부즈만을 연계시켜 협력적 공조 체제를 갖추도록 하는 일은 불가피한 과제로 여겨진다.

물론 옴부즈만의 개념 자체에 대한 인식의 정교화 작업과 그 결과를 폭넓게 공유하려는 적극적인 노력도 경주되어야 한다. 정부의 관행적인 종합 민원 행정 처리와 무엇이 왜 어떻게 다른지에 대한 이해를 보다 더 명료하게 하고, 이를 범사회적으로 확산시키자는 것이다. 이를 위해서는 우선 옴부즈만이 일반 행정가와 달리 일종의 전문 직역에 해당한다는 인식이 선행해야 한다. 나아가서는 현재 국민권익위원회에 종사하는 이들에 대한 대대적인 재교육과 인력 충원, 근무 성적 평가 과정에서의 평가 기준 등을 크게 수정할 필요도 있다. 옴부즈만 업무를 누구나 할 수 있는 일반 행정 가운데 하나라는 식의 인식은 이제 이를 적극적으로 개선해야 한다. 옴부즈만 업무의 수행 과정에서 요구되는 조정과 중재, 갈등 관리, 조직 진단, 협상, 상담 등의 역할은 별도의 훈련된 설득과 합의의 도출 능력을 필요로 하는 만큼 옴부즈만이 고도의 전문 지식과 훈련을 필요로 하는 전문적이고 독립적인 직역이라는 인식을 정립해 나가야 한다. 특히 옴부즈만의 조정 능력 강화를 위해 ADR상의 조정인 제도를 도입하는 경우 전문 조정인을 독립 직역으로 개발하고 훈련하는 일은 필수적인 과제다. 따라서 옴부즈만 업무를 수행하거나 지원하는 과정에서 필요로 하는 기술과 능력을 훈련하고 교육하는 교과 과정과 훈련 기관을 개발할 것이 절실히 요청된다. 이런 활동을 보다 근원적으로 지원하기 위해 관련 연구소를 설립해 운영하는 문제도 고려해 보아야 할 과제다.

또한 일반 시민 특히 언론을 상대로 옴부즈만의 개념과 역할에 대해 대대적인 홍보 활동을 전개해야 한다. 언론과의 협력적 공조 체제 구축은 국가 옴부즈만으로서의 국민권익위원회가 성공적으로 자기 업무를 수행하는 데 있어 그 성패를 좌우할 만큼 중요한 과제이다. 무엇보다도 국민권익위원회의 민원 처리 기능에 대한 사회적인 인지도가 낮고 그동안의 활동 성과에 대한 신뢰도도 높지 않다는 점을 감안해 볼 때 적극적인 언론 홍보는 필수적 과제이다. 행정 정의의 구현과 옴부즈만의 정체성 확립 간에 어떤 상관관계가 구축되어 있는지에 대해 보다 더 분석적인 설명과 논리적인 소개가 이루어져야 한다.

또한 현재는 위원회 양식의 합의제를 통해 민원을 처리하고 있다. 그러나 이는 옴부즈만의 본래 기능과 취지를 살리기가 쉽지 않다. 옴부즈만이 지향하는 업무 처리상의 독자성과 신속성을 살리려면 독임제로 개편하되 전문성을 제고한다는 차원에서 복수 옴부즈만을 두고 분야별 전담 옴부즈만으로 하여금 분업 체제를 갖추도록 할 것이 요청된다. 같은 이치로 경찰 옴부즈만과 군사 옴부즈만을 계서 구조로부터 독립시켜 독립 옴부즈만의 관리하에 운영되도록 개편할 필요가 있다. 현재는 위원회의 위원 가운데 대부분을 비상임으로 보임하면서 사실상 겸직을 허용하고 있으나 업무 수행상의 계속성 유지, 책임 소재의 명확화, 전문성의 제고, 이해충돌의 회피 등을 감안하여 상임위원으로 임용할 것을 제안한다.

조사관의 경우도 현재는 민원의 성질에 따라 분야별 분업 체제를 갖추고 있으나 이로 인한 관료적 질서의 등장을 배제하고 업무의 수행을 통해 행정과정에 대한 폭넓은 접촉과 이해력의 증진을 도모한다는 뜻에서 교차 담임제를 도입할 필요가 있다. 분야별 분업 질서에 따라 민원을 배정하지 말고 무작위, 순차적으로 배정해서 누구나 아무 민원이나 다루게 하자는 것이다. 다만 교차 담임제를 실시하는 경우에도 안건별 책임 담당제를 통해 민원 해결의 완결성이나 종합 능력을 제고할 필요가 있다. 하나의 민원이 배정되면 이를 처음 접수한 조사관이 민원이 종결될 때까지 전담하도록 하여 단계별, 계서별 분업에서 오는 과관료제화를 막고 보다 신속, 정확하게 민원을 처리하자는 뜻이다. 특히 옴부즈만이 민원의 처리 과정에서 지능 권력을 통해 접근해야 할 과제가 많다는 점을 상기해 보면 갈등 조정의 효율성과 책임성을 확보하기 위해서는 하나의 민원을 전담함으로써 이를 종합적으로 파악하고 총체적으로 다룰 수 있어야 하기 때문이다.

운영 관리 차원에서는 옴부즈만의 업무 수행 능력을 강화하기 위해 업무 수행 과정에서 발생할지도 모르는 명예 훼손 등으로 기소되는 일이 없도록 면책 특권을 부여하는 문제도 심각하게 고려해 보아야 한다. 재정 자원 관리 차원에서는 재정의 독립성 확보를 위해 재정 자원의 공급 구조를 다원화할 필요가 있다. 중앙정부의 국가 재정에만 의존하는 경우에는 기관 운영의 독립성 유지에 근본적인 한계가 있을 수밖에 없다. 예컨대 시민의 후원금이나 성금을 받아들여 시민사회의 참여 공간을 여는 일은 많은 효과를 동반할 수 있을 것으로 기대된다. 같은 이치로 독립 예산제를 도입하는 문제도 심각히 검토되어야 마땅한 과제다.(한국지방자치학회 기조강연문, 2019.08.27.)

국민발안제도 도입을 위한 국민 운동

1. 박근혜 정부의 몰락과 조기 대선

이번의 대선은 현직 대통령의 탄핵으로 인해 치루는 것인 만큼 결코 자주 접하기 쉽지 않은 정치 행사에 해당된다. 그러나 대선이 그냥 대통령 한 사람을 선출하는 정치적 요식 행위가 아니라 이 나라의 정치를 정상화하기 위한 새로운 출발점으로 자리매김하기 위해서는 먼저 이런 대선을 불러오게 된 박근혜 정부 몰락의 본질을 규명하는 일이 선행되어야 한다.

흔히 87년 체제의 등장으로 이 땅에 민주주의의 법적, 제도적 토대가 마련되었다고 말하지만, 1948년 대한민국 정부가 수립된 이래 언제인들 실질적인 차원에서 국민이 나라의 주인이라는 헌법 제1조의 정신이 흔들림 없이 지켜진 때가 있었는지 반문해 보고 싶다. 87년 체제의 등장은 단순히 기술 관료,

부르주아지, 군 관료를 축으로 하는 3자 동맹 내지는 그에 기초한 군부권위주의 체제가 무너졌다는 사실을 의미하는 것이었을 뿐, 그것이 곧바로 지배 권력의 회복 또는 세상의 실질적인 민주화를 뜻하는 것은 아니었다.

아니 권력의 현장에 남아 있던 3자 연합 지배 세력의 유제들이 시대 상황의 변화에 적응하면서 새로운 권력 카르텔을 형성하고, 그로 인해 대다수의 국민이 참정의 지위에서 밀려나 있었다는 것이 지금까지 우리가 살아온 한국 정치의 현주소였다. 비록 법제적, 형식적으로는 민주화 시대가 열렸지만 그 제도의 공간을 채워 넣는 실질 권력의 주도권은 이를 국가, 자본, 언론이 상호 결탁해서 구축한 새로운 형태의 지배 동맹 체제가 장악해 왔던 것이다. 자본이 고위 기술 관료를 포섭하고, 자본을 매개로 언론이 중립성을 상실하면서 권력의 분립과 견제에 필요한 균형의 장치가 무너졌으며, 그 빈자리에 부패와 지배 세력 간의 배타적 최혜 대우가 똬리를 들었다.

탄핵 정국의 등장과 박근혜 정부의 비극적 몰락은 바로 이런 지배 권력 카르텔 내부에 자기 충돌적인 균열이 생기면서 대폭발이 일어났음을 뜻한다. 이는 국가권력의 실질적인 지배자 가운데 하나로 성장, 활동해 온 자본이 마치 국가권력을 독점한 듯 착각하는 박근혜 정부의 권력 주도 세력에 대해 더 이상 기존에 유지해 오던 게임의 법칙을 준수하거나, 협력적 공존 관계를 견지할 뜻이 없음을 밝히는 과정이었다. 동맹 관계를 외면한 채 최빈적 대우를 겁박하는 박근혜 정부에 대해 더 이상 협력적 공조 체제를 유지할 수 없다고 판단한 언론이 이에 적극적으로 반기를 들면서 공생 관계가 파탄 났음을 알리는 신호이기도 했다. 이렇듯 박근혜 정부 몰락의 사건사적 전개의 동기는 3자 동맹의 경계를 벗어나는 박근혜 정부의 분별력 부족 및 무능, 탐욕과 무절제에 있었다.

그러나 이 과정의 전개를 가능케 한 실질적인 동력은 궁극적으로 정보사회의 도래에 기인한 바 컸다. 한 케이블 방송이 공개한 태블릿 피시에서 사건 전개의 단초를 알리는 구체적인 정황 증거들이 드러나면서 어떤 권력의 힘으로도 이를 부정하거나 은폐할 수 없었다. 이런 현상은 사실 이 사건의 진행 이전에도 이미 우리 사회의 여러 곳에서 목격되었다. 세월호 사건이 오늘날처럼 범사회적인 과제로 부상한 데에는 사건의 전개 과정을 분초 단위로 기록한 휴대 전화 영상과 통화 기록, 항로 추적 정보 등이 정교한 상태로 남았기 때문이었다. 이는 1983년의 서해 페리호 사건이 더 많은 희생자를 냈음에도 불구하고 그에 따른 사회적인 파장이 세월호의 경우처럼 심각하지 않았던 것과 대비된다. 같은 유형의 사례는 제주도 지검장 성추문 사건, 3군사령관 고속도로 휴게실 독점 사건, 법무차관 별장 성 접대 사건에서도 찾아볼 수 있다.

과거 같으면 국가가 제공하거나 규정하는 현장 정보와 다툼을 벌릴 수 있는 별도의 유효 수단을 지니지 못한 일반 시민들로서는 정부가 제시하는 일방적인 주장을 수용하고 따를 수밖에 없는 노릇이었다. 그러나 정보사회의 도래는 다양한 양식의 자기 주도형 정보통신기기를 보통 사람들에게 제공함으로써 지금까지 일방적으로 권력적인 우위를 누려왔던 국가권력에 맞서 효율적인 대응에 나설 수 있게 되었다. 국가와 시민사회 사이에서 기존의 권력관계가 시민사회 친화적으로 재설정되기에 이른 것이다. 이런 변화는 일반 시민의 자긍심과 자기 존중감도 높여 주었다. 이제 시민은 더 이상 과거처럼 수동적이고 피동적으로 반응하는 존재가 아니다.

이런 현상은 촛불시위 현장에서 여실히 나타났다. 늦가을의 강풍이나 한겨

울의 한파에도 불구하고 수백만 명이 매주 자발적으로 운집했다. 과거 같으면 결코 상상하기 어려운 일이지만 SNS를 통한 소통과 공감 폭발이 불러온 결과였다. 보다 더 놀라운 것은 이들이 높은 시민의식과 공동체 질서를 보여주었다는 점이다. 한 건의 폭력 사건이나 공권력과의 물리적 충돌도 없었으며 집회 후 자발적으로 쓰레기를 줍거나 훼손된 환경을 복구하는 등 성숙한 집회 문화를 내외에 과시했다. 시위 참가들이 나이 어린 초등학교 학생으로부터 노인에 이르기까지 전 세대를 아울렀으며 가족 단위 참가자도 많았다. 매우 심각하고 긴장감 도는 과제를 다루면서도 놀이와 유희를 융합하는 지혜를 발휘하면서 새로운 유형의 비공식적인 국민참여 양식을 개발했다는 점도 유념해 볼 일이다.

2. 3자 동맹 체제의 해체와 정치 개혁의 과제

이렇듯 변화한 우리 사회의 구조와 사회 문화 수준을 놓고 이제 우리가 고민해야 할 과제는 어떻게 하면 잠시 갈등 관계에 빠진 국가, 자본, 언론 사이의 3자 동맹 체제를 해체하고 신장된 시민사회의 실질 권력관계를 국정운영 과정에 반영함으로써 진정한 의미의 주권 재민 시대를 열 것인가에 있다. '광장 민주주의'에서 분출하는 성숙된 에너지를 제도권 장치로 정착시키는 문제를 풀어나가야 한다는 뜻이다. 이를 두고 일부에서는 고도로 권력의 집중화를 불러오는 대통령제에 문제가 있는 만큼 이를 내각책임제나 적어도 이원집정부제로 바꾸는 일이 급선무라는 주장도 펴는 모양이다.

그러나 이는 문제의 본질이 국가, 자본, 언론 사이의 3자 동맹 체제에서 비롯된다는 사실을 은폐하거나 적어도 호도하는 결과를 낳게 될 위험성을 지녔다. 권력 구조를 바꾼들 지배 권력 카르텔이 깨지지 않는다면 일반 시민이 권력의 실질적인 주체로 나서기는 어려운 일이다. 권력 구조를 바꾸면 당연히 개개인 수준의 권력 수혜 대상 엘리트가 바뀌거나 적어도 권력 엘리트 사이의 게임의 규칙이 변하게 될 것은 당연한 이치이다. 바로 이점에 착안해서 권력 분점에 따른 자신의 지대 추구 기회 확장을 기도하는 의도가 끼어들 수도 있는 일이다. 권력 구조 개편을 시급한 사회 과제로 들고나오는 과정에 룸펜 정치인의 이해타산이 끼어들 소지는 없는 것인지 조심스럽게 살펴보아야 하는 이유이다.

문제의 핵심은 3자 동맹 체제가 그의 본질적 속성상 어떤 권력 구조가 되었건 이를 우회하거나 뛰어넘어 비공식적인 이해 결속 네트워크를 구축하고 이를 유지, 확장해 나가려 한다는 데에 있다. 권력 구조가 국가권력 구성 요소 간의 수평적 분업 관계를 조정하려는 것인 데 반해, 3자 동맹 체제는 국가권력의 수직적 집행 과정에서 발생하는 비공식적인 차원의 권력 응집 현상에 해당된다. 따라서 3자 동맹 체제를 해체하기 위해서는 국가권력의 수평적 분업 여부가 아니라 수직적 결속을 차단하는 쪽에 논의의 초점을 맞추어 고민에 나서야 마땅한 일이다.

이런 관점에서 보면, 가장 근본적인 과제가 정보사회의 도래 이후 국가와 시민사회와의 관계에서 시민사회 친화적으로 새롭게 설정된 권력관계를 반영해서 정치적, 행정적 대리인에게 위임해 두었던 참정의 주권을 회수하여 일반 시민이 직접 국정 과정에 참여하는 정도를 높이는 일임을 알 수 있다. 3자 동맹 체제의 구축이 기본적으로는 국가 중심의 거버먼트(government) 과정에서 발생하는 현상인 만큼 국가와 시민사회 사이에서 전개되는 거버넌스(governance)체제로 전환하여 시민의 직접적인 참여와 발언권의 정도를 높이자는 것이다. 그만큼 국정운영 과정의 투명성 정도가 높아지고 시민이 지향하는 일반 이익을 반영하는 정도가 커지면서 결과적으로 3자 동맹 체제의 유지 가능성은 줄어들게 된다.

이를 위해서는 1) 우선 국정운영 과정의 직접성 정도를 높이기 위해 시민참여 기본법 제정을 서둘러야 하겠다. 국가와 시민사회 사이의 수직적 권력관계 재조정에 나서자는 것이다. 2) 정책 입안 과정에서는 국민발안제를 도입하여 일정 수 이상의 국민이 서면 또는 전자적 방법에 의해 법률안을 제안하는 경우에는 이를 국회가 의무적으로 심의하도록 해 보자. 3) 정책 집행 과정에서는 영국의 12주법을 벤치마킹하여 행정부가 어떤 정책을 도입하고자 하는 경우에는 최초의 입안 단계 최소 12주 전에는 관련 시민 단체 내지는 전문가 집단을 필두로 하는 시민사회에 고지, 대화하도록 강제하는 조치를 채택할 수도 있다. 4) 정책 평가 내지는 환류 단계에서는 옴부즈만제도의 도입을 확대해서 국민의 고충과 민원을 적극적으로 해결하는 장치를 고안해 볼 수 있을 것이다. 5) 이런 시민참여 문제를 총괄 지원하고 촉진하기 위해 시민사회장관실을 두는 문제도 고려해 볼 만한 과제다. 이는 과거 정무장관실이 정치적 엘리트 사이의 갈등 조정에 초점을 맞춘 것이었다면 시민사회장관실은 국가와 시민사회 간의 갈등 조정과 참여 지원에 강조점을 두고자 한다는 점에서 대비된다.

이렇듯 현행 국정 관리 체제에 직접민주주의적인 요소를 가미하기 위한 개혁적 대안은 여러 차원에서 모색해 볼 수 있다. 그러나 어떤 개혁적 대안을 고안하더라도 종당에는 그런 개혁적 대안이 실천에 옮겨지기 위해서는 법률의 개폐를 거쳐야 한다는 데에 문제 해결 과정의 내재적 모순이 놓여 있다. 국민 참여 공간을 마련한다는 일은 결국 기성의 국정 관리 대리인들에게서 기득권을 회수한다는 의미이고 이를 위해서는 기득권을 장악하고 있는 바로 그 대리인 가운데 하나인 국회의원의 동의와 협력 없이는 제도 개혁의 법제화가 어려운 일이기 때문이다. 그동안 다양한 양식의 국정 개혁에 대한 주문이 비등했지만 결과적으로 성공한 사례를 찾아보기 어려운 이유가 바로 여기에 있다. 바로 이 점에서 볼 때 정치적 대리인의 독점적 지배로부터 벗어나 일반 시민의 자발적 주도로도 법률안의 제안이 가능하도록 법률 제청의 새 길을 열고자 하는 국민발안제는 모든 개혁적 대안의 알파요 오메가라고 하지 않을 수 없다. 직접민주주의로의 이행을 국민발안제로부터 시작해야 하는 이유다.

3. 국민발안제 도입의 과제

특히 탄핵 정국의 전개 과정에서 목격한 바와 같이 이미 우리 사회에는 국민이 스스로 자신의 의견을 제안하고 관철하고자 하는 참여의 에너지가 분출하고 있으며, 그런 에너지를 국정 참여로 승화시키는 데 필요한 성찰적 지혜도 성숙되어 있음이 확인되고 있다. 이들은 이미 과거 권위주의 시대에 관찰되던 국가의 권위에 일방적으로 순치되는 수동적인 존재가 아니다. 넘치는 자존감, 자기중심주의, 정치적 효능감, 개별적 선호의 다양성 등에서 확연히 달라져 있다.

이렇듯 자기 주창성이 강한 시민의 등장은 다른 한편 소수파 이해관계의 비중을 높이면서 시민사회 내부의 통합적 질서 창출을 어렵게 하는 성향도 지녔다. 시민사회 내부의 합의 도출이 어려운 만큼 합의된 의견을 대표해야 하는 국회의 역할이 퇴행을 거듭하게 될 것도 당연한 일이다. 그런데 정보통신기술의 발달로 인해 정당이나 또는 다른 형태의 이익 중개 장치가 아니더라도 시민 스스로가 유사 정책 선호 집단을 포착하고 여론화하는 능력은 혁신적으로 개선되고 있다. 이는 이번의 탄핵 정국 진행 과정에서 여실히 증명되었다. SNS을 통한 공감 능력의 폭발이 지칠 줄 모르는 촛불 시위의 근저를 달구었다. 시민이 직접 참여하여 자신의 요구를 반영해야 한다는 수요와 함께 그 가능성도 함께 커져있는 셈이다.

물론 현재의 국회운영제도에서도 국민은 국회를 상대로 법률안을 청원할 수 있도록 되어 있다. 그런데 청원은 청원서의 제출로 시작되며, 국민이면 누구나 국회에 진정할 수 있는 등 청원권이 인정되어 있다. 이는 과거 근대 국가의 등장 초기에 의회가 사법 기능을 수행하던 시대의 유산에 해당된다. 그러나 그래서 그런지 국회의원의 소개가 있어야만 진정과 청원을 접수할 수 있다. 그런 만큼 청원의 운영 기조가 소극적이고 간접적이며 피동적이다. 국회의원이 소개를 거부하거나 청원이 접수되어도 이를 처리하지 않고 미루면 다른 도리가 없다. 그런 만큼 오늘날의 적극적인 시민의 요구에 부합하기 어렵다. 국민에게 정치 과정의 주도권을 되돌려 주려면 보다 더 능동적인 참여의 공간이 마련되어야 한다.

따라서 국민이 직접 법률안을 제출할 수 있는 권한을 부여하는 일이 긴요해진다. 그럴 경우, 흔히 국회의원과 일반 유권자가 입법권을 놓고 경쟁하게 되어 대표성의 원리에 위배된다는 주장이 제기된다. 그러나 이는 국회의원이 일반 유권자의 입법대리인이라는 점에서 볼 때 본질적으로 문제될 것이 없다. 유권자에게 법률 발안권을 부여하는 것은 입법 과정을 약화시키는 것이 아니라 오히려 강화시키는 결과를 낳게 된다. 폴란드, 오스트리아, 영국 등의 중앙정부와 미국, 동유럽, 스웨덴 등의 지방정부에서 이미 채택하고 있어 선행 사례도 있다. 국회의 입법권을 침해한다는 점에서 위헌의 소지가 있다는 주장도 있으나, 해당 상임위원회가 청원 법률 초안을 심사한 후 상임위원회의 명의로 이를 제안토록 하는 경우, 국회의원에게 입법권을 부여한 헌법과 충돌할 이유는 없다.

따라서 국민발안제도는 일정 수 이상의 유권자가 서면 또는 전자적 방법에 의해 창안, 청원하는 법률안에 대해서는 국회가 이를 의무적으로 심의하도록 하자는 것이다. 현행 국회법상 청원은 반듯이 국회의원의 소개가 있어야 한다고 되어 있지만, 이 경우에는 소개 없이 진행할 수 있게 하려는 것이다. 국회법상 청원에 법률안 개정과 제정에 관한 사항을 명시하고 일정 요건을 갖춘 입법청원안이 제출되는 경우, 이를 소관 상임위원회에 자동 회부하도록 하면 된다. 서면 또는 전자인증을 통해 본인임이 확인된 국회의원 유권자면 누구나 청원할 수 있게 하자는 것이다. 이때 창안·청원자의 규모는 30만 명 이상으로 한다. 이는 대부분의 선거구가 30만 명의 유권자를 기준으로 구성된다는 점을 감안한 결과이다. 법률 발안 청원자의 모집 기간은 6개월로 제한한다. 발안 청원자 모집 자체를 정략적으로 활용하는 것을 차단하고자 하기 때문이다. 발안 대상 과제의 범위는 국방, 안보, 외교, 통상 분야를 제외한 국정 전반으로 한다. 국방, 안보, 외교, 통상 등의 분야는 생활 정치 과제라기보다는 국가 운영 사무에 가까워서 개개인의 이해관계 조정보다는 국가 전체의 공익 보장 차원에서 접근하는 것이 보다 더 유리하고 또 합리적이라고 판단되기 때문이다. 발안하는 법률안 작성에 필요한 법제 기술에 대해서는 국회사무처의 법제실로부터 지원받을 수 있게 한다. 발안한 법률안을 심의한 위원회는 심의 결과를 청원인에게 통보하도록 강제한다.

이렇듯 입법 과정에 대한 국민의 직접적인 참여 기회가 확장되면 국회의 입법 환경을 크게 바꾸고 국회에 대한 불신이 줄어들게 될 것이다. 입법권의 독점에 안주하던 국회의원으로 하여금 보다 더 국민의 소리에 귀 기울이도록 압박하는 효과도 생기게 된다. 국회 내외에 정책경쟁 분위기를 진작시키면서 선거 과정에도 영향을 미쳐 정책 선거로의 전환을 촉구하는 전기가 마련되기도 할 것이다. 이로써 우리의 정치 문화를 크게 바꾸는 기폭제 역할을 수행할 수 있게 된다. 이는 결과적으로 국회의원에 대한 유권자의 실질적인 통제 장치로 작동하게 된다는 의미이기도 하다.

4. 국민발안제 도입의 전략

국민발안제를 제안하는 문제의식의 핵심은 구체제의 미세 조정이나 부분개혁 보다는 엘리트민주주의의 한계를 초월하고자 하는 국민 참여 시대를 여는 일이 국정 개조에 있어 보다 더 효율적이라는 점에 있다. 노후민주주의의 본질은 그것 자체가 부패와 민의 왜곡의 소지를 동반하는 성질을 지녔다는 데에 있다. 이 점에 대한 현실 인식의 재조정이 요청된다. 구식 관행적 민주주의(convnetional democracy)가 의존하는 대리인 체제는 그 대리인이 일반 시민의 이익을 최우선적으로 추구할 것이라고 하는 매우 천진난만한 가정 위에 구축되어 있다. 그러나 실제로는 자신의 권력 증대나 사적 이익 같은 지대 추구를 우선하는 존재라는 인식이 이제 상식처럼 되었다. 따라서 대리인에게 국정의 관리를 위임하는 한 그들이 어떤 양식으로든 일반 시민을 외면하고 그들만의 리그를 형성할 가능성이 크다는 점에 늘 유념해야 한다.

그러나 참정의 주체인 일반 시민이 가만히 있는 한 3자 동맹에 편입되어 있는 권력의 실질적인 주체들이 그런 개혁을 위해 먼저 나설 리는 없다. 시민참여를 위한 사회 운동에 나서야 하는 이유이다. 돌이켜 보면 인류 문명사의 대전환이라고 할 수 있는 국민주권 시대 자체가 일반 시민의 지칠 줄 모르는 투쟁에 의해 획득된 것이었다. 권력은 가만히 있는 한 그냥 주어지지 않는다. 그러나 참정권이 주어진 이후 보통 사람들이 그 참정의 권한을 제대로 활용하고 그리하여 실질적으로 그 권한을 지켜냈느냐 하면 그렇지가 않았다. 정치적, 행정적 대리인에게 국정을 위임하는 일을 당연하게 여긴 채 권력의 나태를 즐겼던 셈이다.

이제 주권 재민 시대의 실질화를 위해 시민 스스로가 나서야 하는 때이다. 그럴 수 있는 시대 상황도 갖추어져 있다. 다양한 양식의 정보통신기기가 대리인을 통하지 않고서도 시민 스스로가 권력을 동원하고 의사를 소통하며 의견을 결집할 수 있는 기술 환경을 만들어 주고 있다. 광장 민주주의의 분출하는 에너지가 충만하다는 점도 아무 때나 만날 수 있는 시대 환경이 아니다. 시민이 자기 권력을 스스로 지키지 않을 경우 그 권력을 누가 어떻게 유린하는지를 이번 기회에 톡톡히 경험해 보았다. 이제 시민 스스로가 자기 결단에 나서는 일만 남았다.

이런 관점에서 볼 때, 한편으로는 시민 스스로가 국민발안제도의 도입을 위한 주의주창 운동에 나서야 하고, 다른 한편으로는 국민 발안을 생활 세계의 실천적 과제 가운데 하나로 삼는 시민사회 운동에 나서야 한다. 주어진 권력을 시민 스스로가 채워 넣지 않으면 그 빈자리를 다른 권력의 주체들이 남용한다는 사실을 뼈저리게 겪지 않았는가? 이번의 선거 국면을 바로 이런 과제의 실현을 위해 국민발안제도 도입을 위한 여론을 조성하고 정치권의 약속을 받아내는 기회로 삼는 지혜도 필요한 일이다. 유관 시민사회 운동 단체나 관심 있는 시민의 적극적 참여 없이 국민발안제도를 도입, 운영하기는 쉽지 않은 일이다. 양식 있는 시민의 적극적 참여를 통해 거국적 국민 운동이 일어나기를 고대한다.

그런 점에서 시민사회 운동을 향도해 온 한국 YMCA의 책무는 결코 작지 않다. 국민발안제를 위한 거국적 시민운동 연합체를 꾸리고 지역사회의 여론을 환기시켜 이번 선거의 주요 어젠다로 삼는 일에 앞장서 나서야 한다.(2017.04.26.)

※ 이학영 의원이 발의한 청원법 개정으로 모든 국민은 2020년 1월 10일부터 국회의원의 소개 없이도 국민동의청원 홈페이지에 청원을 등록하고 30일 동안 10만 명의 동의를 받으면 국회에 청원할 수 있게 되었다. 이때 청원의 내용 가운데에는 피해의 구제, 공무원의 위법 · 부당한 행위에 대한 시정이나 징계의 요구, 공공의 제도 또는 시설의 운영, 그 밖에 국가 기관 등의 권한에 속하는 사항, 외에도 법률 · 명령 · 조례 · 규칙 등의 제정 · 개정 또는 폐지를 다룰 수 있게 되어 전자국민발안제도가 도입되었다.

참고문헌

제2장 지구화 시대의 민주주의

지구시민사회의 형성과 NGO의 발흥

Anderson, K. and Reiff, D. (2005). Global Civil Society: a Sceptical View. *Global Civil Society*, London, UK: Sage.

Delcore, Henry D. (2003). Nongovernmental Organizations and the Work of Memory in Northern Thailand. *American Ethnologist*, 30: 61-84.

개발이란 무엇인가?

Collier, Paul. (2007). *The Bottom Billion: Why the Poorest Countries Are Failing and What Can Be Done About It*. New York, NY: Oxford University Press. xiii + 205 pp.

Cooke, Bill and Cothari, Uma. eds. (2001). *Participation: the New Tyranny?* London, UK: Zed Books.

Edwards, J. (1999). Refining Our Understanding of Language Attitudes. *Journal of Language and Social Psychology*, 18(1): 101–110.

Escobar, Arturo. (1995). *Encountering Development: the Making and Unmaking of Third World*. Princeton, NJ: Princeton University Press.

Friedmann, J. (1992). *Empowerment: the Politics of Alternative Development*. Oxford, UK: Blackwell.

Rostow, W. W. (1960). *The Stages of Economic Growth: A Non-communist Manifesto*. Cambridge, UK: Cambridge University Press.

Rowlands, J. (1995). Empowerment Examined. *Development in Practice*. 15(2): 101-107.

Temple, Dominique. (1997). NGOs: a Trojan Horse. In M. Rahnema and V. Bawtreeeds. *The Post-Development Reader*. London, UK: Zed Books.

White, S. (1995). Depoliticising Development: the Uses and Abuses of Participation. *Development in Practice*, 6(1): 6–15.

제3장 정치 개혁과 민주시민교육

제10차 개헌 논의, 무엇이 문제인가?

권영성. (2010). 「현대 헌법」. 서울: 법문사.

김선택, 김하열, 윤영미, 이준일, 장영수. (2010). 「헌법 I」. 고려대학교 법학전문대학원

박재창. (2018). 「옴부즈만 : 제4부」. 제1장 옴부즈만의 철학적 토대와 사회적 배경

_____. (2014). 「정치쇄신 4.0」. 서울: 도서출판 리북.

_____. (2012). 「거버넌스 시대의 국정개조」. 서울: 도서출판 리북.

_____. (2010). 「한국의 거버넌스」. 서울: 도서출판 아르케.

성낙인. (2015). 「헌법학」. 서울: 법문사.

이옥진. (2018). 여야 개헌놓고 싸우지만 속내는 회의론. 「조선일보」 〈http://news.chosun.com/site/data/html_dir/2018/02/02/2018020201615.html, 2018.02.02.검색〉.

왕길환. (2018.01.31.). 재외국민들 "개헌 국민투표에 참여하고 싶다"-법 개정요구. 「연합뉴스」 〈http://www.yonhapnews.co.kr/bulletin/2018/01/31/0200000000AKR20180131094300371.HTML?input=1179m, 2018.01.31. 검색〉

정극원. (2015). 성립면에서 본 근대 입헌주의적 헌법과 현대 사회국가적 헌법의 비교. 「유럽헌법연구」. 18: 199-223.

황도수. (2016). 헌대국가의 권력분립-예산의 수립과 통제를 중심으로. 「일감법학」. 건국대학교 법학연구소. 35: 101-129.

Kettl, Donald F. (2006). Managing Boundaries in American Administration: The Collaboration Imperative. Public Administration Review. Dec. 10-19.

_______________. (1996). Governing at the Millenium. In James L. Perry. (ed). Handbook of Public Administration. 2nd. ed. San Francisco: Jossey-Bass. 5-18.

Kooiman, J. (1994). Governance and Governability: Using Complexity, Dynamics, and Diversity. In J. Kooiman. (ed). Modern Governance: New Government Society Interaction. London: Sage Publications. 35-48.

Pierre, Jon. (2009). New Governance, New Democracy?. QoG Working Paper Series 2009:4. The Quality of Government Institute. Sweden: University of Gothernburg.

Sorensen, Eva and Triantafillou, Peter. (2009). Chapter 1. The Politics of Self Governance: an Introduction. In Eva Sorensen and Peter Triantafillou. (eds). The Politics of Self-Governance. UK: Ashgate.

제4장 행정 개혁과 시민참여

감정이입(empathy)의 인식론적 혼란에 대한 소고

김효석, 안대천. (2015). TV홈쇼핑의 스토리텔링 메시지가 상황적 관여도와 구매의도에 미치는 영향: 감정이입의 매개효과를 중심으로. 『광고학 연구』, 26(1): 137-166.

Batson, C. D., Polycarpou, M. P., Harmon-Jones, E., Imhoff, H. J., Mitchener, E. C., Bednar, L. L., Klein, T. R., & Highberger, L. (1997). Empathy and Attitudes: Can Feeling for a Member of a Stigmatized Group Improve Feelings Toward the Group? *Journal of Personality and Social Psychology*, 72(1): 105–118. https://doi.org/10.1037/0022-3514.72.1.105

Belman, Jonathan and Flanagan. Mary. (2010). Designing Games to Foster Empathy. *Cognitive Technology*, 14(2): 5-15.

Bishop, S. R., Lau, M., Shapiro, S., Carlson, L., Anderson, N. D., Carmody, J., Segal, Z. V., Abbey, S., Speca, M., Velting, D. and Devins, G. (2004). Mindfulness: A Proposed Operational Definition. *Clinical Psychology: Science and Practice*, 11(3): 230–241. https://doi.org/10.1093/clipsy.bph077

Brewer, Marilynn B. (1999). The Psychology of Prejudice: Ingroup Love and Outgroup Hate? *Social Issues*, 55(3): 429-444.

Chiao, Joan Y. and Mathur, Vani A. (2010). Intergroup Empathy: How Does Race Affect Empathic Neural Responses? *Current Biology*, 20(11): 478-480.

Cooper, J. O., Heron, T. E., and Heward, W. L. (2019). *Applied Behavior Analysis*(3rd Edition). Hoboken, NJ: Pearson Education.

Darley, J. M., & Batson, C. D. (1973). "From Jerusalem to Jericho": A Study of Situational and Dispositional Variables in Helping Behavior. *Journal of Personality and Social Psychology*, 27(1), 100–108.

Decety J, Yang C.Y., and Cheng Y. (2010). Physicians Down-regulate Their Pain Empathy Response: an Event-related Brain Potential Study. *Neuroimage*, 50(4): 1676-82.

Deighton, J., Romer, D., and McQueen, J. (1989). Using Drama to Persuade. *Journal of Consumer Research*, 16(3): 335-343.

Donohew, L., Lorch, E. P. and Palmgreen, P. (1998). Applications of a Theoretic Model of Information Exposure to Health Interventions. *Human Communication Research*, 24: 454–468.

Escalas, J. E. and Stern, B. B. (2003). Sympathy and Empathy: Emotional Responses to Advertising Dramas. *Journal of Consumer Research*, 29(4): 566–578. https://doi.org/10.1086/346251

Everett, M. W., and Palmgreen, P. (1995). Influences of Sensation Seeking, Message Sensation Value, and Program Context on Effectiveness of Anticocaine Public Service Announcements. Health Communication, 7: 225–248.

Fisher, S. (1994). Stress in Academic Life: The Mental Assembly Line. Buckingham, UK: SHRE and Open University Press.

Geiger, S. and Reeves, B. (1993). The Effects of Scene Changes and Semantic Relatedness on Attention to Television. *Communication Research*, 20(2): 155–175.

Green, M. C. and Brock, T. C. (2000). The Role of Transportation in the Persuasiveness of Public Narratives. *Journal of Personality and Social Psychology*, 79(5): 701–721.

Konrath S, Falk E, Fuhrel-Forbis A, Liu M, Swain J, Tolman R, et al. (2015) Can Text Messages Increase Empathy and Prosocial Behavior? The Development and Initial Validation of Text to Connect. *PLoS ONE*, 10(9): e0137585. https://doi.org/10.1371/journal.pone.0137585

Lang, A. (1990). Involuntary Attention and Physiological Arousal Evoked by Structural Features and Emotional Content in TV Commercials. *Communication Research*, 17: 275-299.

Lorch, E. P., Palmgreen, P., Donohew, L., Helm, D., Baer, S. A., & D'Silva, M. V. (1994). Program Context, Sensation Seeking, and Attention to Televised Antidrug Public Service Announcements. Human Communication Research, 20: 390–412.

Morgan, S., Palmgreen, P., Stephenson, M., Hoyle, R. and Lorch, E. (2003). Association between Message Features and Subjective Evaluation of the Sensation Value of Anti-drug Public Service Announcements. *Journal of Communication*, 53: 512–526.

Palmgreen, P., Donohew, L., Lorch, E. P., Hoyle, R. H., and Stephenson, M. T. (2001). Television Campaigns and Sensation Seeking Targeting of Adolescent Marijuana Use: A Controlled Time-series Approach. In R. Hornik. Ed. *Public Health Communication: Evidence for Behavior Change*, Hillsdale, NJ: Erlbaum. 292-296.

Stephenson, M. T. and Palmgreen, P. (2001). Sensation Seeking, Perceived Message Sensation Value, Personal Involvement and Processing of Anti-marijuana PSAs. *Communication Monographs*, 68(1): 49–71. https://doi.org/10.1080/03637750128051

Rothschild, B. (with Rand, M. L.). (2006). *Help for the Helper: The Psychophysiology of Compassion Fatigue and Vicarious Trauma*. New York, NY: W. W. Norton & Company.

Van Boven, Leaf, Loewenstein, George. and Dunning, David. (2013). Changing Places: A Dual

Judgment Model of Empathy Gaps in Emotional Perspective Taking. In J. M. Olson & M. P. Zanna. Eds. *Advances in Experimental Social Psychology*. Cambridge, MA: Elsevier Academic Press. 117-171.

Weisz, Erika and Zaki, Jamil. (2017). Chapter 16: Empathy-Building Interventions: A Review of Existing Work and Suggestions for Future Directions. In E. M. Seppälä, E. Simon-Thomas, S. L. Brown, M. C. Worline, C. D. Cameron, and J. R. Doty. Eds. *The Oxford Handbook of Compassion Science*. Oxford, UK: Oxford University Press. 205-217.

박재창의 국정평론

한국의 미래정부

초판 인쇄 2024년 7월 5일
초판 발행 2024년 7월 12일

지은이 박재창
발행인 박연관
기획 신선호
편집장 장혜정
도서편집 박미현
디자인 최재영
인사행정 이근영
재무회계 김문규
전자책·사전 이지현
캐릭터 변혜준
발행처 한국외국어대학교 지식출판콘텐츠원
02450 서울특별시 동대문구 이문로 107
전화 02)2173-2494~7
FAX 02)2173-3363
홈페이지 http://press.hufs.ac.kr
전자우편 press@hufs.ac.kr
출판등록 제6-6호(1969. 4. 30)
인쇄·제본 (주)파일투프린트 02)2285-0620

ISBN 979-11-7199-245-4 [93340] **정가** 29,000원

* 잘못된 책은 교환하여 드립니다.

HU:NE 은 한국외국어대학교출판부의 어학도서, 사회과학도서, 지역학 도서 Sub Brand이다. 한국외대의 영문명인 HUFS, 현명한 국제전문가 양성(International+Intelligent)의 의미를 담고 있으며, 휴인(携引)의 뜻인 '이끌다, 끌고 나가다'라는 의미처럼 출판계를 이끄는 리더로서, 혁신의 이미지를 담고 있다.